KB274148

차의 신 茶神

최성민의 한국차론(韓國茶論) 8

차의 신

초판 1쇄 인쇄일 2026년 2월 20일
초판 1쇄 발행일 2026년 2월 27일

지은이 최성민
펴낸이 양옥매
디자인 표지혜 송다희
마케팅 송용호
교　정 정혜성

펴낸곳 도서출판 책과나무
출판등록 제2012-000376
주소 서울특별시 마포구 방울내로 79 이노빌딩 302호
대표전화 02.372.1537　**팩스** 02.372.1538
이메일 booknamu2007@naver.com
홈페이지 www.booknamu.com
ISBN 979-11-6752-770-7 (03150)

최성민의 한국차론(韓國茶論) 8

차의 신 茶神

최성민

책과나무

한국 차인과 차학자들이
'차다운 차'를 마실 자격이 있을까?

이 책 제목 『차(茶)의 신(神)』은 우주 자연의 생명력이자 최고도 활성 에너지로서 차에 들어있는 신(神), 즉 다신(茶神)을 의미한다. 책 제목에 다신을 넣은 까닭은, 동아시아 사상 본체론적 개념인 신(神)과 도(道)의 의미로 보아 다신과 다도가 밀접한 관계라는 것을 말하여 대중적 차생활의 요결을 풀어 보고자 한 것이고, 또 제다 및 다도를 비롯한 차문화적 개념을 주제로 차학 논문을 쓸 경우에 동아시아 사상 본체론-인성론-수양론 간의 논리 일관적 이론 체계를 논거의 기반으로 해야 함을 강조하고자 한 것이다. 초의는 '다신전'이라는 책 이름으로써 다신의 의미를 역설하였고, 연장선상에서 『동다송』(제60송 주석)에 '채다~탕법'의 과정에서 다신을 보전·구현해 내는 방법을 한국의 '독창적 다도'로 규명해 놓았다. 다신의 의미, 제다 및 다도와의 관계는 일찍이 초의에 의해 동아시아 사상 본체론 차원에서 접근 분석돼 우리 앞에 더 진전시켜야 할 과제로 제시돼 있는 것이다. 이 책 전반에 그 과제의 조각들이 널려 있어서 눈귀 밝은 독자 제현의 창조적 조립을 기다리고 있다.

졸필(拙筆)은 그동안 '최성민의 한국차론'이라는 부제를 달아 7권의 차 책을 시리즈로 냈다. 이 책은 시리즈 8권째다. 책들의 내용은 차의 품질과 대중의 차생활을 비롯한 한국 차문화가 중국과 일본에 비해 크게 낙후돼 있는 상황에서 차인과 차학자들의 차문화 인식마저 위선, 왜곡, 과장돼 있는 것을 바로잡고자 한 것이다. 한국 차와 차문화에 대한 학술적 인식 오류와 왜곡, 문화 인문학적 해석의 과장은 Ⅱ장에서 보듯이 차 학술행사와 여러 논문에서 다반사로 나타난다. 이는 차 담론을 주도하는 이들의 차 상업주의에 편승한 명리추구 욕구의 반영이고, 각 대학(대학원) 차학 교수들의 차의 본질에 대한 무지도 한몫을 한다. 차학 강단에는 비전공에 차 현장 경험 없이 '주변 과목' 삼아 차학 강의를 겸하고 있는 이들이 대부분이다. 최근에는 보이차 위세를 몰아 보이차 수입상들이 국내 대학원 '학력 세탁' 을 거쳐 바로 차학 강단으로 침습해 오는 일도 벌어지고 있다. 필자의 책들은 비차학적·반차문화적 행태를 성찰하게 하고자 하는 내용을 많이 담고 있다. 그중에는 차(학)계의 정설로 굳어 지다시피 한 언설들을 뒤집는 내용들이 있으니, 차 담론 카르 텔 앞에서 나이브한 '코페르니쿠스적 발상' 정도로 치부됐다.

비평을 두려워하고 배척하는 한국 차(학)계의 반 학구 수구적

그동안 필자가 낸 '최성민의 한국 茶論' 시리즈

행태는 한국 차인이자 차학도의 일원으로서 길게 거론하자면 입만 아프게 된다. 이는 졸필이 논문보다는 '최성민의 한국차론' 시리즈를 계속 내는 이유이다. 안타깝게도 현재 한국 차(학)계에서 동아시아 사상과 차학을 연계시켜 이해하거나, 동양학으로서 차 전공, 아니면 현장 제다나 수양 다도 수행(遂行) 경험을 바탕으로 차 인문 분야 논문을 제대로 심사할 수 있는 이를 찾아보기 힘들다. 심사위원들 수준이 그러하니 그들에게 평가받는 논문들 사정은 어떨지, 같은 테두리 안에 있는 한국 차학의 학술적 수준은 또한 어떨지 독자들의 상상에 맡긴다.

한국 차와 차문화가 중·일에 비해 뒤처져 있다는 것은 차의 종류와 품질, 한국 차학으로서 고유한 이론, 한국 전통 제다와 다도의 정체성 이해, 전통 차문화 인식에 기반한 한국 차의 국내 소비와 국제 경쟁력 등이 다 그렇다는 말이다. 사실 차와 차문화에 관한 모든 것은 한·중·일 제다사만 꼼꼼히 들여다봐도 쉽게 알 수 있다. 어느 때 왜 무슨 차를 어떻게 만들어 포장하고 어떤 방식으로 우리고 무슨 이유로 어떤 찻잔으로 마셔서 무엇을 얻었는지, 오늘날엔 어떻게 대응해야 할지가 다 나와 있다. 그러나 들여다보는 이가 없거나 편독(偏讀) 오역(誤譯)한다. 한국 차(학)계는 각기 개인적 명리를 좇아 차의 상업화·산업화에로의 돌진을 외치면서 한국 차 침체의 원인을 재생산 악순환시키고 있는 중이다.

이 책을 쓰는 이유와 목적은 둘이다. 첫째, 차에 관한 최소한의 인문학적 소견이라도 갖추고 올바른 차생활을 하고자 하는 초보 차인들, 차학 또는 차문화를 학문으로서 전공하고자 하는 후학들에게 차 안내 이론서 겸 차학 인문 분야 논문 쓰기 길잡이를 보내 드리고자 하는 것이다. 시중에는 볼 만한 한국 차학 교과서가 없고, 차책들은 대부분 비슷한 내용 복사판들로서 상업주의 관점에서 상업 제다업체의 차와 찻집들(심지어 한국 시장에 물밀듯 들어와 있는 보이차상들)을 무작정 부풀려 홍보하는 것들이다. 차 학술지의 경우, 예컨대 차학도들이 논문 쓸 때 가장 많이 기대는 한국차학회 기관지(《한국차학회지》)에 실린 차학 인문(차문화 또는 다도 수양) 분야 논문들을 보면 그 수도 적지만, 차 관련 철학적 이론 체계를 바탕으로 명확한 논거와 논리적 일관으로 논증하는 내용보다는 피상적 인상을 논거 삼아 아전인수식으로 추론하고, 맥락을 무시한 인용과 췌사들을 섞어서 수필 쓰듯이 양을 채우는 데 급급한 것들이 많다.

둘째, 오늘날 한국 차 담론을 주도하며 전통 녹차의 품격을 보이차나 커피 같은 시정(市井)의 공산품 기호음료 반열로 추락시키고, '다례'라는 이름으로 한국 차문화를 차행사 쇼 무대에 세워 보이차 사대주의와 커피 제국주의 침습의 막을 열어 주는 광대 역할을 하게 한 떡차·초의차 주창자들, 오늘도 강단과 차 심포지엄에서 차학의 본령 및 차문화의 본질과 동떨어진 허언(虛言)을 양산해 내고 있는 유사 차학자와 차 명망가들, 사특(邪慝)한 감언이설로 한국 전통 제다와 차문화를 오염시키고 있는 페이퍼워크 전문 사이비 차인 및 그들과 결탁한 상업 제다업체, 그리고 그들의 간계(奸計)를 가려내지 못하는 지자체와 국가유산청 무형문화재 담당관들에게, 한국 차·차학·차문화·차산업·대중의 차생활에 그들의 학술적 문화적 인식 오류와 무지, 행정 착오가 끼친 일을 되돌아보라고 권하고자 하는 것이다. 한 예로 국가유산청이 전승공동체 활성화지원사업을 벌이자, '승려들 제다 전승 계보'라는 것에 한 속인이 자신의 이름을 슬쩍 얹어 "구초구포로 새롭게 정리했다"라는 기상천외의 주장을 하고, 그 위에 덧씌운 'ㅇㅇ사 차울력'이라는 '전통' 위장막에 2년 연속 거액의 국민 세금을 퍼주는 일이 벌어지고 있다. 필자가 목도하고 있는 바, 전남 차산지에서는 '공공 지원'하에 특정 학·인맥 중심으로 한국 차학과 전통 차문화를 대놓고 훼손 후퇴시키는 행태들이 해마다 되풀이되어 세습되고 있다.

　이 책은 필자가 23여 년 동안 곡성 산절로야생다원을 일구어 다산 증배 제다 등 전통 제다를 발굴 실험하면서 차문화의 핵심인 다도가 무엇인지를 줄곧 생각하고 고민하고 공부하여 '한국 수양 다도'에 관한 논문으로 학위를 받기까지 얻은 차 지식, (사)남도정통제다다도보존연구소 이름으로 운영하는 전통 차문화 복원 프로그램 '힐링곡성-야생차포레스트'에서의 전통 제다 및 다도 강의 내용, 성균관대 유학대학원 생활예절·다도학 전공 과정에서 한국 전통 제다와 한국 수양 다도를 연계시켜 강의하면서 수강생들에게 들려준 논문 쓰기에 도움되는 말들을 엮어 쓴 것이다. 그렇기에 책의 체제는 우선 후학들의 논문 쓰기 가이드를 생각하여 학술논문 형식을 취하고자 했다. 이 책의 표지 제목은 『차(茶)의 신(神)』이지만, 이 책을 대중적 차생활과 차학 논문 쓰기의 바른 길을 모색하는 큰 틀의 논문이라고 볼 때 그 (논문의) 제목은 표지 제목에 부제로 붙인 '다신의 정체, 제다-다도와의 관계 규명' 또는 '선현들이 일깨워 준 제다-

다도-차생활 이정표'가 더 적절할 수도 있겠다.

강조하자면, 논문의 논지는 명확한 논거 위에서 논증되어야 하며, 특히 차 인문 분야 논문은 논증의 기본 틀로서 일정한 철학적 이론 체계를 갖추어야 한다. 그것은 곧 근본적으로 동아시아 사상 본체론인 기론(氣論)에 대한 이해를 전제로 해서 동아시아 사상 본체론-심성론-수양론 사이의 논리적 일관성을 유지할 필요가 있다는 말이다. 그렇지 못할 경우 허황된 구호(口號)적 주장이나 "차는 고래(古來)로 그저 좋은 것이어서 차를 마시면 저절로 수양이 된다"라는 따위의 막연한 당위론적 언설, 비문(非文)·췌사(贅辭)의 반복, 의미 없는 자료의 나열과 맥락 없는 인용의 남용과 같은 오류에서 벗어날 수가 없다. 이것이 이 책 내용의 메시지이자 전반적 기조이다.

이 책 내용 중에는 후학들의 차 관련 논문 쓰기에 소재나 주제가 될 만한 요소들이 많이 배치돼 있다. 필요한 자료들을 더 동원하고 살을 붙여서 키우면 그대로 학술논문이 될 만한 항목들도 들어 있다. 그러나 전반적인 내용 수준에 있어서는 논문 쓰기를 소용으로 하지 않는 이들도 차와 차문화의 본질을 이론적이고 체계적으로 이해하도록 꾸미고자 했다. 그런 의미에서 각주도 많이 달았다. 하동이나 보성에서 사명감과 소신으로 수제차 제다를 하는 전통 차농들을 비롯한 영세하지만 착한 수제차 제다업체들, 나아가 바른 차생활을 하고자 하는 이들이 이

책에 나오는 차 관련 동아시아 사상의 맥락을 이해하고 임할
때, 본질적으로 좋은 차를 지어 내고 그 '차다운 차'를 마시는
차생활을 함으로써 한국 전통차와 차문화가 원래의 정체성으로
써 제자리를 찾은 바탕 위에서 한국 차농과 차산업이 진실로 중
흥의 때를 맞이할 수 있을 것이라고 생각한다.

2026년, 지리산 자락 섬진강가 봄 오시는 길목에서
최성민

II ——
한국 차학과
차문화 퇴행 성찰(省察)

I

대중의 차생활, 한국 차학,
차문화의 활로를 찾아

이 책을 한 편의 큰 논문이라고 할 때, 전체의 논지는 차학 인문 분야 논문을 쓸 때 철학적 이론 체계로써 동아시아 사상 본체론 및 거기에서 파생되는 심성론과 수양론의 이해를 바탕으로 삼자간 논리적 일관성을 갖추어야 한다는 것이다.

이 장은 원래 '본론'의 자리에 있어야 하는데, 두꺼운 책이다 보니 본격적이고 중요한 내용에 독자의 관심과 에너지를 우선적으로 집중시키고자 맨 앞(원래 서론에 해당되는 II장의 앞)에 두었다. 여기에 나오는 글들은 그런 맥락에서 구체적 사안 또는 사례별로 차–차학–차문화의 본질 및 정체성과 관련하여 동아시아 사상 본체론–심성론–수양론 간의 관계와 그 중요성을 생각해 볼 수 있는 것들이 많다.

한국 차(학)계가 차와 차문화 이해의 이론적 바탕이 되는 철학적 이론 체계를 갖추지 못하여 차에 관한 허황된 구호를 양산하고 있고, 그것은 차문화와 대중의 차생활 퇴행으로 이어진다는 전제 아래, 동아시아 사상 본체론인 기론 및 그것의 발전 양태인 혜강 최한기의 기철학에 입각하여 한국 차학계와 차계의 학술적 문화적 인식의 혼란상을 비롯한 여러 문제를 살펴보고 대안을 모색, 제안하는 글들을 싣는다.

1

한국 차학 논문 동향과
차학 발전 전망

해마다 한국의 대표적인 차학회인 한국차학회의 학술지 《한국차학회지》에 발표되는 논문들을 보면 자연과학 계열 내용이 다수를 이룬다. 또 소수의 인문사회 계열 논문 중에서 다도나 다례 등 차문화에 관한 논문은 극소수이고, 이 중에서도 다도나 다례를 수양론적 범주로 보고 수양론의 원천인 본체론 및 인성론과 연계시켜 논리적 일관성과 정합성 있게 논증하고 논리 전개한 논문은 찾아보기 어렵다.

〈《한국차학회지》(1995−2024)를 통해 본 인문사회 계열 논문의 차 연구 주제와 소속기관 동향 분석〉(《한국차학회지》 제31권, 제1호, 40−55쪽)에 따르면, 1995년−2024년 사이 30년 동안 《한국차학회지》에 게재된 논문은 모두 852편이고 이 중 자연과학 계열 내용이 523편(61.4%), 인문사회 계열이 329편

(38.6%)였다. 또 2024년 위 학회지에 게재된 논문 총 33편 중 인문사회 계열은 〈『매월당시사유록』의 차시에 나타난 차 정신〉과 〈한재 이목의 『다부』에 보이는 성리학적 수양론의 특징〉으로 단 두 편뿐이었다.

〈『매월당시사유록』의 차시에 나타난 차 정신〉에서 저자는 "차 정신(茶精神)이란 법도에 맞는 차생활을 통해 느끼는 현묘(玄妙)한 아취가 지극한 경지에 이르러 묘경(妙境)을 체험하게 되는 차의 정신세계를 말한다"고 단정하고, 매월당이 불교에 통달했음을 전제로 "이 『매월당시사유록』에 나타난 매월당의 차 정신은 현실 지향의 세계를 벗어나 차를 매개로 한 수행 과정에서 깨달음의 세계에 이르는 구도의 열락(悅樂)을 추구하는 '선차일여', '자기초극(自己超克)', '일상지도(日常之道)'로 정리할 수 있으며……"라고 결론하였다. 그 논거로써는 "매월당의 구도적 행각은 산수자연을 유람하며 탈속과 청빈을 추구함으로써 주관과 객관의 분별을 떠난 물아불이(物我不二)의 경지를 체득하였고, 차시에 나타난 정신세계는 선차일여, 자기초극(自己超克), 일상지도(日常之道), 선경(禪境), 자연합일(自然合一), 애민정신(愛民精神) 등의 차 정신이 독립적이거나 복합적으로 드러나 있음을 볼 수 있다"고 하였다.

이 논문의 문제는 '차 정신'이라는 수양(수행)과 직결되는 정신세계를 다루면서도 수양론이나 인성론에 관한 원리적 이해를 결여하고 있다는 것이다. 즉 인문학 논문 쓰기에서 필수적으로 요구되는 철학적 이론 체계를 바탕으로써 논술하지 않고, '차 정신'의 의미를 자의적으로 전제하고 거기에 맞춰서 매월당의 차시에 나타난 표현들의 의미를 피상적이고 감상적으로 해석하여 '차 정신'으로 연역해 냈다.

이러한 경향은 〈한재 이목의 『다부』에 보이는 성리학적 수양론의 특징〉에서도 드러난다. 이에 대해서는 'Ⅱ 한국 차학과 차문화 퇴행 성찰(省察) 4. 〈한재 이목의 『다부』에 보이는 성리학적 수양론의 특징〉 평석(評釋)'에서 자세히 살펴볼 것이다. 이런 문제점은 논문 저자들이 한 대학 같은 과(부산대학교대학원 국제차산업문화전공) 같은 지도교수 체제에서 논문을 생산하고 있다는 정황과도 무관해 보이지 않는다.

유사한 사례로써 2025년 1월에서 6월까지 《한국차학회지》에 게재된 20편의 논문 중 다도 수양론 관련 논문으로 〈경봉선사(鏡峰禪師)의 다시(茶詩)에 나타난 차 정신(茶精神)〉 및 〈『다부』와 「허실생백부」에 나타난 차명상의 유교 수양적 고찰〉 등 두 편이 눈에 띈다. 이 중 〈경봉선사(鏡峰禪師)의 다시(茶詩)에 나타난 차 정신(茶精神)〉은 본론에서 경봉선사의 생애와 저술 등 개인사적 일대기를 상세히 소개하고, 경봉선사의 차시에 나타난 '차 정신'을 1) 일상다반사의 선풍, 2) 염다례(拈茶禮)의 일완청다(一椀淸茶), 3) 다선일미의 평상심시도 등 셋으로 정리하였다. 이 논문에서도 그런 차 정신을 빚어내는 차의 철학적 과학적 속성이나 그런 차 정신과 내재적으로 연결되는 경봉선사의 차생활에 깃든 본체론 또는 수양론적 기반에 대해서는 언급이 없다. 이 두 가지 요소는 이 논문을 읽는 독자나 학술 논리적 센스로써 일머리를 갖춘 심사위원들의 관심을 유발할 수 있는 것으로서, 논문의 목적인 학문 발전에 기여할 수 있는 요체이기도 하다.

〈『다부』와 「허실생백부」에 나타난 차명상의 유교 수양적 고찰〉은 철학적 지향에 있어서는 얼핏 보기에 앞의 논문들과는 판이하다. 즉 "전다의 과정에서 차탕의 물은 기화(氣化)의 상태가 되고, 차를 끓이고 마시는 동안 신체의 감각기관들도 기화의 영향을 받아 정련(精鍊)된다. 이러한 과정을 바탕으로 이루어지는 차명상은 생백(生白)의 비워진 마음에 다신(茶神)이 들어와 머무는 상태로 해석할 수 있다. 이때 차는 단순한 음료의 기능을 넘어 감각과 의식에 신묘한 작용을 일으키며 명상의 상태를 이끈다. 이러한 차의 물성이 인간의 내면과 상호작용하는 과정이 『다부』의 칠수(七修)에 구체적으로 드러나며, 이는 차명상이 차의 특성과 정서적 감응을 통해 이루어지는 유가 수양의 한 형태임을 보여 준다"고 하여, 동아시아 사상 본체론인 기론에 의지하여 수양론적 논술을 펼치고자 했다. 그럼에도 불구하고 이 논문은 차 일반의 보편적 특성을 기론의 시각에서

노래한 『다부』와 기론(氣論)을 본체론으로 둔 도가사상의 양생
론을 읊은 「허실생백부」를 소재로 하면서도 차명상이 갖는 보
편적인 수양론적 속성 위에 '유교적 수양'이라는 범주의 한계를
두른 것에서 특정 목적을 위한 작위성(作爲性)이 느껴진다. 즉
앞에 말한 기론적 수양론 진술은 잠깐 엿보인 편린일 뿐 그것
에 이어 논문 전체의 논리적 흐름에 동아시아 사상 본체론ー인
성론ー수양론의 논리가 일치하는 철학적 이론 체계를 바탕으
로 하고 있지 않다.

　위 두 논문 역시 부산대학교대학원 국제차산업문화전공 과정
의 저자들이 쓴 것이다. 한 대학에서 다른 대학 차학과나 학술
기관이 써내지 못하는 양의 차학 인문 분야 논문을 계속 창의적
으로 생산해 내는 것은 분명 한국 차학 발전을 위해 격려할 만
한 일이다. 그러나 이러한 논문들이 차학 인문 분야 논문이 기
본적으로 갖춰야 할, 논리 일관의 철학적 이론 체계를 바탕으
로 하지 않고 의미 없는 자료의 나열 또는 실증적 논거 제시와
분석 없이 피상적이고 인상적이고 감성적인 진술에 그친다면
논문의 기본 사명인 학문의 진전에 기여하기 어렵다. 지금까지
살펴본 한국 차학 인문 분야 논문들의 동향은 한국 차학과 차문
화 발전을 위해 주제나 논거 제시, 논문으로서 갖춰야 할 철학
적 이론 체계에 있어서 혁신이 필요함을 말해 준다.

　특히 인문사회 계열 논문 편수가 자연과학 계열 논문 편수에

비해 절대적으로 적은 것은 기존 차 관련 학자들이나 차학도들이 차학 인문 분야 논문 쓰기의 주제와 소재 선정에 어려움을 겪는다는 것을 의미한다. 그것은 달리 말하면 그들이 차학 인문 분야 논문 쓰기의 필수 전제인 동아시아 사상 본체론—인성론—수양론의 논리적 일치를 이루는 철학적 이론 체계를 갖추고 있지 못하고 있음을 말해 준다. 한국차학회의 《한국차학회지》는 차학 관련 논문 게재에 있어서 선두를 다투는 매체이고, 한국 대학(대학원) 차학 관련 학과의 박사학위 논문 쓰기 선결 과제로 두세 편의 선행 논문을 《한국차학회지》와 같은 한국연구재단 등록지에 게재시켜야 한다는 점을 감안할 때, 위에서 살펴본 한국 차학 논문 동향은 동양학으로서 한국 차학의 본령이어야 할 인문 분야 차학 및 차문화 발전에 어두운 전망을 갖게 한다. 차학 및 차문화의 발전은 차시장(차소비) 확대에 의존하는 차산업 발전으로 이어진다는 점에서 더욱 그러하다.

동아시아 사상
본체론 – 심성론 – 수양론의 관계

동아시아 사상 본체론으로서 기론의 형성 과정

다도나 수양(수행, 수신, 양생) 등 동아시아 사상 심성 문제에 관한 논문을 쓸 경우 논문의 바탕으로 갖춰야 할 철학적 이론 체계로서 동아시아 사상 본체론을 필수적으로 전제해야 한다. 본체론은 '존재의 궁극은 무엇인가? 세계의 제1원인은 무엇인가? 이 세상 우주 자연은 어떻게 생겨난 것이며, 어떤 질료로 이루어져 있으며, 어떠한 원리로 운행되고 있는가? 신은 있는가? 어떤 모습인가?' 등과 같은 신과 인간, 존재와 세계와 객관에 대한 본질적 사유와 질문을 통해 우리가 사는 이 세상을 본질적으로 성찰하여 이상적인 사회로 가는 길을 열고자 하는 철학 담론이다.

그런 관점에서 본체론은 존재론이라고도 한다. 이 세상 만물을 이루는 기본 질료가 무엇인지, 존재의 궁극을 규명하는 논의, 존재의 근본 원리와 실체를 탐구하는 철학이라는 점에서 본체론과 존재론은 동의어이기도 하다. 또 존재론에서 인간의 심성의 질료와 구조 등 존재적 본체를 탐색하는 인성론이 나오고, 그러한 심성으로써 본체의 존재를 인식하는 인식론이 나오고, 그러한 심성을 어떻게 닦고 고양시킬 것인가 하는 수양론이 나온다. 수양론은 또 개인의 내적 수양을 사회적 실천으로 어떻게 구현하느냐를 논하는 도덕 가치론과 경세 실천론으로 이어진다. 이런 맥락을 거슬러 올라가 볼 때 존재론(본체론)은 철학적 사유와 탐구의 출발이라고 할 수 있다.

대체로 철학과 종교의 유래를 신화(神話)로 본다. 중국의 경우 원시 시대의 다신교(多神敎)적 우주관에서 하·상(夏·商) 이후에 천·제(天·帝)의 개념이 생겼고, 이후 인지가 계발됨에 따라 춘추전국시대에는 신(神)을 추상화함으로써 노자(老子)의 '무(無)' 사상이나 공자(孔子)가 천도(天道)를 인도(人道)의 근원으로 삼은 것처럼 여러 현상을 하나 또는 몇 개의 원리로 해석하게 되는 형이상학적 단계로 발전하였다. 여기서 철학적 본체론이 발아하였다.

이어 경험적 실증을 중시함으로써 앞 시대의 신화적 관념과 형이상학적 개념의 절대적 해석 대신 객관에 대한 상대적, 개별적 해석을 중시하는 사상 경향이 나타난다. 예로 전국 말기 한비자(韓非子)는 참험(參驗, 실증) 없이는 모든 것이 우(愚)요 무(誣)라고 주장한다. 이런 사상 조류에서 본체론으로서 기론과 음양오행설(陰陽五行說)이 등장한다.

오행(五行)은 오기(五氣)라고도 한다. 오행의 이름이 처음 나온 것은 『서경(書經)』의 「감서(甘誓)」이고 오행에 대한 상세한 내용은 「홍범(洪範)」에 있다. 「홍범(洪範)」은 하·은·주(夏·殷·周) 3대 사상의 총괄본이다. 주(周)의 무왕이 천하통일 후 은(殷)의 기자(箕子)에게 도(道)를 묻자 기자가 대우(大禹)로부터 전해 온 홍범구주(洪範九疇)를 알렸다고 한다. 구주(九疇)란 천도·지도·인도(天道·地道·人道)를 9개의 범주로 요약한 것이다. 그중에 사람의 삶에 필수 요소인 오행(五行)으로서 목화토금수(木火土金水)의 다섯을 말한 것이 있다. 중국의 우주론은 천도유행 음양변역(天道流行 陰陽變易) 사상을 토대로 하므로 음양오행(陰陽五行)을 합칭할 때는 오행(五行)의 行은 유행(流行)이나 운행(運行)의 행(行)으로 보아야 한다. 전국 말기 추연(鄒衍)의 오행상극(五行相克)설과 한초(漢初) 유향(劉向)의 오행상생(五行相生)설은 오기운행(五氣運行)설에 입각한 것이다.

『주역(周易)』은 음양대대(陰陽待對)로 천지인(天地人) 삼재(三才)를 해명하는 것으로서, 전국시대 음양가(陰陽家)들의 기(

氣) 인식 체계와 통하면서 송대(宋代) 이기설(理氣說)의 근원이 되었다. 음양양의(陰陽兩儀)로써 우주 만물 현상을 해명하던 역(易)이 진한(秦漢)대에 이르러 오행(五行) 사상과 결부되어 음양오행(陰陽五行)으로써 착종복잡(錯綜複雜)한 이론을 전개하였다. 음양참위설(陰陽讖緯說) 등 당시의 철학 사상들이 음양오행(陰陽五行)의 근원으로서 '태극일기(太極一氣)'를 세우게 된다. 회남자(淮南子), 동중서(董仲舒), 양웅(揚雄), 왕충(王充) 등이 우주론에 있어서 기(氣)를 본체나 본질로 보게 되었다.

육조시대에는 노장사상이 풍미하였다. 당시에는 본체론으로서 노자의 도를 현(玄)으로 파악하여 현학(玄學)이 유행하게 되었다. 또 진시황 때 중국에 들어온 불교는 점차 중국화되면서 수당에 이르러서는 유·도(儒·道) 2교(二敎)의 영향을 받아 '중국 불교'로서의 완성을 보게 되었다. 이로써 유·불·도(儒佛道) 3교(三敎)는 기본적으로 기론을 본체론으로 공유하게 되었다. 이후 송대에 이르러 주자에 의해 신유학이 집대성되고, 명대에 양명학이 발흥하여 신유학의 다른 진전을 보였고, 청대에 이르러서는 주·왕(朱·王) 이론의 공리공소(空理空疎)성에 반발하여 실증과 고증을 강조하는 고증학이 대두되어 물질적 정감(情感)을 중시하게 되었다.

이상 본체론 형성의 사상적 조류에서 살펴본 바와 같이 중국(동아시아) 사상의 본체론은 오행(五行) 사상과 음양(陰陽) 사상의 결부로써 기(氣) 개념(기론)에 이르렀다. 중국 철학에서 기론적 본체론을 인성론과 함께 본격적으로 다루게 된 계기는 기(氣)를 소재로 한 이기(理氣)·심성(心性) 연구를 내용으로 갖는 송대(宋代) 철학으로 보아야 한다. 이기(理氣)는 실체로서 본체론에 해당하고 심성(心性)은 심리윤리(心理倫理)로서 인성론(人性論)에 해당한다.

송대 주자(朱子)의 이기이원론(理氣二元論)은 그 후 명(明)의 라정암(羅整庵)의 이기일물(理氣一物)설을 거쳐 왕양명의 심즉리설이 되었고, 청대에 이르러 재동원(載東原)의 주기(主氣)론으로 정리되었다. 또 한국에서는 조선 후기에 성리학의 공리공담성에 대한 성찰의 결과로 실학이 대두되었고, 실학 사상이 주류인 추세에서 기론은 조선 후기 혜강 최한기에 의해 유기론(唯氣論)으로 정립되었다.

여기에서 서양 철학의 본체론을 동양 사상 기론과 비교해 보자. 서양 철학은 희랍 시대에는 물·불·공기 등 자연물을 우주 만물의 구성 원소로 인식하였다. 이어 플라톤의 이데아설과 아리스토텔레스의 영혼설, 신플라톤주의의 '일자유출론(一者流出論)', 중세 교부철학의 '신과 이성의 조화'론으로 이어졌다. 그 후 서양 철학은 이성을 존중한 근대 철학에 이어 근본의 해체를 통해 새로운 사유의 지평을 열고자 한 포스트모더니즘으로 이어졌다. 이때는 대상에 대한 철학적 관심의 방향이 다양화되면서 인식론적 사유가 본체론 외적인 방향으로 진전되면서 각종 철학 사조를 파생시켰다. 이러한 총체적인 과정 중에서 중세 이후 본체론은 창조론과 진화론을 거쳐 현대에 이르러 심신은 물론 만물을 통합적 관점으로 파악하는 양자역학에 닿게 되었다.

서양 철학에서 인간의 심리에 관한 본격적인 관심은 19세기에 프로이트가 정신분석학의 문을 열면서 시작되었다. 이는 기원전 5세기에 석가모니가 인간의 마음[1]을 주제로 하여 깨달음을 얻은 일에 비해 2천 5백년 이상 늦은 것이다. 원래 서양 철학 사상에서 본체론의 주류는 (신에 의한) 창조론이고, 인간은 원죄인(原罪人)으로서 신의 은총과 구원에 의해 속죄(贖罪)받는 대상이었으므로, 인간 스스로의 의지로써 심신을 닦아 신의 경지에까지 이를 수 있는 수양론은 신의 영역을 침범하는 일로 간주되었다. 즉 서양 사상에는 동아시아 사상에서와 같은 본격적이고 자력적인 수양론은 없었고, 외형적으로는 신에 의지하여 신의 은총을 간구하는 기도와 명상을 통한 신앙생활로써 심신을 다스리는 일이 일종의 심신 수양 행위로 해석될 수 있는 측면을

---

1 불교 유식학(唯識學, 유식불교)에서 보는 인간의 마음 구조는 전5식(안이비설신, 즉 눈, 귀, 코, 혀, 피부에 의한 감각식)―제6식(의식)―제7식(말라식, 자의식)―제8식(아뢰야식)에 이르는 다층 구조로 되어 있다. 이는 유식불교의 요가사들이 요가 명상으로 찾아낸 결과이다.

지니고 있다.

동아시아 사상 본체론―인성론―수양론의 관계

중국 철학에서는 본체론에서 우주의 본질을 해명하게 되면 그 본질(본체)로써 심성(心性)까지도 동시에 해명하게 된다. 그리고 수양론은 심성의 구조와 내용의 고양(高揚)을 기하고자 하는 분야이므로 본체론과 심성론 및 수양론 관련 내용을 거론할 때는 상호 논거와 논리가 일치하는 일관성을 유지해야 한다. 이때 기(氣)는 물심(物心)의 본원을 가리키는 것이므로 중국 사상 또는 그것의 연장인 동아시아 사상에서 서양의 이분법적인 유물론이나 유심론은 무용하다고 할 수 있다. 따라서 인성론(심성론)도 기 본체론과 논리가 일관되는 것으로서 유물·유심으로 대립할 수 없음은 물론이다. 다만 불학(佛學)에서 도입된 체용(體用) 사상에 있어서 체용을 보는 입장에 따라서는 인생관과 처세관에서 차이를 빚어내고 있음도 사실이다. 특히 도가와 유가의 대립은 그 대표적인 것이며, 유가 중에서도 서로 대립하는 것이 있으니, 철학이란 입장에 따라서 방법이 달라지고, 방법에 따라서 입장에도 차이가 나는데, 보다 근원적인 것은

입장이라고 하겠다.[2]

동아시아 사상에서 말하는 기(氣)는 서양의 물리학 연구 방법인 전자현미경 등 과학적 도구를 통해 파악해 낸 미시적인 것이 아닐 뿐만 아니라, 실험과 이성적 추론으로써 포착해 낸 양자와 달리 동양인의 예리한 기적(氣的) 감각과 직관적 통찰에 의해 포착해 낸 것으로서, 물질(신체)과 정신 범주를 넘나들며 자유롭게 작동하고 사용돼 온 질료적 개념이다. 이런 탓에 기는 근대 서양의 자연과학적 시각에는 '전근대적인 것'처럼 보일 수도 있다. 그러나 단적인 예로 한의학 이론 체계에서 기가 생리 및 병리를 설명하는 데 유일 절대적이라는 점, "通卽不痛 不通卽痛"이라는 말의 의미와 함께 침술에 의한 마취 효과가 보여 주듯이 기론에 기초한 한의학이 현재에도 많은 효험을 보여 주고 있다는 점에서 기론은 동아시아 사상의 증험 자연과학이라고 할 수 있다. 또한 기는 변화무상한 만물 현상의 원동력이자 정신과 물질의 범주를 통합하는 개념적 질료로서 감지 가능한 활동운화[3]를 속성으로 한다는 점에서, 기라는 질료로 이루어진 인간의 마음과 신체의 바람직한 변화를 지향하는 수양(수행,

---

2 한국동양철학회편, 『東洋哲學의 本體論과 人性論』, 연세대학교 출판부, 1996, pp.11—12.

3 活動運化: 혜강 최한기의 '기학'에서 말하는 기의 운동성이다. 생기(活)가 항상 움직이며 (動) 두루 주행하여(運) 크게 변한다(化)는 의미이다.

수신, 양생)의 기제가 될 수 있다.

기란 생성과 소멸이 없이 영원불멸하고 취산(聚散)하는 존재로서, 실제로 존재하는 모든 것들의 근원임과 동시에 우주의 물질 운동과 생명 활동 및 정신 현상을 일으키는 실체이자 원인자이다.[4]

기론은 인간의 심신을 포함한 우주 만물이 기(炁, 氣)로 이루어져 있다고 생각하는 사조(思潮)이다. 서양 철학(심신이원론)과 달리 심신일원론인 동아시아 사상에서 본체론—심성론—수양론은 일직선상의 일관된 논리 체계를 제공한다. 즉 정신과 신체를 포함한 만물이 기(氣)로 이루어져 있다는 본체론으로부터 몸과 마음도 기로 이루어져 있다는 심성론의 기반이 도출되고, 심성의 구조(심성론)에 맞춰 심성의 기반(질료)인 기를 개선 또는 고양시키는 이론인 수양(수행, 수신, 양생)론이 나오게 된다.

심신일원론인 동아시아(동양) 사상이 '마음 공부'라고 불리는 측면에서 볼 때 수양(수행, 수신, 양생)은 일단 마음을 닦아 정립시키는 일이라고 할 수 있다. 또 마음은 기로 채워져 있기

---

4   이종란, 『서양 문명의 도전과 기의 철학』, 학고방, 2020, p.22.

에(본체론) 마음을 닦는 일은 마음을 채우고 있는 기를 이상적인 상태로 조절하여 고양시키는 일이라고 할 수 있다. 동아시아 사상에서 마음의 기를 변환시키는 방법(수양, 수행, 양생)은 유·불·도가 사상 각각 마음의 구조가 어떻게 되어 있느냐(심성론)에 따라 차이를 보인다.

유가(성리학)의 수양(修養)은 '수심(修心) 양성(養性)'의 줄임말이다. 정좌(靜坐)를 통해 '심통성정'의 마음 구조에서 '거경함양'의 원리에 따라 마음을 집중하여 성(性)을 둘러싼 기(氣)를 정화하여 성(性)이 순정(純正)하게 정(情)으로 발현되도록 하는 것이다. 불가의 수행(修行)은 '수습(修習) 행도(行道)'의 줄임말이다. 참선(參禪)을 통해 마음의 때(번뇌)를 닦아 내고(수습) 팔정도를 실천하는 것(행도)이다. 도가의 양생(養生)은 '양생주(養生主)'라는 말에서 유래했듯이, 생주(生主)로서의 심신이라는 기(氣)의 그릇에서 나쁜 기를 비우고, 청신한 기를 채워 길러 내는 일이다. 유·불·도가 사상의 수양·수행·양생의 결과에 이른 심신의 상태를 각각 허령불매(虛靈不昧)·적적성성(寂寂惺惺)·허실생백(虛室生白)이라고 한다.

3

기론과 유·불·도가의
수양·수행·양생

다례의 수양론적 요소에 관한 논문을 쓰는 경우에는 순자의 예론(禮論)에 귀 기울일 필요가 있다.

대체로 기를 다스리고 마음을 기르는 방법은 예(禮)를 통하는 것만큼 빠른 길이 없고, 스승을 얻는 것 만큼 중요한 일이 없으며, 한결같이 좋아하는 것 만큼 신통한 것이 없다. 이것을 기를 다스리고 마음을 기르는 방법이라고 한다.[1]

위 주장을 차와 관련하여 연역해 보자면, 다례(茶禮)는 차

---

1   『荀子』, 「修身」, "凡治氣養心之術 莫徑由禮 莫要得師 莫神一好. 夫是之謂治氣養心之術也."

로써 기를 다스리고 마음을 기르는 방법(기론적 수양론)이라고 할 수 있다. 그렇다면 '왜 차인가?'라는 질문에 대해서, 다례 관련 수양론적 내용의 논문 쓰는 데는 차의 수양론적 속성에 관한 철학적 이론 기반이 마련돼 있어야 한다. 그 답은 '차에 우주 자연의 청신한 기(氣)인 다신(茶神)이 들어 있다'는 데서 찾아야 한다.

기를 다스리고 마음을 기르는 목적은 사람이 보고 듣고 말하고 움직이는 것을 예(禮)에 맞게 하는 데 있다. "대체로 혈기·뜻·생각을 쓸 때, 예로 하면 다스려져 통하지만 예로 하지 않으면 어지럽고 게을러진다."[2] 혈기가 강하든지 약하든지 뜻이 높든지 낮든지 예로 조절하여 다스리면 순조롭고 화평하게 되고 예를 벗어나면 어지럽고 평화롭지 못하게 된다. 그러므로 예는 '기를 다스리고 마음을 기르는 방법'의 열쇠이다.[3]

위 글은 예(禮)라는 외제(外制)적 형식과 차의 내재적 성분인 기(氣)가 통합적으로 행다(行茶)인의 혈기를 조절하는 기능을

---

[2]　『荀子』, 「修身」, "凡用血氣志意知慮 由禮則治通 不由禮則勃亂提僈"
[3]　張立文 주편, 김교빈 외 옮김, 『기의 철학』, 예문서원, 2012, p.83.

구체적인 예로써 설명한 것이다.

> 맹자의 "호연지기를 잘 기른다"는 명제는 공자의 '혈기' 관념을 심화시켜서 유가 심성 수양론의 기초를 세운 것이다. 기를 기르고 마음을 바로 잡아 굳게 정립시켜서 도를 행한다는 사상은 인간의 심성 방면에서 중국 철학의 기 범주를 풍부하게 하였다.[4]

위 글은 '인의예지(仁義禮智)의 덕성이 어떻게 인간 심성에 내면화되는가?'라는 기(氣)의 수양론적 기제를 설명하고 있다. 즉 인의예지의 속성이 기적 속성과 같다는 것이다.[5] 이는 인의예지라는 마음 자세가 기의 조절과 연계돼 있다는 것이다. 이는 예로써 기를 기른다는 뜻이지 인의예지가 기로 되어 있다는 말은 아닌 것 같다. 최한기는 인의예지가 신기의 추측으로 형성된 관념이라고 했다. 다도(다례) 실행 과정에서 음다인의 신기에 차의 신기인 다신의 역할이 더해진 '추측'으로써 인의예지 또는 자연의 섭리(천인운화)에 통달할 수 있다는 논리이다.

---

4 張立文 주편, 김교빈 외 옮김, 『기의 철학』, 예문서원, 2012, p.80.

5 조선 후기 기철학자 혜강 최한기는 인의예지가 신기의 추측 기능으로 추론해 낸 관념이라고 했다.

신해혁명 시기가 되자 장병린(章炳麟)과 손문(孫文)은 '아톰'(Atom, 阿屯) 개념을 가지고 기를 해석하거나 물질 개념으로 기를 대신하였다. 기 범주는 자신의 발전 과정 속에서 거의 물질로 대체되어 현대 중국 철학에서의 지위를 상실해 버렸다.[6]

위 글은 중국에서 기 개념의 변천과 더불어 기론에 의한 '수양 다도'의 개념이 후퇴 또는 망실된 내막을 알려 준다. 명대(明代)까지만 해도 장원(張原)이 『다록(茶錄)』에서 녹차(綠茶)를 기반으로 한 '다도'(造時精 藏時燥 泡時潔 精燥潔 至此而茶道盡矣)를 논했고, 이때 다도 수양의 기제는 녹차에 든 다신(茶神), 즉 기(氣)의 최고도 활성 양태이자 오늘날 양자역학 원리처럼 우주의 입자성 파동에너지라고 할 수 있는 신(神)이었다. 그러나 청대(淸代) 신해혁명 이후에 본체론(기론)에 대한 인식 변화와 함께 기론에 의한 수양 다도로서의 다도의 개념도 사라지게 된 것으로 보인다.

지금까지 중국에서 본체론인 기론에 의한 다례(다도)의 수양론적 내용 분석 및 그러한 수양론적 다도론이 근대에 이르러 사라지게 된 추이를 대략적으로 살펴보았다. 그러나 한국에

---

6 위 책 55쪽.

서는 손문(孫文)의 '아톰'(Atom, 阿屯) 개념이 기(氣)를 물질 개념으로 변질시켜 본체론으로서의 기론을 희석시킨 중국의 경우와 다르게, 조선 말에 혜강 최한기가 서구의 유물론적 자연과학을 이론적 원리면에서 수용하면서도 기(氣)를 우주 자연의 본체로서 확고히 자리매김하여 유기론(唯氣論)적 '기학(氣學)'을 확립하였다. 또한 한국에는 중국과 일본에 없는 수양론적 다도의 정체성을 각각 규명하고 규정한 한재 이목의『다부』와 초의 선사의『동다송』이 있다. 차문화의 핵심을 다도라고 볼 때 이런 한국 다도의 이론적 자산은 기예적인 중국 다예와 쇼잉(showing) 접빈다례 성격인 '일본 다도'와 달리 한국의 다도가 진정한 수양 다도라는 점과 함께 한국 차문화의 우월성을 말해 주는 것이라 할 수 있다. 이런 맥락에서 기론에 입각하여 한국 수양 다도론을 유 · 불 · 도가의 수양 · 수행 · 양생 이론에 맞추어 논해 보는 것으로 학술적 의미를 찾아보고자 한다. 앞으로 다도 관련 논문을 쓰는 후학들에게 인용 자료나 지침이 될 수 있을 것이다.

먼저, 유가의 수양(修養)은 존심양성(存心養性) 또는 수심양성(修心養性)을 축약한 의미로서, 마음의 순수성을 보존하거나(存心) 마음을 닦아(修心) 그 안에 들어 있는 선성(善性)을 발양시켜 내는 일(養性)이다. 유가 성리학의 심성론은 주자가 말한 '심통성정(心統性情)'으로서, 심(心) 안에 성(性)과 정(情)이 들어 있고 리(理)인 성(性卽理)이 기(氣)인 정(情)으로 발현되는 구조이다. 여기서 성리학 수양론은 미발의 성의 순수성이 잘 보존되어 발현되도록 경(敬)으로써 살펴 돌보고(居敬涵養), 성이 정으로 발현되는 순간 혼탁한 기(氣)에 오염되지 않도록 살피는 일(已發省察)이다. 그리고 그 연장선상에서 만물에 다가가 성(誠)의 함의가 담긴 만물의 이치를 터득하여(格物致知) 대동사회를 이루는 데 이바지하는 길이다.

불가의 수행(修行)은 수습행도(修習行道)의 줄임말이다. 세속에서 얻은 나쁜 기운을 닦아 내고(修習) 육바라밀과 팔정도를 행하는 일(行道)이다. 여기서 도(道)는 불가의 사성제(四聖諦)인 고·집·멸·도(苦集滅道)의 도이다. '고'는 생로병사의 괴로움, '집'은 '고'의 원인이 되는 번뇌의 모임, '멸'은 번뇌를 없앤 깨달음의 경계, '도'는 '멸'에 이르는 길, 곧 육바라밀과 팔정도를 말한다.

불가의 심성론에서 마음은 '전오식(前五識, 신체적 감각)→제6식(의식)→제7식 말라야식(자의식)→제8식 아뢰야식(모든 경험과 행위의 종자를 저장하는 근본식, 무의식 저장소)'의 구조로 되어 있다. 이 마음 기반에서 수습 행도는 번뇌의 밭인 전오식~제7식까지의 고(苦)의 원천을 걸어 내고(滅) 만인 공유의 '한마음', 즉 순수한 마음의 원천인 제8식에 가닿기 위해 바라밀과 팔정도를 실천하는 일이다. 그리고 제8식에 이르러서 질료가 기(氣)인 '종자'를 순수한 기로 개량하는 일이다.

도가의 양생은 『장자』에 나오는 '양생주(養生主)'에서 유래한 말로서 우주 차연이 준 원초적 생명력인 기(생명의 주인으로서의 氣)를 배양(培養)한다는 의미이다. 도가의 수양론은 『장자』에서 수양의 구체적 방법과 단계를 세분하여 제시하고 있다. 『장자』 수양론의 원칙은 『관자』 4편 등에서 제시된 '허(虛)―정(靜)―일(一)'이고, 이 원칙에 입각한 방법론은 '심재(心齋)―좌망(坐忘)―상아(喪我)'이며, 이의 구체적 과정은 '외천하(外天下)→외물(外物)→외생(外生)→조철(朝徹)→견독(見獨)→무고금(無古今)→불사불생(不死不生)→영녕(攖寧)'이다. 외천하에서 불사불생·영녕에 이르는 단계적 과정의 내용은 『장자』 「대종사」에 있는 '남백자규와 여우의 대화' 편에 나온다.

이 과정을 더 설명하자면, 외천하는 세상의 관계망에서 비롯되는 욕심을 잊는 것이다. 외물은 물질적 욕망에서 벗어나는 것이다. 외생은 나의 몸과 마음에 대한 집착, 즉 자의식에서 벗어나는 것이다. 조철은 아침의 여명처럼 밝아지는 것이다. 조철은 이전 단계의 천하(天下), 물(物), 생(生)에 대한 망상과 집착에서 벗어나는 수행의 과정을 거쳐서 첫 깨달음을 얻는 순간이다.

조철의 단계에서는 삶과 죽음이 하나로 인식되고, 물아의 경계가 홀연히 사라지며, 주객의 이원적 대립도 사라져서 아침처

림 환한 마음만 의식된다. 이 조철 단계 이후는 오직 수행을 통해 내적 깨달음의 깊이를 더해 갈 뿐이다. 여기서 견독은 절대의 경지, 곧 부수적 조건이나 인연들이 제거된 사물 자체를 관조하는 단계이다. 무고금은 시간의 변화에 순응하는 것이다. 불사불생은 삶을 기뻐하거나 죽음을 두려워하지 않는 '달관'의 경지에 들어가는 것이다.[7]

　도가 수양론(양생론)으로서 양생의 결과는 『장자』 '인간세' 편 6장에 허실생백(虛室生白)이라는 말로도 표현돼 있고, 그것의 구체적인 실례로는 '양생주' 편에 '포정해우(庖丁解牛)'의 이야기로 소개되고 있다.

---

7 최성민, 『동양사상 수양론 道—마음 비우기 · 채우기 · 기르기』, 책과나무, 2022, p.161—165.

4

신(神) · 신기(神氣)의 의미와
다신(茶神) · 다도(茶道)의 관계

초의는 명나라 장원(張原)이 지은 『다록(茶錄)』의 주요 내용을 『만보전서(萬寶全書)』의 '다경채요'에서 보고 베껴 적으면서 책 이름을 『다신전(茶神傳)』이라 했다. '다신의 전기'가 아니라 "다신의 의미를 전하는 책"이라는 말이다. 이 말은 차에 우주의 활성에너지인 신(神)이 들어 있고, 차는 그 다신의 작동으로써 활성에너지로서의 효능을 발휘한다는 의미를 안고 있다. 『다신전』 내용을 보면 다신의 구체적인 모습은 차탕의 색, 향, 맛으로 나타나는데, 색, 향, 맛은 각각 기색(氣色), 향기(香氣), 기미(氣味)라는 말로 표현된다. 이런 전제를 바탕으로 초의는 『동다송』에서(제60행 주석에서) '다도'를 규정했을진대, 그것은 "채진기묘 조진기정 수득기진 포득기중 체여신상화 건여령상병 지차이다도진의"이다. 이를 쉽게 요약하자면 "찻잎을 따서 차를 만들고 좋은 물을 구해 차탕을 우려내기까지 다신을 보전하여 구현시키기에 정성을 다한다. 그렇게 하면 몸체로서의 물과 정신으로서의 차가 서로 잘 조화되어 몸체의 건강성과 정신의 영험함이 잘 어울려 작동한다."라는 말이 된다.

여기서 알 수 있는 것은 초의의 차와 다도에 대한 인식이 철저하게 당시에 풍미했던 기론에 바탕하고 있다는 사실이다. 기론에 대한 이해나 기론의 체인(體認)은 하루아침에 이루어질 수 없는 것이기에, 한창 시절의 학승(學僧)인 초의가 기론적 사유를 하고 있었다는 것은 기론이 당시 동아시아 사상(유 · 불 · 도가 사상) 본체론으로서 널리 인식되고 있었음을 확인시켜 준다. 즉 초의뿐만 아니라 그 이전의 다산, 한재, 매월당, 이규보 등 차생활을 했거나 차를 노래한 당시의 지식인 모두가 기론을 바탕으로 차론을 전개했음을 미루어 짐작할 수 있고, 실제로 그들이 남긴 차 관련 문헌에서 당시 기론이 사상적으로 회자됐음을 확인할 수 있다. 이런 사실은 차 관련 논문을 쓰거나 다도(茶道)의 정의를 규명하는 데는 동아시아 사상 본체론에 대한 이해가 필수 선행되어야 할 필요성을 말해 준다. 이런 전제하에 신(神), 신기(神氣)의 의미 및 그것과 다신(茶神), 다도(茶道)와의 관계를 알아보자.

신과 신기는 기론의 용어이고 다신(茶神)은 '다(茶)+신(神)'의 구조로써 '차에 들어 있는 신기(神氣)'를 의미한다. '신기'라는 말은 이미 『주역』과 『장자』를 비롯한 유·도가 경전에 나온다. 원래 동양의 한자 신(神)이라는 글자는 '인간과 자연의 관계'라는 구도에서 볼 때 '자연의 절대화'로서, 서양 기독교의 하느님(God) 대신에 '운화하는 자연'을 뜻하는 것이다. 즉 신(神)은 서양에서는 '유일 인격 신'을 말하고, 동양에서는 우주 자연의 광대 강력한 에너지를 의미하는 기론의 용어이다. 그런 신의 의미를 『주역』에서 찾아볼 수 있다. 『주역』 「계사상」에 "음양의 예측할 수 없는 것을 일러 신이라 한다. 陰陽不測之謂神"고 했다. 또 「설괘전」에 "신이란 만물을 묘하게 하는 것을 말한 것이니, 만물을 움직이는 것이 우레만큼 빠른 것은 없고, 만물을 구부리는 것이 바람만큼 빠른 것은 없고, 만물은 말리는 것은 불보다 건조시키는 것은 없다. 神也者 妙萬物而爲言者也[1] 動萬物者 莫疾乎雷 橈萬物者 莫疾乎風 燥萬物者 莫熯乎火"라 했다. 또 조선 후기 실학자로서 기철학자였던 혜강(惠崗) 최한기(崔漢綺, 1803년 10월 26일~1879년 6월 21일)는 신을 기에 대한 형

---

1 앞의 "신이란 음양을 예측할 수 없는 것"과 '神也者 妙萬物而爲言者也……'를 연계해서 해석하면 '신이란 인간의 예측을 초월하여 만물을 조리(條理)하는 힘'이라고 할 수 있다. 여기서 '묘(妙)'는 신의 공능(功能)을 가리키는 말로서 "신묘(神妙)하다"라는 말이 유래한다. 따라서 초의선사가 『동다송』 제60행의 주석 "평왈(評曰)……"에서 말한 '다도' 규정에서 '채진기묘(採盡其妙)'는 "찻잎을 딸 때 (찻잎에 든) 신묘함을 보전하도록 정성을 기울여야 한다"로 해석해야 한다.

용사적 용법으로 사용했다. 기의 능력이나 기의 덕을 형용하는 말 또는 "범사에 있어서 그 곡절을 알지 못하나 발현하는 단서가 드러나 보이는 것"(『기학』, Ⅱ—91)이라 하여 『주역』에 그 연원을 두고 있다.

기론에서는 '신(神)'과 함께 '신기(神氣)'라는 말을 많이 쓴다. 신기(神氣)는 『장자』에서 2회, 『황제내경』 같은 의서들과 시문들에서 많이 등장한다. 유가 서적에서는 정이천의 『이정문집』에 12회, 왕양명의 『왕문성전서』에 8회, 주자의 『회암집』에 11회, 『논어집주』 「위정」 편의 소주 및 『맹자집주』 「진심상」의 소주에도 각각 한 번씩 등장한다. 이 경우 대부분 '인간의 마음'을 가리키는 말로 쓰였다.[2]

장자나 최한기나 모두 신(神)을 기의 내재적 속성으로서 천변만화하는 세계의 정연한 법칙의 주체로 파악하였음은 분명하다. 특히 최한기가 사용한 '신기(神氣)'의 '신(神)'은 '신통(神通)하다', '신기(神奇)하다'라는 용례처럼 불가론(不可論)적 대상을 통칭하는 개념이 아니다. 최한기가 인식한 신은 춘하추동이나 생로병사의 순환처럼 기의 정연한 운동 원리 또는 부정할 수 없는 필연의 질서 등을 총칭하는 구체적이고 경험적인 사실들을

---

2 최한기, 이종란 옮김, 『운화측험』, 한길사, 2014, p.62 각주.

설명하는 개념이다.[3]

　신(神)에 이어 최한기가 말한 신기(神氣)의 의미를 살펴볼 필요가 있다. 신(神)을 형용사적 의미로 볼 때 '신기'는 기의 근원성과 활동성을 강조한 표현이기도 하지만, 최한기는 신기를 인간의 마음으로 여긴 데 이어 우주의 근원적 존재[4]로 확장하여 설명하였다. 인간의 정신활동에 너무나 오묘하고 시공을 초월하는 능력이 있으므로 마음을 신기라고 했고, 인간의 인식 능력인 신기는 우주의 근원인 신기가 인간의 심신에 이입돼 그러한 능력을 발휘한다고 여겼다.

　이런 맥락에서 볼 때, 다신(茶神)은 차에 들어 있는 정신(마음)적 에너지로서의 신기(神氣)이고, 이 신기(다신)는 계절이 바뀌는 조짐에서 감지할 수 있는 것처럼 우리가 실증적으로 감각할 수 있는 강력한 에너지이다. 초의의 다도는 찻잎을 딸 때 이 다신의 활동성(採盡其妙의 '其妙'[5])을 잘 보전하여, 물과 차의 양을 과부족 없이 한(中) 차탕에 그것을 정상적으로 발현시

3　서욱수, 『혜강 최한기의 세계 인식』, 도서출판 小康, 2005, p.88.

4　우주의 근원적 존재인 동일한 신기가 사물마다 다르다고 말한 것은 그 신기를 담지하고 있는 몸체의 성질에 제약을 받는다고 여겼기 때문이다. 이는 주자 성리학의 본연지성과 기질지성의 논리였다. 기독교의 하느님과 주자 성리학의 이(理)의 자리에 기(氣)를 올려 놓은 것이다.

5　이때 기(其)는 조사로서 권유의 의미를 갖는다.

키는 일(正)이다. 또 그런 차탕을 주변의 개입(잡념) 없이 홀로 마셨을 때 이르게 되는 경지가 초의가 『동다송』에 '음다지법'의 으뜸으로 소개한 '獨啜曰神'이다. 차를 홀로 마시면 다신이 지닌 신통(神通) 기능의 매개로 나의 심신의 신기가 우주의 신기와 공명하여 자연합일 · 천인일치의 삶을 살게 된다는 의미이다. 이렇기에 또한 '獨啜曰神'은 한재 이목이 『다부』의 결론으로 표현한 "神動氣入妙 是亦吾心之茶(다신이 들어와 내 심신의 기를 활성화하여 신통의 경지에 들게 하니, 이것이 바로 자의식까지 떨쳐버린 '텅 빈 마음―吾心―의 차'로다.)"와 같은 의미이다.

차(茶)와 도(道)의
철학적 연계성, 다도(茶道)의 진정한 의미

다도(茶道)를 행다(行茶)로 보거나 탕법(湯法)을 다도로 착각하는 차 명망가와 차 교수

한국 차(학)계의 차 인식에 있어서 난제 중 하나는 다도의 의미 파악에 혼선을 빚고 있거나 아예 파악을 못하고 있는 것이다. 차를 전공하는 차 학인이나 명망가급 차인들이 흔히 말하는 다도의 의미는 '차를 내는(행다) 방법' 정도이다. 초의 선사는 정조 사위 해거도인 홍현주의 "다도가 무엇인가?"라는 물음에 대한 답변서로서 '한국적 다도'[6]를 명확히 규정해 놓은 『동다

---

6 초의는 『동다송』 제60행의 주석에서 "評曰 採盡其妙 造盡其精 水得其眞 泡得其中 體與神相和 健與靈相併 至此而茶道盡矣"라고 (한국적) 다도를 규정하였다.

송』을 저술했다. 그럼에도 초의 다맥 계승자임을 자처하며 『초의선사의 차문화 연구』(일지사, 2010.11.30.)라는 학위논문을 책으로 저술한 (사)동아시아차문화연구소 박동춘 소장조차도 다도를 "차를 내는 방법"이라고 말하고 다닌다. 목포대대학원 차학과 개설을 주도하고 지자체로부터 거액의 연구사업비를 타내 장흥 청태전과 보성 뇌원차 '복원(?)' 사업을 이끈 조기정 전 목포대 교수는 『한 · 중 차문화 연구』(학연문화사, 2014.11.28.)에서 한국 다도에 관해서는 말하지 않고 '중국 다도의 형성과 변천 고찰'의 글을 실었다. 그는 '당대의 전다도(煎茶道)→송대의 점다도(點茶道)→명 · 청대의 포다도(泡茶道)→근 · 현대의 茶藝'로써 중국 다도의 변천 모습을 소개하기도 했는데, 이 역시 시대별 탕법(湯法, 차탕 만드는 방법)을 다도로 오인 내지 착각함으로써 다도를 '차를 내는 방법' 정도로 보는 시각이다.

그는 또 "당대(唐代) 다도 성립 당시의 정신 위주에서 점차 물질과 형식 위주로 치우쳐 道와의 거리가 멀어졌고, 老子의 영향으로(노자가 도를 정의하기가 어렵다고 해서) 중국인들의 茶道에 대한 태도가 너무 엄숙하여 대중이 이를 쉽게 수용하기 어려울 것이라 여겼다"고 말하고, "(현대에 들어서는) 전통문화 계승을 위해 茶道라는 용어를 사용하고는 싶지만 일본 다도가 세계적으로 유명해져서 부득불 茶藝라는 용어를 사용할 수밖에 없었다"고 주장했다. 차탕을 내는 방법을 다도라 하고, 그것이 당대에 정신 위주였다는 주장이나 점차 물질과 형식 위주로 치우쳐 도와의 거리가 멀어졌다는 주장은 제다사나 차문화사적 근거가 없는 황당한 추론이다.

노자가 "도가도비상도(道可道非常道)"라고 말한 것은 도의 의미가 '자연의 존재 방식과 운영 원리'라는 것으로, 관념적 범위가 넓다는 것이지 정의 내리기 어렵다는 말이 아니다. 노자는 『도덕경』 25장에서 "도법자연(道法自然, 도는 자연을 본받음이다)"이라고 하여 도를 구체적으로 정의하였다. 중국에서 다도에 관해 정확한 정의를 내리지 않은 것은 도교의 발생지 종남산에 수천~수만 명의 도사들이 들어가 도가적 도를 닦고 있었던 만큼이나 도가적 도가 풍미했던 실정에서 다도 정도는 하찮게 생각했기 때문이라고 할 수 있다. 또 한문의 문장적 구조는 한글처럼 무엇을 세세하게 설명하지 않고 은유(隱喩)하는 것으로 돼 있다.

한국의 차학 교수들과 차 명망가들 대부분이 저렇게 다도를 '차를 우려 내는 방법' 정도로 치부하거나, 중국 다도의 변천을 피상적으로 관찰하여 간접적으로 한국 다도의 의미를 그것에 준하여 애매하게 시사(示唆)하는 태도를 보이고 있으니, 그들에게서 차를 배우는 학생들이나 차에 관심을 갖는 일반인들이 다도의 내용을 제대로 파악할 수 있겠는가? 이런 문제는 한국 차계와 차학계에 차와 결부시켜 '도(道)'의 개념을 제대로 이

해하는 동아시아 사상 전공자가 드물기 때문이고, 따라서 차를
단순한 기호식품의 하나로 인식한 탓이기도 하다.

수양론으로서 다도는 차문화의 핵이자 꽃

다도는 '차(茶)+도(道)'이기에 차의 존재론(본체론)적 정체성
과 도(道)의 수양론적 의미를 정확히 파악하여 둘 사이의 내재
적 철학적 논리적인 연계성을 도출해 내면, 그것이 바로 수양
론적 다도의 원리이자 다도의 진정한 의미가 되는 것이다. 초
의가 『동다송』 제60행 주석에서 말한 "評曰…… 茶道盡矣"의 함
의가 바로 그것이다. 또 다도의 진정한 의미를 아는 것이 '심신
건강 수양 음료'로서 '차다운 차'를 제다하거나 선별하는 데 기
본 전제 조건이라고 할 수 있다.

도의 의미부터 알아보자. 도는 동아시아 사상인 유·불·도
가 사상 모두에 나오는 수양(수행·양생)론적 공유 개념이다.
즉 도는 근본적으로 동아시아 사상의 기저인 '마음' 또는 심성에
관련되는 어휘이다. 이는 심신일원론의 동아시아 사상이 주로
마음을 키워드로 하는 학문(마음공부)임을 의미한다. 이런 맥
락에서 유·불·도가 사상의 도가 각각 어떻게 규정되고 있는
지를 각기(各其)의 경전을 통해 살펴볼 필요가 있다.

유가의 도는 성리학 텍스트인 『주역』과 『중용』에 정의돼 있다. 『주역』 「계사전」에선 다음과 같이 말하고 있다.

一陰一陽之謂道. 繼之者善也, 成之者性也. 仁者見之謂之 仁, 知者見之謂之知, 百姓日用而不知, 故君子之道鮮矣(일음 일양지위도. 계지자선야, 성지자성야. 인자견지위지인, 지자 견지위지지, 백성일용이불지, 고군자지도선의).

한편으로 음이고 한편으로 양인 것을 도라 한다. 이 도를 이어 가는 것이 좋은 일이고, 도를 이루는 것이 본성이다. 어 진 이는 그것을 보고 어짊이라 하고, 지혜로운 이는 그것을 보고 지혜라 하는데, 백성은 날마다 그것을 쓰면서도 알지 못하니, 이런 까닭에 군자의 도가 드물다.

여기서 도(道)는 음양(陰陽)의 상호작용을 통해 우주의 근본 원리를 설명하는 본체론적 개념이다. 또 『중용』 제1장에선 다음 과 같이 말한다.

天命之謂性 率性之謂道 修道之謂敎(천명지위성 솔성지 위도 수도지위교). 道也者 不可須臾離也 可離非道也(도야자 부가수유리야 가리비도야).

하늘의 명령(天命)으로써 품수(稟受)받은 것을 성(性)이라

한다. 성을 따르는 것을 도(道)라 한다. 도를 닦는 것(修道)을 교(敎)라 한다. 도(道)라는 것은 잠시(須臾) 떠남(離)도 가능치 않다. 떠남이 가능하다면(可離) 도가 아니다(非道也).

여기서는 도의 우주 자연론적이고 존재론적인 의미(天命之謂性)와 함께 수양론적 의미(率性之謂道 修道之謂敎)를 강조하고 있다. 또 '修道之謂敎'는 유가의 수양이 개인적 차원의 일이 아니고 사회적 맥락에 닿아 있음을 말해 준다.

도가(道家)의 도는 '도가'라는 말 자체가 암시하듯이 좀 더 본격적이고 본원적인 의미를 띤다고 할 수 있다. 도가의 도는 『도덕경』 제25장에 규정돼 있다.

有物混成 先天地生(유물혼성 선천지생)/ 寂兮寥兮 獨立不改 周行而不殆 可以爲天下母(적혜요혜 독립불개 주행이불태 가이위천하모)/ 吾不知其名 字之曰道 强爲之名曰大(오부지기명 자지왈도 강위지명왈대)/ 大曰逝 逝曰遠 遠曰反(대왈서 서왈원 원왈반)/ 故道大 天大 地大 王亦大(고도대 천대 지대 왕역대)/ 域中有四大 而王居其一焉(역중유사대 이왕거기일언)/ 人法地 地法天 天法道 道法自然(인법지 지법천 천법도 도법자연)

어떤 사물은 섞여 이루어져, 하늘과 땅보다 먼저 있었다/

고요하고 텅 비어 있으며, 홀로 서 있으면서 바뀌지 않으며, 두루 움직이면서도 위태롭지 않아 천하의 어머니가 될 수 있다/ 나는 그 이름을 알지 못하기에 글자로 도(道)라 하며, 억지로 이름 짓기를 대(大)라 한다/ 대라는 것은 떠나감이요, 떠남은 멀어짐이요, 멀어짐은 되돌아오는 것이다/ 그러므로 도는 크고 하늘도 크며, 땅도 크고 왕 또한 크다/ 나라 안에 네 가지 큰 것이 있으니, 왕은 그중 하나에 머문다/ 사람은 땅을 본받고, 땅은 하늘을 본받으며, 하늘은 도를 본받고, 도는 자연을 본받는다.

위 글의 결론은 '道法自然'이다. 즉 '도=자연'으로서 도는 자연의 존재 원리와 스스로 운영되는 방식을 일컫는 말이다.

불가의 도는 사성제(四聖諦)인 '고 · 집 · 멸 · 도(苦集滅道)'의 하나로 나온다. 고(苦)는 고통, 집(集)은 고통의 원인인 번뇌의 집적, 멸(滅)은 고와 집이 소멸된 이상향, 도(道)는 멸에 이르는 길(바라밀, 팔정도 등 수행의 길)을 말한다.

이상을 종합하면, 도(道)는 동아시아 사상 유 · 불 · 도가의 수양(修養, 유가), 수행(修行, 불가), 양생(養生, 도가)의 의미로 연결되는 말이라고 할 수 있다. 여기서 수양(修養)은 '수심양성(修心養性)'의 축어, 수행(修行)은 '수습행도(修習行道)'의 축어이다. 또 양생(養生)은 『장자』 내편 '양생주(養生主)'에서 유래한

말로서 직역하면 "생명의 주인을 기른다"는 의미이고, 본체론
적으로 의역하자면 생명의 주인인 기(氣)를 보호하자는 의미이
며, 나아가서는 "자연의 섭리에 순응하는 것이 잘 사는 길"이라
는 의미이다.

『동다송』은 다도 전문서로서 독창적 '한국 다도' 규명

여기에서 도(道)를 차(茶)에 붙여 이뤄진 다도(茶道)라는 말은
'차로써 수양(수행, 양생)한다'는 의미임을 알 수 있다. 동시에
차는 단순한 기호식품 차원을 넘어 '심신 건강 수양 음료'라는
사실도 부각된다. 중국과 일본의 차계나 차문화에서 볼 수 없
는 한국 차문화만의 특장점으로서, '다도'를 '본체론(기론) 기반
수양론'으로서 명확히 규정해 놓은 것이 위에 말한 초의 선사의
『동다송』 제60행의 주석 "評曰…… 茶道盡矣"라는 대목이다.

評曰 采盡其妙 造盡其精 水得其眞 泡得其中(평왈 채진기
묘 조진기정 수득기진 포득기중)

體與神相和 建與靈相倂 至此而茶道盡矣(체여신상화 건여
령상병 지차이다도진의)

(지금까지 옛사람의 말을 빌려 말한 것들을) 총평해서 말하자면 '찻잎을 딸 때는 찻잎에 들어 있는 다신의 활성(기묘)을 보전함에 정성을 다하고, 제다에 있어서는 찻잎에 든 물질적 정기(기정)을 보전함에 정성을 다하고, 차를 우릴 때는 다신을 잘 구현시켜 줄 물(기진)을 구하여, 차탕에서 찻잎과 물의 양이 상호 과부족 없이(中) 해야 한다. 그렇게 하면 체에 해당하는 물과 정신에 해당하는 차가 잘 어우러져서 체로서의 건강함과 정신으로서의 신령함이 조화롭게 작동된다(正). 이에 이르면 다도는 잘된 것이다.

위 글에 나오는 다도의 구성과 내용을 간추리자면 '채다(採茶, 찻잎 따기)―제다(製茶, 차 만들기)―품천(品泉, 찻물 고르기)―포다(泡茶, 차 우리기)의 과정에서 다신 보전과 구현에 정성을 다하면 차탕의 건강성과 정신성이 구현돼 다도는 다 된 것이다'라는 의미가 된다. 다도를 '차를 내는 방법'이라고 말하는 사람들은 '채진기묘~포득기중"의 구성 형식만 보고 그러는 것 같다. '차를 내는 방법'에 왜 채다와 제다가 들어가 있으며, 왜 그토록 "정성을 다하라"(盡)는 말이 강조되고 있겠는가? 초의 선사는 그 뒤에 '독철왈신(獨啜曰神: 차를 홀로 마시는 것이 우주 자연과 신(神)이 통(通)하여 자연합일을 이루는 최고의 경지이다)'을 제일로 삼는 '음다지법'을 소개해 놓았다. 다도가 기론에 바탕한 수양론임을 밝혀 준 것이다.

　여기에서 독철왈신(獨啜曰神)의 신(神), 채진기묘(采盡其妙)에서 다신(茶神)의 기묘(其妙), 조진기정(造盡其精)의 기정(其精)은 모두 찻잎에 든 기(氣) 또는 기의 활동성의 다른 이름들이다. 이는 다도가 동아시아 사상 본체론인 기론에 입각한 수양론임을 말해 주는 지점이다. 즉 일찍이 한재 이목이 『다부(茶賦)』에서 "神動氣入妙 是亦吾心之茶(신동기입묘 시역오심지차). 다신이 이입돼 내 심신의 기를 신(神)의 차원으로 고도화시켜 신이 작동하는 경지(묘경)에 들게 하니, 이야말로 자연합일을 이루게 하는 '빈 마음의 차'이로다……"라고 했듯이, 다신의 작용으로 음다인의 심신이 자연 상태로 정화되어 마침내 자연과 하나가 된다는 원리이다.

　이상을 종합하여 '도(道)'와 '다도(茶道)'의 의미에 관해 결론을 내리자면, 우선 도는 도가의 정의가 가장 원론적이고 원천적이라고 할 수 있다. 즉 '도법자연(道法自然)'이 말해 주듯이 도란 인간·땅·하늘의 연계 선상에서 '자연을 본받는 일'로서, 우리가 승순(承順)해야 할 자연의 존재 형식과 운영 원리를 말해 주는 것이라 할 수 있다. 유가의 도는 인도(人道)로서 『주역』의 가르침이 그렇듯이 '천도(天道, 즉 誠)를 본받는 일(誠之)'이고, 불가의 도는 유가의 도(인간세)나 도가의 도, 즉 '출세간(出世間)이나 자연'을 벗어나(출출세(出出世)), 온갖 고뇌와 번뇌가 씻겨진 원

초적인 마음(아뢰야식)에 이르는 길로서 종교적인 '초월의 도'라
고 할 수 있다.

또 이런 기준에 따라 다도(茶道)를 해석하자면, 유가에서 다
도는 '차로써 천명인 성(性)을 존양(存養)하여 순정한 기로 드러
나게 하는 일(수양)', 도가에서는 '차와 더불어 자연(自然)과의
합일(合一)을 통해 자연적 생명력을 기르는 일(양생)', 불가에
서는 '차로써(차를 도반道伴 삼아) 번뇌를 여의고(滅) 득도에 이
르는 길(수행)'이라고 할 수 있다. 여기에서 '그렇다면 모든 차
가 또는 어떤 차가 유·도·불가의 그러한 도를 실천하는 데 있
어서 마땅한 기능을 발휘하는가?'라는 질문이 있어야 한다. 이
에 대한 답은 단연 녹차(綠茶)이다.

다도 전문서인 『다신전』과 『동다송』의 제다법과 차 종류는 초
배(炒焙) 녹차이다. 두 문헌에서 '다신'의 의미를 강조한 것도
녹차의 제다(製茶) 및 포다(泡茶)와 관련해서이다. 뿐만 아니라
당대(唐代) 차 형태의 주류였던 떡차도 차의 성분을 기준으로
분류할 때 차의 종류로는 증배(蒸焙) 녹차였다. 녹차를 운반 및
보관 편의상 떡처럼 덩어리로 만들었으나 건조 미흡으로 카테
킨과 테아닌이 산화·발효되어 적갈색 차탕이 돼 버렸다. 다도
개념 발아와 동시에 저술된 『다경』 '四之器(4. 찻그릇)'에는 "적
갈색 차탕을 녹색에 가깝게 보여 주는 월주요 청자를 선호했다"
고 나와 있다. 이는 『다경』 저술 무렵 다도 개념의 발아와 더불

어 녹차를 차의 본질적 원형으로 중시했던 추세가 '다도'를 명확
히 규정한 『다록』이 나온 명대까지 이어졌음을 말해 준다.

6

한·중·일 제다사의
맥락(脈絡)과 함의(含意)

제다사는 현상적인 제다(차를 짓는 일)뿐만 아니라 차의 형태와 종류에 관한 내력, 탕법(차탕을 내는 방법)과 찻그릇 사용의 변천 요인, 나아가 당시 사람들의 본체론, 인식론, 수양론 등 철학 사상까지를 다 포함하고 있다. 제다사에 담긴 이런 요소들의 맥락을 들여다보고 당대(當代) 사람들의 차 인식과 차문화에 대한 지향 및 그것을 배태한 사상적 기반을 읽어 내 오늘의 차생활을 올곧게 하는 데 활용할 만하다. 또 오늘날 한국 차계와 차학계가 인식 혼란을 겪고 있는 한국 차와 차문화의 정체성 파악 및 위기에 처한 한국 차산업의 돌파구 마련을 위한 지침을 얻을 수도 있다.

차와 차문화의 기원이 중국이므로 제다사의 출발 원형은 중국 제다사에서 볼 수 있다. 중국 제다사는 당나라 육우가 쓴

『다경』을 쓴 것에서 시작된다. 이어 송나라 때 북송 장순민(張舜民)의 『화만록(畫墁錄)』, 휘종의 『대관다론(大觀茶論)』, 남송 조여려(趙汝礪)의 『북원별록(北苑別錄)』, 명나라 장원(張源)의 『다록(茶錄)』 등을 통해 간추려진다. 이 다서들을 근거로 중국 제다사를 표로 나타내자면 다음과 같다.

[중국 제다사]

시대 구분	당(唐)		송(宋)		원(元)	명(明)·청(淸)
제다법	生茶, 蒸製	蒸—焙— 研(膏)	蒸—壓(膏)— 乾—研(膏)	蒸—榨(자)— 研(膏)→ 造茶—過黃	생 찻잎을 맷돌에 간다 (抹)	炒製(炒焙) (산화후 炒焙)
차 종류	餅茶	초기 연고차 茶餅	중기 연고차 茶餅	후기 연고차 茶餅	抹茶 (액상 분말 녹차)	잎차(散茶) *炒焙 靑茶
탕법	煮茶法, 煎茶法	點茶法	點茶法	點茶法	뜨거운 물을 부어 교반(攪拌)	泡茶法
다기	(월주요) 靑磁	黑磁	黑磁	黑磁		白磁
근거	『茶經』 (陸羽)	『畫墁錄』 (북송張舜民)	『大觀茶論』 (북송 휘종)	『北苑別錄』 (남송, 趙汝礪)	『茶と日本人』 (?)	『茶錄』 (명, 張原)

표를 참고하여 중국 제다사를 해석하자면, 우선 『다경』에는 여러 제다법에 의한 각종 차 종류와 자다법(煮茶法) 전다법(煎茶法) 등 탕법들이 나온다. 당시 사람들의 문화적 감수성이 현대인들과 큰 차이가 없었을 것이기에 오늘날과 같은 증배(蒸焙), 초배(炒焙) 등 각종 제다법이 있었고, 오늘날엔 사라진 자다법(煮茶法)[1] 등 탕법도 있었을 것이다. 즉 차문화 초기에도 모든 가능한 제다법과 탕법을 시도해 보았다고 할 수 있다. 그 결과 그중에서 당나라 때의 시대적 환경에 가장 적합한 차의 형태로서는 떡차, 차 종류로는 녹차를 선호하게 되었다. 떡차는 오늘날 장흥 청태전처럼 찻잎을 쪄서 절구에 찧어 떡 덩이 모양으로 만든 것이다. 그렇게 한 이유는 오늘날처럼 마땅한 포장재가 없어서 운반과 보관의 편의를 위해서였을 것이다. 그러나 젖은 찻잎을 찧어서 떡 모양으로 만든 것이어서 덩어리 안까지 건조가 제대로 되지 않아 가수분해에 의한 카테킨 산화와 곰팡이에 의한 테아닌 발효로 말미암아 오늘날의 보이숙차처럼 적갈색의 산화·발효차가 돼 버렸다. 당시 녹차를 선호했던 차인들은 차탕색이 적갈색이 된 것을 싫어하여, 『다경』 '4. 찻그릇'

1　자다법(煮茶法)의 煮는 '삶다' 또는 '달이다'의 뜻을 갖는다. 당나라 때 차문화 초기 현상으로 생 찻잎을 잘게 썰어서 국처럼 삶아서 식용했음을 말해 주는 용어가 아닌가 생각된다. 초의를 '전다박사'라고 할 때의 煎은 달일 전이다. 전다법(煎茶法)은 떡차를 갈아 한약처럼 달인 탕법이다.

항에 나오듯이 "차탕색을 녹색에 가깝게 보여 주는 월주요 청자를 제일로 쳤다. 형주요 백자는 차탕색을 황적색 그대로 보여 주기 때문에 차선……"이라고 했다. 이때 나온 탕법이 떡차를 가루 내어 달인, 달일 전(煎)자 전다법(煎茶法)인 것이다. 이는 자하 신위가 「남차시병서」에서 초의를 '전다박사'라고 칭한 이유를 생각해 볼 수 있는 근거가 될 수도 있다.

중국 제다사는 녹차 제다로써 차의 자연성 보존하고자 한 고민의 역사

탕색이 황적색으로 변하지 않는 고유한 녹색 탕색의 오리저널한 녹차에 대한 갈망과 고민의 결과, 당 말기에는 드디어 연고(研膏) 녹차가 나왔다. 이 연고 녹차는 찐 찻잎을 젖은 채 바로 절구에 넣어 짓찧지 않고, 먼저 바짝 말린 다음 미세한 가루를 만들어, 가루 겉면에 물기를 발라 뭉개어 덩어리(團)로 만들고, 덩어리 안에서 가루 사이에 물기가 있는 것을 다시 바짝 말린 것이었다. 이렇게 만든 덩어리차(團茶)는 찻사발에 바로 넣고 물을 부으면 미세한 가루 사이의 접착력이 강하지 않아서 바로 풀려 죽처럼 되어서 마시기 편했다. 이때 나온 탕법이 점다법(點茶法)이다. 송대 단차 점다법은 당대 떡차를 굽고 가루 내

어 달여서 마시기까지(전다법)의 불편함을 개선한 방법이라고
할 수 있다.

여기에서 차의 형태로서 병차(餠茶, 떡차), 단차(團茶), 차병
(茶餠, 차떡)을 구별할 필요가 생긴다. 당나라 초기에 나온 떡
차는 곧 녹차로서의 병차이고, 당나라 말기에 나온 '초기 연고
차'는 형태는 단차(團茶)이고 종류로서는 녹차였다. 이 연고 녹
차가 송나라 때 '용단승설(龍團勝雪)'로 불린 것은 이런 류의 차
가 단차였음을 말해 준다. 차병은 조선 후기 다산 정약용이 강
진 제가 이시헌에게 당부하여 만들게 한 것으로서 용단승설과
비슷한 일종의 단차이다. 이 구별에 있어서 '차의 종류'와 '차의
형태'를 잘 분별해야 한다. '차의 종류'는 이른바 중국의 6대 다
류처럼 녹차, 백차, 황차, 청차, 홍차, 흑차 들을 차의 성분 및
효능으로써 나누는 범주이다. 떡차, 차떡, 단차는 차의 내부
구조와 겉모습으로 구별하는 '차의 형태'를 말한다.

떡차는 당나라 때 떡차나 요즘의 장흥 청태전(또는 새로 복원
했다는 보성 뇌원차나 박동춘 씨의 이른바 '고려단차' 등)처럼
찐 찻잎을 젖은 채 곧바로 절구에 찧어 떡을 만든 것이다. 하지
만 찐 찻잎을 바로 짓찧었기 때문에 찻잎의 개체적 형태가 사라
졌고 떡 덩어리 내부의 밀착도가 치밀하여 건조 시 습기가 바로
빠져나오기 어려운 문제가 있다. 운송에는 편한 방법이었으나
보관 과정에서 산화·발효차가 되었다. 위에 말했듯이 당말 연

고 녹차는 이런 고민을 해결한 결과물이었다고 할 수 있다. 찐 찻잎을 잘 말려서 가루로 만들어 가루 겉면에 잠시 접착제용으로 물기를 얹어 다시 잘 말렸기 때문에 도중에 산화 갈변될 요인이 제거된 것이었다. 또 다산의 차떡은 '삼증삼쇄' 기법이 가미되어 카테킨의 떫고 쓴맛을 완화시킨 것이어서 당말~송대의 진액을 빼낸 연고 녹차의 성분 및 효능 유실 상태와 비교할 때 매우 독창적인 것이라고 할 수 있다.

앞에 언뜻 말했지만 당말의 연고 녹차는 차 덩어리를 그대로 물에 풀어 마시는 것이어서 차의 성분을 100% 흡입한다는 장점이 있었으나, 카테킨의 떫고 쓴맛이 과도하게 우러나는 게 문제였다. 송대에 나온 연고 녹차에서 진액을 빼내는 압착(壓搾) 과정이 추가된 것은 그 때문이었던 것으로 짐작된다. 그런데 다산의 삼증삼쇄 차떡은 압착 과정 대신 '삼증(三蒸)'이라는 방법으로 카테킨의 강세를 누그러뜨리는 현명한 방법을 취했다고 할 수 있다.

송대 용단승설은 어다원(御茶園)을 따로 두고 만든 황실 공납차였다. 즉 마시기 쉽고 외모가 좋도록 만든 것이었다. 찻잎을 쪄서 진액을 빼내고 가루 내어 덩어리로 만들어 말린 것이었다. 진액을 짜냈으니 차탕의 색, 향, 맛이 맹탕에 가까웠을 것이다. 또 가루가 가라앉으니 솔로 격하게 저어 격불(擊拂)하였다. 맹탕 차 색깔보다는 그 위에 뜬 흰 뭉게구름 같은 거품이 자연의 색감과 모습(구름)을 상징하듯 보기에 좋다고 생각했을 것이다. 그래서 송대의 연고 녹차 '용단승설'은 녹차로서 차 본래의 성분과 효능에 촛점을 둔 '심신 건강 수양 음료'가 아닌, 흰 거품처럼 역사의 뒤란으로 허무하게 사라진 황실 완상품에 지나지 않았던 것이라 할 수 있다. 격불의 이런 연유를 생각하면, 요즘 말차가 유행하면서 송대 사람들처럼 거품을 내기 위해 힘들여 격불하는 것은 거품 같은 허영을 좇는 짓이라 할 수 있겠다. 송대 다서에서 진정한 의미의 '다도'라는 말이 별로 나오지 않은 이유가 그 때문이 아닌가 생각된다. 말하자면 송대의 차와 다도는 정통적 의미의 수양론적 다도에서 벗어나 투다(鬪茶) 놀음과 더불어 황실화·귀족화된 유희(遊戲)로 전락되었다고 할 수 있다. 이에 대한 반성은 명대(明代) 제다와 차 종류 및 형태, 탕법 등으로 이전되어 나타나게 되었다고 할 수 있다.

원대(元代)에 들어와서는 말차(抹茶) 탕법이 등장했다. 말차(抹茶)의 抹 자는 '문지르다, 지워 없애다'의 뜻이다. 말차(抹茶)는 생 찻잎을 맷돌에 이파리 형태를 지워 없애듯 문질러 갈아서 뜨거운 물을 붓고 저어 마셨다고 한다.[2] 그렇다면 오늘날 일본 말차의 한자가 '抹茶'인 것은 그 잔영이 아닐까 생각된다. 원

---

2   『茶と日本人』, 일본 世界文化社, p.20.

대의 말차(抹茶)가 생 찻잎을 그대로 맷돌에 간 것이라면, 이는
송대 연고차의 '찻잎을 쪄서 진액을 짜내고 갈아서 단(團)을 만
들어 말린 과정'을 다 생략하여 녹차의 자연성을 더욱 확보하고
자 한 즉석 제다·탕법이라고 할 수 있다. 당시 페스트 등 역병
창궐에 따른 약선요리 발전의 맥락에서 차 역시 약용되었을 것
이라고 추측해 볼 수 있다. 자세한 내용에 대해서는 추가 자료
와 연구가 필요하다.

한편 일본 말차와 관련해서는 이런 견해도 있다. 요즘 한국에
서 말차 격불이 유행인데, 무턱대고 할 일이 아니라 이런 맥락
을 알고 있을 필요도 있겠다.

일본에서 말차가 오랫동안 차문화의 핵심으로 남았다. 그
배경에는 "일기일회(一期一會)"라는 발상이 깊이 작용한다.
지금 이 순간, 다시 오지 않을 장면에 집중한다는 태도가 말
차 의식과 궁합이 좋았기 때문이다. 작은 찻잎 가루를 체에
걸러 차선(茶筅)으로 거품 내며 마시는 행위는 준비부터 마
시는 순간까지 비교적 짧고 강렬하다. 화려한 과시가 아니라
지금 이 자리에서 '거품이 일어난 그 한 잔'을 온 감각으로 맞
이하는 것이다. 말차는 찻잎 전체를 곱게 갈아 마시기에 맛
과 향이 농후하고 거품을 낼 때 손목과 마음이 정성이 깃든
다. 그 과정이 곧 "이 한 번의 만남이 다시 없다"는 긴장감과

잘 맞아 떨어진다. 큰 주전자에 잎을 우려내어 여러 번 나누는 방식보다 매번 새로 가루를 풀어 거품을 내는 말차가 매순간 새롭고 유일무이하다는 인상을 준다. 이처럼 일본 다도는 "지금 여기"에 대한 예민한 감각을 한 잔에 담고자 했다. 곧 일기일회를 체화하기에 말차 방식이 최적이었다.[3]

명태조 주원장은 송대 용단승설 등 황실 공납 연고 단차 제다의 민폐를 이유로 들어 이런 류 단차 제다를 금하는 칙령을 내렸다. 이러한 연유로 탄생한 제다법과 차의 형태 및 종류가 초배법(炒焙法, 찻잎을 솥에 덖어 말리는 방법)에 의한 산차(散茶, 잎차) 형태의 녹차(綠茶)이다. 또 이 녹차를 우려내는 탕법이 포다법(泡茶法)이다.

앞의 표에서 당말 연고 녹차(초기 연고차) 제다를 蒸(쪄서)→焙(불에 말려)→研(膏)(가루를 냄) 한 이유는, 이전 떡차의 건조 미흡으로 녹차가 아닌 카테킨 산화차가 돼 버린 것에 대한 반성이라고 할 수 있다. 찐 찻잎을 바짝 말린 다음 가루로 만들고, 이 마른 가루들의 겉에 물을 묻혀 차떡[4]으로 만들

<hr>

3 시미즈 다이치, 『다도─끓는 물 위의 철학』, 주식회사 부크크, 2025, p.51.

4 떡차(餠茶)가 아닌 차떡(茶餠)은 다산이 만든 특유의 고품질 연고 녹차이다. 다산은 1830년 강진 제자 이시헌에게 편지를 보내 "우전 찻잎으로 모름지기 삼증삼쇄(三蒸三曬)하고 곱게 갈아 돌샘물에 이겨 차떡(茶餠)으로 만들어야

어 다시 말리면, 뭉쳐진 가루의 겉면 물기가 떡차의 경우처럼 가수분해에 의한 카테킨 산화를 일으키기 전에 쉽게 마른다. 그런데 미세한 가루로 된 차떡(덩어리)은 다완에 넣고 물을 떨어뜨리면(점다법) 쉽게 풀어진다. 차탕을 찻솔로 젓는 것(격불)은 미세한 가루가 가라앉지 않도록 하는 것이다. 이때 차탕에는 카테킨 등의 성분이 잘 우러나지만, 그 때문에 오히려 떫고 쓴 맛이 강하게 느껴진다. 그래서 다음(중기 연고차)에는 찐 찻잎을 눌러서 진액을 빼내는 壓(膏) 공정이 첨가되어서 제다의 순서가 蒸(찻잎을 찌고)→壓(눌러서 진액을 빼내고)→乾(말려서)→硏(膏, 가루를 내어)→再乾(물에 이겨서 덩어리로 만듦)이 되었다. 그다음(후기 연고차)에는 또 가루 내기와 건조를 보다 효율적으로 하기 위해 덩어리로 만들기(造茶)와 건조(過黃)의 순서를 마지막에 둔 蒸→榨→硏→造茶→過黃이 되었다고 하겠다.

명대(明代) 장원의 『다록』은 중국 다서에서 '다도'를 가장 명확히, 그리고 최후로 규정한 다서라고 할 수 있다. 『다록』의 '다도' 항목이 초의의 『다신전』에 '다위(茶衛)'라는 이름으로 옮겨졌고, 『다신전』은 『동다송』 저술의 바탕이 되었으므로, 『다록』은 (『동다송』에서의) '한국 다도' 규정의 원전(原典) 역할을 했다고 할

찰져서 먹을 수 있네."라고 차떡 제다를 당부하였다.

수 있다. 이전의 다서에 비해 『다록』에 '다도' 규정이 명확하게 나오게 된 연유(緣由)는, 당대(唐代)에 '득도'의 개념과 더불어 발아된 수양론적 개념의 다도가 송대(宋代) 황실 공납 연고 녹차 중심의 유희적(遊戲的) 다도(차놀이)라는 침체·퇴폐기를 거쳐 반성 복고적 차원에서 발전적으로 되살아난 것이라고 할 수 있다. 그 배경에는 다신(茶神)이 잘 보전된 녹차로써 수양론적 다도를 가능하게 한 제다법과 탕법인 초배(炒焙)법과 포다(泡茶)법이 있었다.

그러나 중국에서 다도 개념은 『다록』에 기록된 이후 기록이나 사람들의 생각에서 멀어지게 된다. 명말·청초에 카테킨 산화차인 청차(靑茶)가 나오면서 차가 한낱 대중적 기호품에 지나지 않는 것으로 인식되고, 여기에 서구의 홍차 상업주의에 의한 차의 기호식품화 경향의 과장과 위선이 덧씌워진 탓이라 할 수 있다. 이는 사상적 변화와도 궤를 같이한다. 즉 이때까지는 수양론적 다도를 이론적으로 받쳐 주었던 철학적 바탕이 기일원론이었으나, 신해혁명 이후 서양 문화가 물밀려 오는 추세에서 손문(孫文)의 '아톰'(Atom, 阿屯) 개념이 기(氣)를 물질 개념으로 변질시켜 본체론으로서의 기론을 희석시킨 결과의 영향이라고 할 수 있다.

한국 제다사의 특장점은 다산 증배(蒸焙)의 독창성과 초의 초배(炒焙)의 보완성

중국 제다사에 비해 현재까지 파악되는 한국 제다사는 매우 단순하다. 한국 제다사에서 고려 이전 것은 몇몇 차 이름이 나온 것 외에 밝혀진 게 없다. 따라서 "고려시대 백차를 복원했다"(박동춘 동아시아차문화연구소 소장)거나 '고려 황실 뇌원차를 복원했다'(목포대 국제차산업문화연구소와 보성군)는 것은 근거 자료(사료)가 없어서 『북원별록』 등 중국의 관련 자료를 근거로 하여 중국에서는 이미 폐기된 옛차를 흉내 낸 것에 불과하다. 이런 일은 근거 없이 한국 제다사와 차문화를 왜곡시키고 후진시키는 반학문적 반역사적 행태가 아닐 수 없다.

한국 제다사는 지금까지 나온 사료(史料)인 조선시대 한재 이목의 『다부』, 『부풍향차보』, 진도 귀양객 이덕리의 『동다기』, 강진 귀양객 다산 정약용의 『다신계절목』을 비롯한 다산 제다 기록, 초의의 『다신전』과 『동다송』 등 고문헌 다서들의 내용을 통해 간추려진다.

[한국 제다사]

구분 \ 시대	신라	고려	조선					
제다법			생배	증배	구증구포	焙, 蒸焙	三蒸三曬	炒焙
차형태·종류	중국 餅茶 (녹차 → 산화차)	뇌원차 등 餅茶, 茶餅 (연고차)	부풍향차 (餅茶)	散茶 (종이 포장)	團茶 (내부구조) － 餅茶(외형)	葉茶 餅茶	茶山 茶餅 (연고녹차)	散茶
탕법	煎茶法	전다법 (點茶法)	(전다법)	(포다법)	전다법 (보림백모－ 전다박사)	포다법, 전다법	(점다법)	포다법
다기	?	청자	?	(백자)	(백자, 청자)	(백자)	(백자)	(백자, 옹기)
근거	쌍계사 진감국사비	고려사	『扶風鄕茶譜』 李運海	『記茶』 李德履	이유원의 시 「죽로차」	「다신 계절목」	이시헌에 보낸 다산의 편지	『동다송』
연대			1757	1783	1808~1819	1819~	1830~	1837~

    장흥 청태전과 같은 떡차 제다는 중국 다서나 제다법을 접해
보지 못한 민간에서 자연발생한, 한국 제다사 초기의 사례라고
보아야 한다. 중국 다서를 본 다산은 외모는 떡차와 비슷하지
만 제다 공정이나 외형의 내부 구조는 떡차와 전혀 다른 구증구

포 단차(團茶)와 삼증삼쇄 차떡(茶餠)을 창출해 냈다. 또 중국 연경에 가서 용단승설을 맛본 추사는 자신의 호를 '승설도인'이라고 지었을 만큼 단차(차의 형태와 내부 구조)이자 연고 녹차(차의 종류)인 용단승설 차향에 반했으므로, 용단승설의 여운을 갖고 이 땅에서 그와 비슷한 차를 찾아 "남쪽에서 승려가 그런 차를 만든다"는 소문을 들었다는 글을 남겼을 것이다. 그런 추사가 훗날 초의에게 용단승설보다 한참 후진적인 떡차류 제다를 권장하지는 않았을 터이다.

한국 제다사는 현재로서는 제다에 관한 최초의 기록인 「부풍향차보」에서 시작된다. 「부풍향차보」는 1755년경 부안 현감 이운해가 지은 것으로 알려져 있다. 차에 7가지 한약재를 넣어 약용으로 만드는 일을 기록해 놓았다. 자세한 제다법과 구체적인 차의 형태에 대해서는 설명돼 있지 않지만 당시의 제다 및 포장술, '약용'이라는 차 용도 인식 등에 비추어 떡차로 제다한 것으로 생각된다. 「부풍향차보」 '차본(茶本)' 항에도 "납차(臘茶), 즉 섣달차인 맥과차(麥顆茶)는 어린 싹을 짓찧어 떡을 만들고 불에 굽는다"고 써 났다.

『부풍향차보』에 이어 30년 후 이덕리가 쓴『동다기』에는『부풍향차보』에 비해 혁신적인 제다법이 나온다. 이 책 '다사(茶事)' 항에 나오는 다음의 언급은 중국 제다사와 한국 제다사에 관하여 많은 시사와 경고를 하고 있다.

달여서 고를 만드는 것은 실로 우리나라 사람이 억탁으로 헤아려 억지로 만든 것이니, 맛이 써서 약용으로나 쓸 수 있다고 한다. 일본 향차고는 별도로 논해야 한다. 우리나라에서 만든 것이 가장 형편없다. 옛사람은 '먹은 검어야 하고, 차 빛깔은 희어야 한다'고 했다. 색이 흰 것은 모두 떡차에 향약을 넣고 만든 것을 말한다. 월토나 용봉단이니 하는 따위가 이것이다. 송나라 제현이 노래한 것은 모두 떡차다. 하지만 옥천자 노동의 「칠완다가」의 차는 엽차다. 엽차의 효능은 대단했다. 떡차는 맛과 향이 더 나은 데 지나지 않았다. 또 앞쪽의 정위(丁謂. 962~1033)[5]와 채양(蔡襄. 1012~1067)[6]이 이 때문에 나무람을 받았다.[7] 그럴진대 굳이 그 방법을 구하여 만들 필요는 없을 것이다.

차 맛은 황정경의 「영차사(咏茶詞)」에서 다 말했다고 할 수 있다. 떡차는 향약을 가지고 합쳐서 만든 뒤 맷돌로 가루를 내 끓는 물에 넣는다. 특별한 한 가지 맛이어서 엽차에 견

---

[5] 송나라 때 처음으로 용봉단차(龍鳳團茶)를 만들었다.

[6] 복건성 선유현 사람으로 소룡단(小龍團)을 만들어 인종에게 바쳤다.

[7] 청나라 융정찬이 지은 『속다경』「사지기(四之器)」에서 "송나라의 대·소용단은 정위에 의해 시작되어 채양에 이르러 완성되었음을 구양수가 듣고 탄식하여 말하기를 '군모(채양)는 선비인데 어찌 이런 일을 하기에 이르렀는가?'"라고 하였다. "이 때문에 나무람을 받았다"고 한 것은 바로 구양수의 언급을 두고 말한 것이다.(『한국의 다서』 90쪽 각주 인용한 것임).

줄 바가 아닐 성싶다. 하지만 옥천자가 "두 겨드랑이에서 살랑살랑 맑은 바람이 일어난다"고 한 것이 또한 어찌 일찍이 향약을 써서 맛을 보탠 것이겠는가? 당나라 사람 중에서도 생각과 소금을 쓴 이가 있어 소동파가 비웃은 바이다. 지난번 한 귀한 집의 잔치에서 꿀을 차에 타서 내오자 온 좌중이 찬송했으나 입에 넣을 수가 없었다. 참으로 이른바 촌티가 끈적끈적하다는 것이니, 오중태수를 지냈던 육자우(陸子羽)의 사당을 헐어 없앨 만하다.

차의 효능을 두고 어떤 이는 우리 차가 월(越) 땅에서 나는 것만 못할 것으로 의심한다. 내가 보니 색과 향과 기운과 맛이 조금도 차이가 없다. 다서에서 "육안차는 맛이 낮고, 몽산차는 약용으로 좋다"고 했는데, 우리 차는 대개 둘을 아울렀다. 만약 이찬황과 육자우가 있다면 두 사람은 틀림없이 내 말이 옳다고 할 것이다.[8][9]

『동다기』에서 또 이덕리는 『부풍향차보』에 나오는 차가 떡차여서 단지 약용으로나 쓸 수 있을 뿐, 차로서는 고유한 가치가

8　이 말은 초의가 "옛사람의 말을 빌려……"라는 전제하에 『동다송』에 옮겨 놓았다. 즉 『동다송』은 초의가 우리 차를 칭송하는 책이 아니라 이 덕리가 우리 차를 칭송하는 짧은 구절을 옮겨 놓은 것이다.

9　정민 · 유동훈, 『한국의 다서』, 김영사, 2020, .p.88—93.

없는 것이라고 낮게 평가하고 있다. 당시 일본에서도 향차고(香茶膏)를 만들었는데 우리 것과는 비교할 수 없는 것이었고, 우리나라에서 만든 것이 가장 형편없었다고 증언하고 있다. 또 이런 차가 송나라 때의 떡차류의 아류라고 하였다. 그리고 송대(宋代)에 유명했던 용봉단차류에 대해서는, 진액을 빼내서 색깔이 흰 것을 제현(諸賢)이 선호했으나, 실은 당대(唐代) 노동이 「칠완다가」에서 차를 마시고 득도의 개념을 노래했을 때의 차는 바로 엽차(葉茶), 즉 잎녹차로서 효능이 대단했다는 것이다. 그는 송대 용봉단과 같은 차류에 대해서는 구양수가 그런 차를 만든 정위와 채양을 나무란 일을 들어서 감히 '선비'의 지성과 도덕성으로서 만들어서는 안 될 차를 만든 것이라고 하였다. 떡차와 녹차를 비교하면서는, "떡차는 향약을 가지고 합쳐서 만든 뒤 맷돌로 가루를 내 끓는 물에 넣는다. 특별한 한 가지 맛이어서 엽차에 견줄 바가 아닐 성싶다. …… 육자우의 사당을 헐어 없앨 만하다"고 하여, 육우가 강조한 차가 녹차였음을 상기시키면서 노동의 시를 인용하여 다도나 득도의 개념에 따라 마시는 차는 '심신 건강 수양 음료'로서 잎차(녹차)여야 함을 강조하고 있다.

이런 맥락에 따라 『동다기』「다조(茶條)」 항에는 "찻잎을 찌고 불에 쬐어 말리는" 증배(蒸焙)법이 나온다. 또 "일본 종이를 사와서 포장하여 도회지로 나누어 보낸다……"고 한 대목에서는 증배 제다로 오늘날과 같은 산차(散茶)로서의 잎녹차를 만들었음을 알 수 있다. 초의가 『다신전』과 『동다송』에서 명대 초배법(炒焙法)을 소개하기 이전에 이미 선진적 제다법에 의한 녹차가 나오고 있었다는 것이다.

『동다기』의 기록에 이어 한국 제다사는 중국과 일본 제다사에서 찾아볼 수 없는 독창적이고 수준 높은 다산 제다기(茶山 製茶期)[10]로 들어간다. 다산 제다는 필자가 『녹차, 다산에게 묻다』 및 『녹차 부활』(160—166쪽)에 써 놨듯이 구증구포 단차 제다 및 삼증삼쇄 연고 녹차 (차떡) 제다로 간추려진다. 구증구포 단차는 거친 찻잎으로, 삼증삼쇄 연고 녹차 차떡은 어린 찻잎으로 만든 것이다. 구증구포 단차와 삼증삼쇄 차떡은 모두 다산의 '순수 녹차 지향' 의지에 따라 찻잎을 찌고 잘 말리고 (차떡은 가루 내어) 덩어리(團) 형태로 만든 것으로서, 순수 자연성을 상실한 산화·발효차류인 청태전처럼 질 낮은[11] 당대 떡차류와는 다른 고급 녹차이다.

---

10 다산의 구증구포와 삼증삼쇄 증배법은 『동다기』 증배법의 연속이었다고 할 수 있다.

11 『조선의 차와 선』(1940년 모로오까 다모쓰·이에이리 가즈오, 김명배 옮김, 도서출판 보림사, 1991) 214쪽에 "1919년경까지 부락 사람들이 만들었으나, 그 뒤에는 작설차를 마시게 되어 만들지를 않는다.", 260쪽에 "청태전은 일면 병차라 해서 작설을 딴 뒤의 잎으로 만든다. 품질이 나쁜 것이다."라고 했다. 청태전과 관련하여 "나쁜 차…… 지금은 마시지 않는다."라고 했다.

다산 제다의 순수 녹차 지향 맥락은 초의 제다로 이어진다. 초의는 다산으로부터 배운 구증구포 제다법으로 만든 '보림백모'를 1830년경 한양으로 가져가서 '전다박사'라는 칭호를 얻는다. 이어 그는 『다신전』 필사와 『동다송』 저술을 통해 얻은 제다 지식을 활용하여 초배법(炒焙法)에 의한 산차(散茶) 형태의 잎 녹차를 제다하여 오늘에 전하였다.

여기서 한국 제다사를 반추해 볼 때 한 가지 간과할 수 없는 사실이 있다. 다산이 해배되어 양수리로 돌아간 뒤 강진 제자 이시헌에게 삼증삼쇄 차떡 제다를 지시한 1830년은 초의가 명나라 모환문이 쓴 백과사전 『만보전서』에 '다경채요'라는 제목으로 명나라 장원의 『다록』이 요점 정리된 것을 베껴서 『다신전』을 쓴 때이다. 한국의 차인과 차학자들은 『다신전』에 정신이 쏠려 명나라 초배법의 산차 제다를 마치 한국의 전통 제다법 및 전통 차인 양 과포장하여 한국 제다사의 한 페이지를 꾸며 넣었다. 이 바람에 다산이 제창한, 세계 제다사에 유례가 없는 독창적이고 뛰어난 품질의 차떡 제다는 역사의 기억 아래에 묻혀 버리게 되었다. 초의 다맥 후계자임을 자처하는 박동춘 (사)동아시아차문화연구소 소장 같은 이는 "다산의 구증구포가 한국 제다사에 제시된 적이 없다!"라고 말하고 있을 정도이니, 하물며 다산의 삼증삼쇄 차떡 제다임에랴.

또 하나는 요즘 중국 보이차 상업주의의 무분별한 기승(氣勝

)이다. 이는 보이차 원산지인 중국은 물로 녹차 제다 일변도인 일본 차 시장에서는 볼 수 없는 일이다. 보이차(흑차, 즉 보이 숙차)는 카테킨 산화와 테아닌 발효가 극에 이른 것으로서, 학술적으로 볼 때 차의 성분과 효능상 심신건강 수양 음료로서의 가치가 없는 차라고 할 수 있다. 또 녹차 제다의 수준 향상을 지향해 온 종래 제다사의 이상과 흐름에서 볼 때 요즘 한국의 보이차 열풍은 차의 본질과 정체성에 대한 반제다사적 반란이라고 할 수 있다. 한국 제다사적으로도, 다산이 독창적으로 구증구포 단차 및 삼증삼쇄 연고 녹차 제다로 녹차 제다의 격과 차원을 높였고, 초의가 초배법 제다로 이를 보완 계승한 것에 배치된다. 요즘 보이차의 성분 및 효능 문제는 고사하고, '녹차 수도'라고 일컬어지고 있는 보성과 차학계 일부(목포대 국제차문화산업연구소)에서는 보이차가 떡차인 것으로 오인하여[12] 이른바 '뇌원차 복원' 명분으로 "녹차는 보관에 문제가 있고 떡차류가 유행하니 떡차 쪽으로 방향 전환을 해야 한다"고 주장하고 있다. 이는 한국 정통 제다사를 후진시키는 반학구적 주장의 단적인 모습이라고 할 수 있다.

12　보이차는 내부 구조상 떡차가 아닌 團茶이다.

녹차 고수(固守) 일관한 일본 제다사

끝으로 일본 제다사에 관해서는 '일본 다도'에 대한 학술적 견지에서의 평가 및 일본 차업계의 '녹차 제다 지향' 의지를 살펴보는 것으로 갈음하겠다. 우선 '일본 다도'는 애플 창업자 스티브 잡스가 "일본 젠(禪)을 통해 영감을 얻었다"고 말했던 만큼 글로벌 브랜드가 되어 있다. '일본 다도'는 일본이라는 말이 붙어 고유명사화돼 있다는 점에서, 명칭에서부터 '다도'의 이미지를 독점하고자 하는 일본인들의 브랜드화 의지가 배어 있다. 요즘의 일본 다도는 송대 말차 음다 행태를 본뜬 불가의 수행 다도가 무사 계급의 화려한 서원풍 다도로 이전되었다가, 이에 대한 반발로 무라다쥬코—다케노 조오—센리큐로 이어지는 차인들의 노력으로 개혁되는 과정에서 토요토미 히데요시 등 무사들의 정치적 의도가 개입되고, '와비(わび, 侘)·사비(さび, 寂)'의 미완·고적미(未完·古寂美) 지향 미학 정신 및 엄격한 형식 등 복합적 요소를 강조하는 '집단 접빈다례(다회)' 양식으로 정립되었다. 이런 점에서 볼 때 '일본 다도'는 자연발생적인 문화 현상이 아니라 정치·사회적 목적에서 인위적으로 만들어 낸 것이라 할 수 있다. 즉, 목적성에 추동돼 형성된 것이기에 그 배경에 다도가 원래적으로 갖추어야 할 철학성이나 학술적 이론은 빈약하다.

일본 다도에 말차(抹茶)가 동반된 점과 일본 말차가 송·원대(宋·元代) 말차(抹茶)[13] 문화의 잔영이라는 점에서 일본 제다사는 말차 제다의 측면에서 살펴볼 필요가 있다. 일본 말차는 전형적인 녹차이면서 제다 공정상 가장 질이 좋은 녹차이다. 일본 말차 기원의 하나라고 할 수 있는 송대(宋代)의 용단승설과 같은 연고 녹차는 진액을 빼냄으로써 녹차의 순수성을 잃은 것이었다. 진액을 빼낸 이유는 황실 공납품인 용단승설의 떫고 쓴 맛을 내는 카테킨 성분을 없애고자 한 것이고, 진액을 빼내서 '백차'가 되다시피한 용단승설은 격불하여 흰 거품을 보고 즐기는 황실의 완상품 구실을 했을 것이다. 그러나 일본 다도에 쓰이는 일본 말차는 진액을 빼지 않고 순수한 녹차잎을 그대로 간 것이어서 차의 본래성을 잘 유지하고 있다고 할 수 있다.

일본 말차 제다 맥락을 생각할 때, 일본 말차 제다보다 선진적이었던 다산의 삼증삼쇄 '차떡(茶餠)' 제다를 상기해 볼 필요가 있다. 다산 차병 제다는 '일본 다도'의 형식적 수행과 같은 목적보다는 전적으로 녹차로서의 차의 순수성을 좇기 위한 것이었다. 다산 차병의 제다는 야생 찻잎을 이용한 삼증삼쇄라는 자연적이고 과학적인 방법이었고, 일본 말차 제다는 찻잎 선택

---

13 '抹茶'의 抹 자는 생 찻잎을 맷돌에 갈아서 물에 타 마신 것으로 추정되는 원대 차문화에서 유래한 것으로 생각된다.

에서부터 '차광 재배'라는 인위적 방법에 의존한다. 다만 일본 차의 제다가 말차 제다를 시발 또는 본보기로 하여 '녹차 제다 지향'으로 일관되게 나아가고 있는 것은 차의 본래성을 좇아 살리고자 했던 제다 및 제다사 원래의 취지와 목적에 잘 부응하는 선례(善例)라고 할 수 있다.[14]

---

14 일본에 녹차 제다만 있는 것은 아니다. 실례로, 시코쿠 요시노강 유역 오토요 정 지역에서는 산미(酸味)가 나는 후발효차인 고시차(碁石茶)가 있다. 이는 에 도시대부터 세토내해 여러 섬에서 제다해 온 차이다. 섬 지역의 고온다습한 기후 환경에 따른 것으로 보인다.

동아시아 3국 제다사에서 본
차문화의 진전과 후퇴

2025년 10월말 경주에서 열린 APEC 회의 한·중 정상 선물 교환 자리에서 시진핑 중국 주석의 부인 펑리위안 여사가 이 대통령의 부인 김혜경 여사에게 서호 찻잔 세트를 선물로 보낸 것을 두고, 시 주석이 "우롱차 등을 마실 때 작은 찻잔에 진하게 타서 마신다"고 설명하자 이재명 대통령이 "보이차를 따라 마시면 좋겠다"고 했다. 이 대통령의 말씀에는 정치적 고려의 뜻도 있겠지만 한편으론 한국 제다사 또는 한국 차문화사의 왜곡된 측면이 부지불식간 대통령 입을 통해 단적으로 표출된 것이라고 할 수 있다. "한국 전통 녹차……"가 아니라 하필이면 "보이차를 따라 마시면 좋겠다"였겠는가.

제다사는 각종 차의 종류와 제다법, 탕법과 음다법, 다기 등의 변천사를 알 수 있게 해 주는 차 역사의 종합 전시장이라고 할 수 있다. 이런 견지에서 동아시아 3국 제다사를 보면, 중국 제다사를 근간으로 하여 한국과 일본 제다사가 약간씩 특색을 달리한다. 즉 현재까지 나타난 기록으로 볼 때 중국 제다사는 당대(唐代) 육우의 『다경』으로부터 시작되어 오늘날에 이르는, 차와 차문화의 원조(元祖)로서의 차의 종합 역사인 데 비해 한국의 제다사는 신라와 고려의 차 이름이 언급되는 짧은 기록 외에 본격적인 제다사는 조선시대 이운해의 『부풍향차보』에서 비롯되어 오늘에 이른다. 이 짧은 기간의 한국 제다사에는 중국 제다사의 축소판이라 할 정도로 각종 차가 운집돼 있다. 또 일본 제다사의 경우, 일본 최초의 다서인 에이사이 선사의『끽다양생기』에서 약용으로서 차의 기능을 알 수 있으나 제다의 내용을 알 수는 없고, 이후 다서들을 참고하여 보면 말차를 주로 한 녹차 제다 일변도인 특색을 알 수 있다. 앞 6항에서 한중일 3국 제다사의 골격을 살펴보았기에 여기서는 위 제목에 시사한 대로 3국 제다사의 진전과 후퇴, 특히 제다사가 정상적인 흐름을 따라 앞으로 나아가지 못하고 반동적 후퇴의 면모를 보인 측면과 그 원인 및 후과(後果)를 살펴보고자 한다.

명말·청초 청차(靑茶, 카테킨산화차) 등장은 전통 차문화 왜곡 변절 오염의 서곡

먼저 중국 제다사의 경우를 보자. 앞 6항을 참고로써 복습하자면 중국 제다사는 당대~명대에 이르기까지 차 종류의 주류는 살청 녹차, 차 형태는 떡차(餠茶, 唐代)—단차(團茶, 宋代)—말차(抹茶, 元代)—산차(散茶, 明代 以後), 제다법은 증배 및 초배, 탕법(湯法)은 전다(煎茶)—점다(點茶)—포다(泡茶), 다기의 종류는 청자 및 백자(당대 떡차기)—흑자(송대 연고 녹차기)—백자(명대 산차기)였다. 이러한 중국 제다사의 전개 과정에서 주목할 만한 대목은, 당대『다경』의 기록에서 확인되듯 청자

찻그릇이 선호되었던 배경이다. 당시 녹차는 떡차 형태로 제조되었고, 건조 및 보관상의 한계로 인해 카테킨의 산화가 진행되면서 차탕이 적갈색을 띠는 경우가 많았다. 청자 다기는 이런 차탕 색을 시각적으로 녹색에 가깝게 보이도록 하는 효과를 지니고 있었다.

여기에서 당시 차인들의 녹차 지향 의지를 읽을 수 있다. 이런 녹차 지향 또는 녹차 고수(固守) 의지가 송대에 카테킨이 포함된 진액을 빼낸 연고 단차(團茶)의 등장으로 한때 잠시 퇴색된 듯하였다. 이는 용단승설의 격불 점다법의 경우에서 알 수 있듯이 차를 하나의 완상품으로 대했던 황실의 반차문화적 행태의 일면이었다고 할 수 있다. 당말 초기 연고 녹차는 진액을 빼내지 않고 찐 찻잎을 말려서 가루를 내어 단차(團茶) 형태로 만든 것이어서 이전 떡차 형태 녹차의 카테킨 산화를 막고, 완제된 떡차를 다시 구워 가루 내어 달이는 번잡한 과정을 개선한 방식(차의 형태와 탕법에 있어서)이었다. 이러한 녹차 고수의 시대 정신은 비로소 명대에 초배법에 의한 산차(차의 형태)와 이에 따른 포다법(탕법)이 등장하면서 성취되었다고 할 수 있다.

그러나 이러한 정상적인 흐름의 중국 제다사는 명말·청초에 카테킨 산화차인 청자가 등장하고 여기에 서구의 홍차 문화와 차 상업주의가 결탁되면서 반동적인 방향으로 역흐름을 시작했다. 즉 이때까지의 녹차 고수 경향이 차의 본질이자 정체성을 지향하는 것이었던 데 반해, 차의 주요 성분인 카테킨 산화를 기반으로 하는 청차와 홍차의 등장은 심신 건강 수양 음료로서의 차의 본질을 왜곡하고 차를 단순한 기호음료 수준으로 퇴락시키는 신호였다. 여기에 70년대 흑차로서의 보이차 등장은 차의 기호음료화와 차 상업주의 결탁의 절정을 이루는 사건으로서 오늘날까지 차와 차문화의 본질을 결정적으로 왜곡시키는 요인으로 작동하고 있다. 특히 그 영향은 차 원조인 중국이나 녹차 강국인 일본에서보다는 한국에서 청태전이나 뇌원차 복원(?)으로 이어지고 있는 등 극성을 부리고 있다는 점에서 오늘날 한국 차문화 왜곡의 치명적 요인으로 인식될 필요가 제기된다.

중국 제다사에 있어서 보이차는 제다법이나 차의 종류로서는 아직 제다사의 선상에 들 만큼의 자리를 확보하지 못하고 있다. 보이차는 원래 중국 보이 지방에서 난 살청 녹차였다. 그 때문에 요즘 보이차를 두고 중국에서는 녹차와 다른 차로서 명확히 구분조차 하지 못하고 있다. 즉 청병이냐 아니면 숙병이 진정한 보이차냐의 논쟁이[15] 아직 결론을 내지 못하고 있다. 1974년에 중국에서 차 상업주의의 기세에 몰려 급조 산화(카테킨)·발효(테아닌)법인 악퇴(渥堆)법이 개발된 것은 한국의 보

---

15 《차와문화》 기사 "생차는 녹차인가 숙차는 흑차인가" 참조 바람.

이차 사대주의를 확대시키면서 보이차 논쟁의 이런 혼돈을 가중시키는 요인으로 작용하고 있다고 할 수 있다.

조선 후기~일제 강점기 "떡차 청태전……" 기록은 한국 제다사 후진성 흔적

한국 제다사를 보자면, 신라 때 차 씨앗을 들여오고 화랑들이 차를 마셨다는 기록과 함께 몇몇 차 이름이 등장하고, 고려시대에 다시(茶時) 제도 등 국가 정책적으로 차를 대한 기록이 있으나, 제다와 관련해서는 대차, 뇌원차 등 차 이름만 있고 그런 차의 품질이나 제다의 내용에 관한 기록은 전무하다. 따라서 최근에 보성군과 목포대 국제차문화 · 산업연구소가 뇌원차를 복원(?)했다는 것은 중국 송대의 차문헌 기록에 나와 있는 차를 복제한 허구적 해프닝이라 할 수 있다.[16]

한국 제다사의 본격적인 면모는 조선 중기 이운해의 『부풍향차보』에서 시작된다. 그러나 『부풍향차보』의 차는 7종의 한약재를 섞어 놓은 것으로서 차의 본질을 훼손하는 것이었다. 한

---

16 보성 뇌원차 복원 연구보고서에는 "관련 기록이 없어서 중국 기록에 의존하여 장님이 코끼리 다리 만지는 식으로 (뇌원차를) 복원했다"고 써 놓았다.

국 제다사에서 진정한 제다는 이덕리의 『記茶』(『동다기』)에 나온다. 『동다기』에는 찻잎을 찌고 말려서(蒸焙) "일본에서 들여온 종이로 포장한다"는 말이 나온다. 증배법에 의한 산차(散茶)를 만들어 종이 포장을 했다는 것으로서, 매우 선진적인 제다법과 차(녹차) 및 전에 없던 획기적 포장법이 등장한 것이었다. 이러한 맥은 이후 다산에게 발전적으로 계승되어 다산의 구증구포 단차 및 삼증삼쇄 연고 녹차라는 전무후무 타의 추종을 불허하는 창의적이고 선진적인 증배 제다법과 고급 녹차가 나왔다. 이어 초의가 『다신전』과 『동다송』에서 명나라 초배법을 소개하여 증·초배가 보완적으로 공존하는 제다기에 들어섰다. 여기에 초의는 『동다송』에서 중·일 제다사에서는 찾아볼 수 없는 독창적 '다도'를 규정하고 그 안에 제다를 포함시켜서 제다가 다도의 한 과정임을 천명함으로써 제다와 다도의 관계를 명확히 하여 다도의 함의와 지평(地平)을 확장하는 거사(擧事)를 단행했다.

또 차문화에 동반되어 전개되는 다기를 포함한 도예 분야를 보자면, 앞에서 말한 바와 같이 당대에 갈변된 녹차 탕색을 녹색에 가깝게 보여 준다는 이유로 비롯된 청자 다기 선호 경향이 그대로 고려 청자문화로서 이입됐고, 명대 덖음 잎차가 나오면서 변하지 않는 녹차 탕색을 그대로 보여 주는 백자 다기 선호 추세가 그대로 조선 백자문화로서 이 땅에 이입되어 오늘에 이르게 되었다. 따라서 혹자가 최근 고려청자 다기를 복원했다고 (박동춘) 자랑하는 것이나 강진 고려청자 다기를 순수 녹차인 강진 다산차와 함께 상품화하자고 주장하는 것(김대호)은 이런 제다사 및 도예 발전사를 동반하는 차문화사에 대한 무지의 소치라고 할 수 있다.

이 밖에 조선 후기~근대의 한국 제다사를 만나 볼 수 있는 것은 일제강점기에 일본인들이 쓴 남도 일대 차문화 유적 탐방기 『조선의 차와 선』이다. 여기에는 강진 해남 장흥 등 남도 일대의 청태전과 '황차'라는 것이 나온다. 청태전은 당나라 때 떡차와 똑같은 원리로 제다되어 변질된 카테킨 산화 녹차이다. 『조선의 차와 선』에서는 청태전을 "나쁜 차", "지금은 마시지 않는 차……"라는 언급들이 나온다. 황차는 일설에 의하면 피항한 중국 배에서 부려진 일종의 산화 또는 발효차류였던 것으로 생각된다. 또 『조선의 차와 선』에는 다산의 막내 제자로서 다산의 지시에 따라 삼증삼쇄 연고 녹차를 만든 이시헌의 후손인 이한영이 만든 단차로서 '백운옥판차'라는 것이 나온다. 이것이 초배 단차라면 그 포장 형태로 보아 덖음 잎차에 물기를 뿌려 작은 괘에 눌러(긴압) 넣은 것일 수 있다. 마땅한 포장지가 없어서 그랬을 것이라 생각된다. 이는 『동다기』에서 일본 종이로 포장한 증배 산차보다는 후진적인 면모를 보이는 것이었으나, 덖음 잎차였다면 초의가 소개한 초배 제다법이 이어진 측면으로

도 볼 수 있다. 또 『조선의 차와 선』에 비록 "나쁜 차……"라고 언급됐지만 청태전이 나온 것은 이 시기(조선 후기 다산과 초의의 제다~일제강점기)의 한국 제다사가 중국 제다사의 당~명·청대 제다의 모든 면모를 짧은 기간에 혼합하여 갖추고 있었음을 보여 준다고 하겠다.

이런 양상은 한국 제다사가 중국 제다사의 영향을 받았다기보다는 중국 제다사에서 오랜 기간에 걸쳐 시대별로 전개된 제다의 내용이 한국 제다사에서는 짧은 기간에 다양한 제다법 및 그에 따른 차 종류가 동시 자연발생 양상으로 표출된 것이라고 할 수 있다. 그러나 한국 제다사에 있어서 이런 복합적 요소의 혼재 국면은 한편으로 한국 제다와 차의 정체성 혼란기로서, 그 후과는 오늘로 이어지고 있다. 즉 오늘날 거액의 예산을 쏟아부어, 중국에서는 일찍이 폐기되어 박물관 유물로나 전시되고 있을 당나라적 떡차류인 청태전이나 중국 기록에 의존하여 뇌원차를 복제하는 행태가 그것이다. 이는 한국 제다사와 차문화사를 1,000여 년 이상 후퇴시키는 작태가 아닐 수 없다. 또 중국이나 일본과 달리 한국에서만 중국 보이차 사대주의가 기승을 부리는 것은 제다와 차의 본질 및 정체성이 올바르게 정리되지 않고 혼란스러웠던 한국 제다사의 어두운 측면을 한국 차계에서 무분별하게 차 상업주의로 과포장하여 답습한 탓이라고 할 수 있다.

여기에서 제다와 차의 본질 또는 정체성이란, '인류가 애초에 왜 어떤 차를 마시게 되었는가?'라는 음다의 목적과 직결되면서 6대 차 종류 구분에서 차의 본질 왜곡(차의 기호음료화 경향)을 시사(示唆)하는 문제이기도 하다. 즉 제다에서 증·초배(蒸·炒焙)는 찻잎을 찌거나 덖어서 말리는 일(살청·건조)로서, 모두 찻잎에 들어 있는 차의 3대 성분인 카테킨·테아닌·카페인을 보전하여 본질적인 차인 녹차를 만드는 일이다. 6대 차 종류 구분은 근래에 산화 및 발효차류가 등장한 이후 생긴 일로서, 녹차 외에는 차의 주요 성분 변화·유실 결과인 카테킨 산화 또는 테아닌 발효 정도에 따라 백차—황차—청차—홍차—흑차의 순서로 분류하는 것이다. 즉 녹차 외에 '백차—황차—청차—홍차—흑차'는 모두 차의 3대 성분에 의한 심신 건강·수양 효능을 무시하고 차를 오로지 말초 감각을 순간적으로 충족시켜 주는 기호음료로서 마시라는 주문에 다름 아니다. 이 중에서도 흑차(보이 숙병)는 카테킨 산화와 테아닌 발효가 극에 이른 것이어서 차로서의 본질적 기능이 거의 망실된 것인데도 한국에서 보이차 열풍이 일고 있는 것은 한국 차문화를 본질적으로 왜곡시키고 있는 보이차 상업주의가 부추기는 보이차 맹종 사대주의의 폐해를 말해 주는 것이라고 할 수 있다.[17]

---

17 한국 차계에서는 단차(團茶)인 보이차를 발효 떡차(餠茶)라고 오인하여 "발효

'녹차 고수'의 공(功), '과도한 인위적 외형'의 과(過)

'동아시아 3국 제다사에서 본 차문화의 진전과 후퇴'라는 관점에서 볼 때, 일본 제다사는 한국 제다사에서와 같은 혼돈이나 후퇴 측면보다는 '차문화의 창의적 존속 및 진전'의 측면이 강하다. 일본 제다사나 차문화사는 일본 최초 다서인 에이사이(榮西, 1411—1215) 선사의 『끽다양생기(喫茶養生記)』(1211)에서 비롯된다. 송나라 유학승이었던 에이사이는 송(宋)에서 차 씨앗을 들여온 것으로 알려지고 있는데, 당시 정황이나 이후 '일본 다도'가 말차(抹茶)를 중심으로 전개된 것으로 보아 송대에 간혹 있었거나 원대에 활성화된 말차(抹茶) 문화[18]를 일본에 전입시켜, 중국에서는 명대(明代) 잎차 등장과 더불어 사라진 중국 말차 문화를 오늘날까지 보존·존속되게 한 공적을 남겼다고 할 수 있다.

『끽다양생기』는 차의 효능(심신 건강 보양 기능)을 강조하는 책이면서 일본 차의 보급에 크게 이바지하였다. 또 에이사이로부터 교토 도가오산(梅尾山) 고잔사(高山寺)의 묘에 상인(明

차"와 "떡차" 구호를 동시에 외치며 보이차와는 다른 산화차류 떡차인 청태전과 뇌원차를 복원(?)하기에 이르렀다.

18 생 찻잎을 맷돌에 갈아(抹茶) 물을 부어서 저어 마시는 방법(『茶と日本人』, 일본 世界文化社, p.20.).

惠上人, 1173~1232)에게 전달된 씨앗에서 자란 차나무들이 훗날 유서 깊은 차인 '혼차(本茶)'로 여겨지게 되었다. 또 아시카가막부(足利幕府)의 3대 쇼군인 아시카가 요시미쓰(足利義滿, 1358~1408)는 '우지 7명원(宇治七名園)'을 조성하여 오늘날 유명한 우지차의 발전에 초석을 놓았다.

일본 제다사의 전개 내용을 보면 차의 주종은 녹차로서, 가마쿠라 시대 송대 차문화 도입에 따른 맛차(抹茶)의 전래로 시작되어, 맛차의 전래(가마쿠라, 1185~1336)→16세기경 가마이리차(부초차)의 시작(무로마치, 1336~1573. 아지츠모모야마, 1573~1603)→1738년 센차(煎茶)의 등장(에도, 1603~1868)→1835년경 교쿠로(玉露)의 등장(메이지, 1868~1912)→20세기 중후반(1926~1989)~20세기 후반(1989~) 무시세이 다마료쿠차(蒸製 玉綠茶)의 등장(1932년경)·후시무시차(深蒸製茶)의 등장(1950년대) 등으로 이어져 왔다. 이 과정에서 제다법은 초배·증배가 모두 활용되었고 차의 종류와 형태는 녹차가 생산지와 생산 시기에 따라 다양한 형태, 이름, 품질의 차이로 나타났다. 또 일종의 산화발효차(종류)로서 떡차(형태)인 고시차(碁石茶) 등 녹차와 다른 차 종류도 등장했다.[19]

일본 제다사를 보면 일본의 차 재배와 제다 및 다도 등 일본

---

19 감수 일본차업중앙회, 『일본 녹차』, 한국티소믈리에연구원, 2025, p.222—223.

차문화가 민·관의 꾸준하고 철저한 협력 위에서 세밀하고 부단하게 기획, 관리돼 왔음을 알 수 있다. 또 요즘도 일본에서는 가장 좋은 녹차로서 말차를 제다하고 있다는 사실로 볼 때, 일본 제다사의 녹차 지향(志向)·고수(固守) 경향은 말차 제다 의지의 연장 내지 말차 제다의 파생이라고 생각된다. 말차는 '일본 다도'의 주체 차종으로서 기능하고, 오카쿠라 덴신(岡倉 天心, 1863~1913)은 서구의 오리엔탈리즘을 극복하기 위해 이러한 '일본 다도'를 자랑하는 내용으로 『차의 책』(1906)을 저술했다. 이런 점에서 녹차인 말차 제다에서 비롯되어 녹차 제다를 주축으로 전개돼 온 일본 제다사는 한·중·일 3국 제다사 중 차의 본질과 정체성에 가장 충실하게 복무해 온 제다사이자 차문화사라고 하겠다. 특히 한국 제다사가 최초의 제다 관련 다서인 『부풍향차보』에서 차에 한약재를 섞어 차의 순수성을 훼손한 측면을 보인 반면, 일본 최초의 다서인 『끽다양생기』는 차의 고유하고 순수한 효능만으로써 양생을 기하고자 했다. 이를 감안할 때, 같은 시기 한·일 차인들의 차 인식과 그것이 오늘에 닿는 맥락을 추적하여 동시대의 차문화 정립의 참고 또는 반면교사 자료로 삼을 수 있겠다.

한국 차 제다-다도 연계의 철학성,
다산 · 초의의 제다 · 다도의 핵심 원리

제다를 '좋은 차를 만드는 이상적인 방법'이라고 볼 때 '좋은 차'는 어떤 차인지가 먼저 규명되어야 한다. 원래 '다도'라는 수양론적 문화 개념을 공유하는 한 · 중 · 일 차문화에 있어서 '좋은 차'는 단순한 기호음료가 아닌(그러나 강한 기호성을 포함한) '심신 건강 수양 음료'로서의 기능을 잘 발휘하는 차라고 할 수 있다. 이런 견해는 철학적으로 동아시아 사상 본체론(기론)적 접근 방식이라고 할 수 있다. 여기서 수양이란 심신의 기능을 고양시키는 일이자 기론적 견해에서 볼 때 심신의 질료인 기를 개선하는 일이라고 할 수 있다.

따라서 '심신 건강 수양 음료'로서의 차를 만드는 제다는 생 찻잎에 든 좋은 기운[20]을 완제품 차에 잘 보전하여 담는 일이고, 다도는 찻잎 따기와 차 짓기에서부터 차 우리기 및 마시기에 이르기까지 차의 그런 기운을 잘 보전하고 발현시키고 마셔서 그 기운의 효능으로써 '자연합일'이라는 득도의 경지에 이르는 일이라고 할 수 있다. 여기에서 '(찻잎의) 기운의 보전'과 '찻잎의 기운에 의한 (심신의) 기운의 고양'이라는 측면에서 제다와 다도는 직결돼 있을을 알 수 있다. 이런 논리적 맥락 및 한국적 제다와 수양론적 다도의 연결 원리는 초의가 『동다송』에서 밝힌 '다도' 규정에 들어 있다. 초의는 『동다송』 제60행 주석에서 "評曰 採盡其妙 造盡其精 水得其眞 泡得其中 體與神相和 健與靈相幷 至此而茶道盡矣.(지금까지 옛 사람의 말을 빌려 진술한 내용을 종합하여) 결론을 내리자면, 찻잎을 딸 때 찻잎에 든 다신(의 활력, 其妙)을 잘 보전하고, 차를 만들 때 찻잎에 든 물질적 정기(其精, 다신)를 잘 보전하고, 다신을 잘 발현시켜 줄 물(其眞)을 골라, 차탕 우림에는 차와 물 상호 간의 양을 과부족 없이 하면(其中), 몸체로서의 물과 정신에 해당하는 차가 서로 조화를 이루어 체의 건강성과 정신의 영험함이 정상적으로

---

[20] 이는 동아시아 사상 기론적으로는 기색(氣色), 향기(香氣), 기미(氣味)로 표현되고, 서양 자연과학의 화학적 분석으로는 차의 3대 성분인 카테킨, 테아닌, 카페인으로 표현된다.

살아난다(正)."라고 했다. 또 그 뒤에 『다신전』에 소개했던 '음다지법(차 마시는 법)'을 다시 소개했다. 그 음다지법의 으뜸은 '獨啜曰神', 즉 "차를 홀로 마시면 다신의 작동으로 우주 자연의 신기와 통하여 자연합일의 경지에 이른다"는 것이다.

초의가 말한 다도는 『동다송』에 이처럼 명시돼 있으나, "동당송은 한국 차를 칭송한 책"이라는 차 명망가들의 왜곡된 주장에 가려져서 사람들의 관심을 얻지 못하고 있다. 그러다 보니 이 대목을 각자 자의로 해석하거나 오역하여 논란의 여지를 남기고 있다. '채진기묘' 이하를 "차를 딸 때 그 묘를 다하고……"라는 따위로 직역하여 의미 전달을 오히려 어렵게 하고, 한국의 다도 정신을 '중정(中正)'이라고 견강부회하는 것이다.

이와 마찬가지로 다산의 제다와 다도의 의미 및 둘의 연계성 또한 제대로 논의된 바 없다. 필자가 『녹차, 다산에게 묻다』 등 여러 저술과 글을 통해 말했다시피, 다산 제다의 핵심은 구증구포 단차 제다와 삼증삼쇄 차떡(茶餅, 연고 녹차) 제다이다. 이 두 종류의 독창적인 차에는 '최고급 순수 녹차 지향'이라는 제다 철학이 들어 있다. 이전 당대(唐代)의 제다 방식(찻잎을 쪄서 짓찧어 떡으로 만듦)에 의한 떡차 형태의 '녹차'가 카테킨 산화에 의해 변질 산화차가 돼 버린 것, 송대(宋代)의 용단승설과 같은 연고 녹차가 진액을 빼내는 과정을 거쳐서 녹차 본래의 '심신 건강 수양'의 효능을 상실해 버린 것 등을 반면교사 삼아

고민 연구한 결실이라고 할 수 있다. 다산은 실학자였다. 다산의 이 '최고급 순수 녹차 지향'이라는 제다 철학에 깃든 정신은 한마디로 성리학자이자 실학자로서 "실제의 일(제다)에 있어서 정성을 다한다"는 의미의 '성지(誠之)'[21]라고 간추릴 수 있다.

다산의 다도 정신을 확연히 파악할 수 있는 지점은 강진 제자들로 하여금 다신계(茶信契)를 결성하도록 한 것이다. 다신계 이름과 '다신계 절목' 내용에서 알 수 있듯이, '茶神'이라 하지 않고 '茶信'이라 한 것은 제자들의 제다와 다도 실천을 통해 신의(信義)를 북돋우자 한 것이다. '人+言(사람의 말이 중요함)'으로 이루어진 '信'은 '言+成(말의 목적을 달성함)'으로 구성된 '誠'과 같은 의미이고, '誠'은 사서(四書)의 하나인 『중용(中庸)』에 나와 있는 성리학 최고 이념이다.

이상을 종합하여 평하자면, 다산과 초의의 제다에 깃들어 있는 찻일의 태도는 성(誠) 또는 성지(誠之)이고, 다산의 다도 정신 신(信)은 초의의 다도 정신 성(誠) 또는 성지(誠之)와 같은 것으로서, 우주 자연의 존재 모습과 작동 원리를 의미한다. 즉 제다와 다도의 정신이 성 또는 성지라는 것은 '제다와 다도를 통해

21　성(誠)은 성리학 텍스트인 『중용』에 나오는 성리학의 최고 이념이다. 『동다송』에 규정된 초의의 다도에 함의된 다도 정신 역시 항간에서 말하는 '중정(中正)'이 아니라 '채진기묘…… 포득기중'의 과정에서 요구되는 '성지(誠之)'라고 할 수 있다.

성의 모습인 자연과 하나 되고자 한다' 또는 '우주 자연의 원리인 천도를 본받아 인도를 구현한다'는 말이 되겠다. 이런 맥락에서, 한국 차 제다와 다도는 '다신(茶神)의 구현(具現)' 및 '성(誠) 또는 성지(誠之)'라는 원리로써 직결돼 있다고 할 수 있다.

◀ 구증구포 다산 단차
▶ 삼증삼쇄 연고 녹차(다산 차떡)

다신(茶神)의 현현(顯現),
『다신전』과 『동다송』 제대로 알기

『동다송』과 『다신전』 번역본이 이렇게 많다.

같은 저자들이 쓴 동다송 번역본도 2권씩이나 있다.

(『우리시대 동다송』, 『초의 의순의 동다송 · 다신전 연구』,

『알기 쉬운 동다송』, 『동다송의 새로운 연구』 등)

이 많은 번역본들이 직역 일색이어서 원문의 진의를 알기 어렵게 한다.

오역 재생산 『동다송』 번역서들, "찻잎 딸 때 그 묘(?)를 다하고……"?

한국 차계와 차학계에서는 『다신전』과 『동다송』이 초의가 편·저술한 한국의 대표적인 다서이고, 『다신전』은 『동다송』 저술의 기반이 되었다고들 한다. 그러나 『다신전』이 『동다송』 저술의 기반이 된 내력이 무엇인지, 두 책 내용의 구조 및 연계적 이론 체계를 분석하여 논평한 책이나 논문은 전무하다. 그저 "『다신전』을 썼기에 그것을 주로 인용하여 『동다송』을 쓸 수 있었겠다"고 짐작하여 정해진 구호 외우듯 주장한다. 또 '『다신전』과 『동다송』…… 연구(또는 고찰)'라고 제목을 붙인 논문이나 저술에서도 단순히 두 책의 내용을 '직역'해 놓고 사실에 관한 단편적 설명을 붙이는 데 불과하다.

초의 다맥 계승자임을 주장하는 이들, 즉 응송 스님으로부터 받았다는 '다도전게'라는 걸 물증으로 보여 주며 초의 다맥 계승자임을 자처하는 (사)동아시아차문화연구소 박동춘 소장과 한동안 일지암 암주 자리에 있었던 것으로 초의와의 인연을 주장하며 최근에는 '해인사 다주'라는 타이틀로 차계에서 행세하는 승려 여연은 2020년과 2023년에 각각 『초의 의순의 동다송·다신전 연구』(박동춘·이창숙, 이른아침)와 『여연스님의 동다송 이야기』(이른아침)를 냈다. 그러나 두 책의 내용은 이전의 '직역' 본들과 별 차이가 없다. 『초의 의순의 동다송·다신전 연구』
는 책 제목에 '~연구'라는 말을 붙이고 있으나 막상 책 내용은
초의 의순의 생애, 『동다송』·『다신전』편·저술 배경, 초의차
예찬 등 "누구 평전(評傳)"식 자료 나열과 『다신전』·『동다송』
원문 직역밖에 없다. 무엇을 연구하여 무엇을 새로 알아냈다는
것인가?

또 여연보다 먼저 일지암 암주를 지낸 뒤 무안군으로부터 수
백억원의 사업비를 받아 초의 생가 복원 사업을 하고 '초의병
차'로써 농축산식품부로부터 전통식품 명인 칭호를 획득하여 (
주)초의차라는 기업을 운영하고 있는 것으로 알려진 승려 용운
도 오래전 『동다송』 해설서를 냈으나 내용은 여느 『동다송』 책
들과 대동소이하다. 원광대학교 차문화경영학과 송해경 전 교
수는 2009년에 『동다송의 새로운 연구』를 낸 데 이어 2023년에
『송해경 교수의 알기 쉬운 東茶頌』을 새로 냈다. 그러나 두 책
역시 '다도 전문서'로서 『동다송』 내용의 핵이라 할 수 있는 제
60행 주석 "평왈(評曰) 채진기묘…… 다도진의"의 해석에 있어
서 다른 『동다송』 해설서들과 마찬가지로 "차를 딸 때 그 묘를
다하고……"라고 하여 '새로운 연구'와 '알기 쉬운~'이라는 책
제목에 부응하지 못했다. 여느 누구도 알아들을 수 없는 저 직
역을 저자 자신은 무슨 뜻인지 알고서 강의를 할까? 이들 모두
는 『동다송』을 초의가 독창적 한국 다도를 규명한 '다도 전문서'

로 인식하지 못하고 "한국 차를 칭송한 책"으로 착각하고 있는 것 같다.

또 "기존 한문학자 및 인문학자들의 현장과 다소 동떨어진 해설의 한계에서 벗어나 깊이가 다른 해설과 기존 오류의 재해석"이라고 하고 「부록」을 통해 기존 『동다송』 해석의 문제점들을 상세히 열거하고 비교함으로써 권위에 매몰되지 않고 실질적인 내용의 이해에 도달하도록 안내하고 있다"고 출판사 서평을 붙인 『한국 다도 고전 동다송』(다송자본, 전재인 역해, 이른아침, 2023) 역시 '採盡其妙'를 "(찻잎의) 채취에는 그 묘를 다한다.", '造盡其精'을 "만듦에는 그 정(精)을 다한다.", '泡得其中'을 "우림에서는 그 중정(中正)을 다한다."라고 하여, 여느 직역과 마찬가지로 자신도 그 뜻을 잘 모를 구태의연한 해석을 되풀이했다.

초의를 '한국 차의 성인'이라고 부르는 이들이 초의의 대표적 다서를 이해, 분석, 한문 해석하는 수준이 이러하다 보니, 후학들이 초의가 '한국 차의 성인'인 이유를 이해하기 어려울 것이다. 이런 점에서 『다신전』의 의미와 『동다송』과의 관계, 두 책 내용의 같음과 다름, 『동다송』의 진정한 가치와 그 이유 등을 알아보는 것은 초의의 차 인식 추이와 함께 한국 차의 본질과 정체성을 이해하는 데 도움이 될 것이다. 또한 차학 인문 분야 논문을 쓰고자 하는 이들에게도 유용한 자료를 제공하는 의미가 있을 것이다.

『동다송』은 세계 제일의 '다도 전문서', 『다신전』은 '다신의 의미 전하는 책'

『다신전』은 초의가 1830년에 명나라 장원의 『다록(茶錄)』의 주요 내용이 당시 백과사전류인 『만보전서』에 '다경채요茶經採要'라는 항목으로 나와 있는 것을 옮겨 적은 것(編著)이다. 편저는 타인의 저술을 취편(取編)하는 것이므로 그 내용에 전적으로 원저에 대한 편저자의 지적 정서적 동의 및 존중이 들어 있다고 할 수 있다. 『동다송』은 『다신전』 편저 7년 후인 1837년 정조 사위인 해거도인 홍현주가 진도부사 변지화를 통해 초의에게 '다도'에 대해 물은 것에 답변한 저술(著述)이다.

초의가 『동다송』 원본에 동봉하여 변지화를 통해 해거도인에게 올린 편지에는 『동다송』의 원 이름이 '동차(조선차)의 행다(行茶)' 또는 '동차의 가야 할 길'이라는 의미의 『동다행(東茶行)』으로 돼 있다. 그러나 당시 변지화의 필사본 오류 정정 부탁에 따라 초의가 재필사(筆寫)하는 과정에서 '東茶頌'으로 바뀌어 후세에 전해지면서 "동차(조선차)를 칭송한 책"으로 잘못 알려지게 되었다.[1] 『동다송』은 '동다행'이 뜻하는 '행다(行茶)'라는 말에서도 알 수 있듯이 해거도인의 다도에 관한 물음에 대답한 '다도 설명서'라고 보아야 한다. 『동다송』 제60행 주석 "평(評) 왈(曰) 採盡其妙…… 茶道盡矣"[2]가 해거도인의 물음에 대한 답변, 즉 『동다송』의 결론이자 핵심 내용이고, 초의 이후 오늘에 이르기까지 드러난 '한국 다도'에 대한 가장 명확한 규정이다.

또 『다신전』의 경우에도 차학계와 차문화계에서 "초의가 동다송을 쓰는 데 참고가 된 책" 정도로만 인식하거나 "다신의 전기"로 생각하고 있지만, 초의가 원전인 『다록』의 이름과 판이하게 '다신전'이라는 이름을 붙인 데서 '다도' 관련 각별한 의미를 찾을 수 있어야 한다. 즉 초의가 『다록』의 내용에서 기론적

---

1   송(頌)은 원래 시(詩)의 육의(六義, 문체)의 하나이고, '칭송하다'라는 뜻은 주(周)나라 조상의 성덕을 칭송하는 경우에 해당한다. 즉 『동다송』을 "한국 차를 칭송하는 책"이라고 할 수는 없다. 초의가 『동다송』에서 "옛사람의 말을 빌려……"라고 하고 인용한 내용은 거의 중국 차에 관한 것이다. 한국 차계에서 한국 다도 정신으로 내세우는 '중정'도 『동다송』의 한 대목을 따온 것이고, 그것은 또 중국 명나라 때의 『다록』에 나오는 것이다. 즉 '중정'은 '중국 다도 정신'이라고 할 수 있다.

2   評曰 採盡其妙 造盡其精 水得其眞 泡得其中 體與神相和 健與靈相幷 至此而茶道盡矣. 종합하여 말하자면. 찻잎을 딸 때 찻잎에 든 신기(神氣, 신묘한 기운)을 잘 보전하고, 제다할 때 찻잎의 물질적 정기를 잘 보전하고, 차탕에 좋은 물을 골라 차와 물의 양을 상호 과부족 없이 하여 차탕을 우려내면 다도는 다 된 것이다.

개념인 '다신(茶神)'[3]의 의미를 발견하여 책 이름을 그렇게 붙인 것이기 때문이다. 말하자면 『다신전』과 『동다송』 두 책은 모두 초의가 쓴 '다도 전문서'라고 이해하는 게 두 책의 내용을 철학적 관점에서 제대로 파악하는 데 도움이 된다. 『다신전』이 단순히 명나라 책 『다록』을 베낀 『동다송』 저술 참고서라든지, "『동다송』은 우리나라 차를 칭송한 책"[4]이라는 등의 국수주의적이고 감상적인 주장은, 학술적 논리를 중시해야 하는 차학자들이나 다도의 의미를 알아야 하는 차인들이 취할 게 못 된다.

『다신전』과 『동다송』 모두 초의의 손으로 엮어지고 저술된 '다도 전문서'라고 할 때 두 책의 '다도'란 어떤 의미가 있고 어떤 차이가 있는지를 살펴보는 게 진정한 다도 수행(隨行)을 추구하는 차인들이나 다도의 학문적 규명을 사명으로 하는 차 학인들이 마땅히 해야 할 일이다. 이런 맥락적 이해를 위해 두 책의 다도의 차이를 말해 주는 빌미로써 말하자면, 『다신전』에 나오

---

3 다신(茶神)은 차에 들어 있는 '신기(神氣)'를 말한다. 여기서 신(神)은 기의 최고도 활성화 상태인 입자성 파동에너지 양태를 일컫는 기론의 용어이다. 혜강 기철학에 따르면 신기(神氣)는 우주 만물의 질료이고 신기의 신(神)은 기의 활발한 활동성을 의미한다. 다도 수양은 다신을 질료적 기제로 삼는다는 점에서 '다신전'이라는 이름은 '채진기묘'라는 말이 나오는 『동다송』의 '다도' 규정과 밀접한 맥락 관계에 있음을 알 수 있다. 또 『다신전』과 『동다송』에 나오는 음다지법 첫번째인 '獨啜曰神'도 같은 맥락에 있다.

4 『동다송』에서 초의가 직접 동차를 칭송한 대목은 없고, 제 ( )행 주석에 (옛사람함의 말을 빌려) 이덕리의 『동다기』에 나오는 "   "을 옮겨 놓았을 뿐이다.

는 '다도'[5]는 명대(明代), 초배(炒焙), 산차(散茶)로서 혁신적 제다법에 의한 고품질 녹차의 '제다—저장—우림'의 요결(要訣)을 말한 것이고, 『동다송』의 다도는 숭유억불의 엄혹한 상황에서 최남단 승려 초의가 왕의 사위 해거도인의 물음에 '우러러 답하여 바친 한국 다도 규명서'이다.

더 말하자면, 『다신전』의 다도는 초의가 그대로 베껴 옮긴 '중국(명나라) 다도'이고 『동다송』의 다도는 숭유억불 상황에서 초의가 왕가의 엄명에 따라 불교적 '선다(禪茶)'의 색채를 최대한 자제하고 당시 시대 조류인 성리학(실학) 이념(誠)에 맞춰 창의적으로 규명하여 밝힌 '조선의 다도'라고 정의하는 게 진실에 가깝다. 그러나 그렇게만 해석한다면 『다신전』과 『동다송』의 연계성이 끊어지고 만다. 초의가 '다신전' 책 제목을 원전의 제목과 판이하게 지은 것은 그가 『다신전』 필사 과정에서 '다신(茶神)'의 의미를 깨달았음을 말해 준다. 이에 따라 『다신전』과 『동다송』의 연계 지점을 한마디로 말하자면, 『동다송』의 다도는 『다신전』 편저를 통해 발견, 체득한 '다신'의 이해 및 '다신'이 함의하는 동아시아 사상 본체론(기론)을 바탕으로 한 '채다—제다—품천—포다'의 일, 즉 찻잎을 따고, 차를 만들고, 차 우리기에 좋은 물을 골라, 이상적인 차탕을 구현하는 과정에서 '다신'을 잘

---

5 『다록』에 나오는 '다도'를 초의는 『다신전』에서 '다위(茶衛)'로 표기하여 옮겼다.

보전하고 차탕에 발현시켜 내자는 것이다.

좀 더 세밀한 분석을 위해, 먼저『다신전』의 발문 및 초의가
『동다송』원본과 함께 당시 화원리(花源리)[6]에 와 있던 진도 목
사 변지화(卞持和)를 통해 해거도인에게 보낸 편지 중 해당 부
분, 그리고 해거도인 홍현주와 초의 사이에서『동다송(동다행)』
을 쓰게 하고『동다행』원본을 초의로부터 받아서 해거도인에게
보낸 이후『동다행』필사본 오류 정정을 초의에게 부탁한 진도
목사 변지화가 초의에게 보낸 편지를 아래에 소개한다.

『다신전』 발문

"戊子雨際 隨師於方丈山 七佛啞院謄抄下來 更欲正書 而因
病未果 修洪沙彌時 在侍者房 欲知茶道 正抄 亦病未終 故禪
餘 强命管城子成終 有始有終 何獨君子爲之 叢林或有趙州風
而盡不 知茶道 故抄示可畏. 庚寅中春 休菴病禪 雪窓擁爐 謹
書."

무자년(1828) 장마철에 칠불아원으로 스승을 따라갔을
때 베껴 써서 내려왔다. 다시 정서하려 했으나 병 때문에 마

---

6   화원리(花源里)는 당시 진도목에 속했으나 지금은 해남군 화원면이다. 거친
바닷길인 울돌목을 건너기 전 지금의 우수영 지역이어서 해남군 삼산면 대흥
사에 있던 초의와 비교적 가까운 거리였다.

무리 짓지 못했다. 수홍 사미가 이때 시자방에 있다가 다도를 알려고 베껴 쓰려 하였으나, 그 또한 병으로 마치지 못했다. 그래서 참선의 여가에 억지로 붓을 들어 끝을 보았다. 시작이 있으면 끝이 있다는 것이 어찌 군자만을 위한 말이겠는가? 총림에서도 간혹 조주의 유풍이 있다. 하지만 모두들 다도는 모르므로 베껴 써서 보이니 두려워할 만하다. 경인년(1830) 2월 휴암병선(休菴病禪)은 빈 창에서 화로를 끼고 앉아 삼가 쓴다.

초의가 해거도인에게 쓴 편지

謹再拜上書于海居道人隱机座前(근재배상서우해거도인은궤좌전). 삼가 해거도인의 은궤(隱机)앞에 두 번 절하고 글을 올립니다. 仰問尊候萬安(앙문존후만안). 우러러 존후만안하심을 문안합니다.

近有北山道人承敎(근유북산도인승교). 근자에 북산도인의 말씀을 들으니, 垂問茶道(수문다도). 다도에 대해 물으셨다더군요. 遂依古人所傳之意(수의고인소전지의). 마침내 옛사람에게서 전해 오는 뜻을 따라, 謹述東茶行一篇以進獻(근술동다행일편이진헌). 삼가 동다행 한편을 지어 올립니다. 語之未暢處(어지미창처). 말이 분명하지 않은 곳에는, 抄列本文而現之(초열본문이현지). 해당 본문을 베껴 보여, 以對

下問之意(이대하문지의). 하문하시는 뜻에 대답합니다. 自爾陳辭亂煩(자니진사난번). 홀로 진부한 말로 어지롭고 번거롭게 하여, 冒瀆鈞聽 極切主臣(모독균청 극절주신). 균청을 모독하고 보니 송구스럽기 짝이 없습니다. 如或有句可存者(여혹유구가존자). 혹여 남겨 둘 만한 구절이라도 있겠거든, 無惜一下金비之勞(무석일하금비지노). 한차례 가르침을 주시는 노고를 아끼지 마십시요.[7]

변지화가 초의에게 자신이 사람을 시켜 만든 『동다행』 필사본의 오류 정정을 부탁하는 편지

묵은해와 새해가 바뀌었는데도 소식이 막히고 끊어져 아득히 스님을 생각하지만 한갓 마음만 피로할 뿐입니다. 뜻하지 않게 인편을 통해 편지를 받았고 이어 새해를 알립니다. 건강이 좋으시다니 제가 위로되고 시원함을 어찌 다 이르겠습니까? 변방 밖에서 새해를 맞고 나이를 먹으니 빌미를 느낍니다. 나머지야 어찌 다 말하겠습니까. 줄(콩의 일종)이 이미 익었고 자두도 딸 겁니다만 그러나 한번 간다고 약속했는데 그 사이 정양께서 한양에 올라가시게 되어 신용 잃는 것을 면치 못할 것 같습니다. 탄식한들 무엇하겠습니까? 출발

---

7   박동춘, 『초의선사의 차문화 연구』, 일지사, 2010, p.76.

할 날을 다음 달 10일로 이미 정해서 2~3일 사이로 기약하고 단단히 약속을 실천할 계획을 세웠지만 일이 마음과 같지 않은 것이 많습니다. 또한 그 확실한 것을 보장하기는 어려울 듯합니다.『동다행』을 서울로 보낼 때 사람을 시켜서 급히 등초케 했는데 지금 열람해 보니 잘못된 것이 많습니다. 질의에 표를 한 것 외에도 착오가 있는 것 같아서 부칩니다. 요행히 버릴 곳은 버리고 개정하시어 인편에 다시 보내 주시길 바랍니다. 이것을 기다릴 뿐입니다. 나머지는 이만. 28일 북산노인.[8]

이처럼「동다송」은 처음엔 제목이 '동다행(東茶行)'이었다. 초의는 왜 '행(行)'을 '송(頌)'으로 바꿨을까?『시인옥설(詩人玉屑)』에서는 "체재가 행서 같은 것을 '행(行)'이라 하고, 정을 멋대로 놓아 부르는 것을 '가(歌)'라 한다(體如行書曰行, 放情曰歌)"고 했다. '동다행(東茶行)'이란 제목은 우리나라 차에 대해 행서를 줄달아 내려쓰듯이 단숨에 붓을 내달려 읊었다는 뜻이라고 할 수 있다. 또 '송(頌)'의 의미는 초의 자신이『선문염송집(禪門拈頌集)』서문에서 정확하게 규정한 바 있다. "송이란 것은 그 뜻을 찬송하고 펼치며, 핵심을 가려 뽑아 원류에 소통케 하는 것

---

8 위 책 p.77—78.

이다. 頌者頌宣其義, 選其要妙, 疏通源流". 즉 「동다송」은 차
일반의 뜻을 기려 펼치고, 차에 관한 중요한 내용을 가려 뽑아,
차의 원류에 대해 환히 통할 수 있도록 하기 위해 쓴 시라고 할
수 있다. 「동다행」이 단순히 동차에 관한 칭송만을 늘어놓았다
는 의미보다는 훨씬 폭넓은 의미가 되는 것이다.[9] 『동다송』 제
목의 이런 의미 부여에 이어『다신전』과『동다송』의 관계성을 살
펴보기로 하자.

『다신전』에는 '다위(茶衛)'[10]라는 항목으로 원저인『다록(茶錄
)』의 '다도(茶道)' 항목을 옮겨 놓은 대목이 있고, 『동다송』은 '다
도' 물음에 대한 답변서이므로 초의가 판단하는 '다도'의 정의
추이(推移)가 핵심 내용으로 들어 있다. 또『다신전』편저 7년
후 같은 사람에 의해『동다송』이 저술되었기에 "『다신전』은『동
다송』저술의 기반……"이라는 평가를 받고 있다. 이런 맥락 관
계를 두고『다신전』의 다도(다위) 내용과『동다송』의 다도 내용
을 비교 분석해 보면 초의의 차 인식 추이와 함께 초의의 차 인
식의 철학적 기반이 동아시아 사상 본체론인 기론임을 쉽게 알

9 『동다송』에서 한국 차를 칭송한 것은 이덕리의 『동다기』의 한 대목을 인용한
것 뿐이다.

10 다신전에서 '다위'라고 한 것은 "차를 어떻게 할 때 정차로서의 본질을 보존할
수 있는가"라는 부분에 그 의미를 강조하고 있다.(박동춘 · 이창숙, 『초의 의순
의 동다송 · 다신전 연구』, 이른아침, 2020, 112쪽 각주)

수 있다.

초의는『다신전』발문에 "총림에 조주풍(차 마시는 풍조)은 있으나 (승려들이) 다도를 모른다. (그렇기 때문에) 외람되이 베껴 적는다……"고 써 놓았다. 이때는 이미 원전인『만보전서』('다경채요')에『다록』의 '다도' 항목이 나와 있음을 보았고, 이 대목을 옮기는 것을『다신전』편저의 주요 임무로 삼았을 것이다. 즉 다도란 단지 차를 마시는 것만을 일컫는 것이 아니라 제다 등 더 중요한 찻일(茶事)을 포함한다는 사실을 알게 되었을 것이다. 초의가 '다위'라는 항목으로『다신전』에 옮겨 놓은 '다도'는 "造時精 藏時燥 泡時潔, 精燥潔 茶道盡矣"이다. 다도를 '정조결(精燥潔)'로 요약한 까닭은 종전 당대의 떡차와 송대의 단차 제다에 대한 반성을 반영한 것으로 생각된다. 덩어리차(떡차와 단차)를 만드는 과정이 좀 거칠었고, 덩어리차가 건조 미흡으로 보관 중 습기와 열에 의한 산화 또는 발효로 변질돼 버렸으며, 차탕이 녹차 본연의 순수 녹색이나 맛이 아니었을 터였기 때문이다.

『다신전』체제는 探茶―造茶―辨茶―藏茶―火候―湯辨―湯用老嫩―泡法―投茶―飮茶―香―色―味―點染失眞―茶變不可用 순으로 되어 있다. 이를 내용상 연계되는 항끼리 묶으면 채다―조다(변다, 향, 색, 미)―장다(점염실진, 다변불가용)―포법(화후, 탕변, 탕용노눈, 투다)―음다 등 다섯으로 분류된다. 이를 보면 『다신전』(『다록』)의 다도가 이 중에서 셋을 주요 항목으로 하여 '조다—장다—포다'로 정리한 것, 『동다송』의 다도가 '채다—조다—품천(水得其眞)—포다'로 각각 이루어진 내력을 미루어 짐작할 수 있다.

둘을 비교하자면, 『다신전』에서는 '차를 정성들여 만들고, 건조하게 보관하여, 청결하게 우리기'를 다도라 하였다. 그리고 '포시결'과 관련하여 '포법'에서 설명하기를 "재탕한 후 다시 다관을 냉수로 씻어 청결하게 해야 한다. 다관을 청결하게 하지 않으면 차향이 줄어든다. 다관이 너무 뜨거우면 차의 다신이 건강하지 못한다. 다관이 청결해야 수성이 신령하게 드러난다. 兩壺後 又用冷水蕩滌 使壺凉潔 不則減茶香矣 礶熱則茶神不健 壺淸水性當靈"고 했다. 즉 포시결의 결은 차향으로 드러나는 다신의 온전함을 기하기 위하여 재탕한 다관을 냉수로 깨끗이 씻는 일을 가리킨 것이다. 즉 『다신전』의 포법은 차를 어떻게 우려내느냐의 방법이 아니라 재탕 우린 다관을 너무 뜨겁지 않고 청결하게 유지하여 셋째 탕부터의 차향(다신)을 온전하게 유지시키기 위한 방법을 말한 것이다. 첫탕과 재탕은 아직 기가 건건(健健)하여 마실만 하지만 셋째 탕부터는 약해진 기운을 잘 살려 내는 방법으로 무엇보다도 다관의 청결성과 적온(適溫) 유지를 당부한 것이라 할 수 있다. 그런데 『다신전』의 이 다도는 『동다송』에 와서는 사뭇 달라진다.

앞에서 살펴보았듯이 『동다송』은 성리학 사상이 팽배해 있던 조선시대에 왕가의 일원이 "다도란 무엇인가?"라고 물은 데에 답하는 책이다. 따라서 『동다송』의 다도를 말하기 전에 전제가 필요하다. 하나는 '사문난적(斯文亂賊)'이라는 말이 횡행하던 숭유억불의 냉엄한 상황에서 초의가 "삼가 해거도인의 은궤(隱机) 앞에 두 번 절하고 글을 올립니다"라고 하면서 『동다송』에 다도 정신으로 '선다(禪茶)' 또는 '다삼매(茶三昧)'와 같은 불교적 개념을 넣었을 리 없다. 또 하나는 성리학과 함께 실학이 대두되던 시기에 성리학 최고 이념(誠)이나 실학적 수양법이라고 할 수도 없는, 명나라 장원이 쓴 『다록』에 나오는 이른 바 '중정(中正)'[11] 개념을 조선(한국) 다도 정신으로 표방했을 리 만무하다.

---

11 다도 정신으로서 이른바 '중정'의 기원은 『다신전』 '포법(泡法)'에 있는 '不可過中失正'이라는 대목이다. 이 말은 원래 『다록』에 있는 것이고, 초의는 이것을 그대로 『동다송』에 옮겼다. 1979년 한국차인회가 생기면서 이에 근거하여 '중정'을 '한국 다도 정신'으로 채택했다. 그러나 중정을 다도 정신이라고 한다면 위와 같은 내력상 그것은 중국 명나라 시절 다도 정신이라고 해야 한다.

'차의 순정(純正)한 자연성(茶神) 현현(顯現)으로써 자연합일'—『동다송』의 다도

다도 질의에 대한 답으로서『동다송』의 핵심이자 결론부는 제
60행 주석에 있는 "采盡基妙(채진기묘) 찻잎을 딸 때 찻잎에 든
다신의 신기(神氣)를 잘 보전하고, 造盡基精(조진기정) 제다에
서는 찻잎에 든 물질적 정기를 잘 보전하며, 水得基眞(수득기
진) 차탕 우릴 물은 차의 다신(향, 색, 맛)을 잘 우려낼 물을 골
라, 泡得基中(포득기중) 차 우리기에 있어서는 차와 물의 양이
상호 과부족하지 않아야(中) 한다. 그렇게 하면 體與神相和(체
여신상화) 육체로서의 물과 정신으로서의 차가 잘 어우러지고
健與靈相併(건여영상병) 육체로서 물의 건강성과 정신으로서
차의 영험(신통)함이 갖춰진다(正). 至此而茶道盡矣(지차이다
도진의) 여기에 이르면 다도는 다 된 것이다."이다.

『다신전』의 다도(조다—장다—포다)를『동다송』의 다도(채다
—조다—품천—포다)와 비교해 보자.『다신전』의 다도에는 채
다는 없고 장다(藏茶)가 들어 있고『동다송』의 다도에는 장다는
없고 채다(採茶)가 들어 있다. 좋은 차탕을 우려내기(포다)에
이르기까지,『다신전』에서는 차의 보관(장다)을 중시하고,『동
다송』에서는 찻잎 따기(채다)를 중시한 것이다. 그리고 조다(제
다)에 있어서,『다신전』에서는 "정성을 다하라"고만 했고,『동

다송』에서는 (모든 과정에서 정성을 다하되 제다에서는) 찻잎에 든 물질적 기(氣)인 정기(精氣)를 보전하라고 했다. 또 포다(차탕 우려내기)에 있어서는『다신전』에서는 다신의 발현을 위해 둘째 탕 이후 다관의 청결성을 중시했고(泡時潔),『동다송』에서는 우선 좋은 물을 골라(水得其眞), 물과 차의 양의 상호 균형(泡得其中)을 기할 것을 중시했다.

여기에서『동다송』다도의 의의를 한마디로 간추리자면, 초의는『다신전』을 편저하면서 인지한 다신(茶神)의 의미를『동다송』다도의 전 과정에 포진시켰다는 것이다. 즉 '채진기묘~포득기중'의 과정이 찻잎에 든 다신, 즉 신기(神氣)를 차탕에 최대한 온전하게 현현(顯現)시키기 위한 절차라는 것이다. 초의는 이 과정에서 객관성을 담보하기 위해 애초에 "옛사람의 말을 빌려"라는 단서를 달았다. 따라서 '다도 정신' 따위 시비가 될 만한 사항은 두드러지게 말하지 않았고,[12] 다도가 '포득기중'에서 그치지 않고 음다에서 완성됨을 알리기 위해『다신전』에 소개한 개별 항목으로서 "獨啜曰神(홀로 마시는 것을 神通의 경지라고 함)" 대목이 나오는 '음다지법'을『동다송』맨 끝에 '옛사람의 말'

---

12 초의는 「奉和山泉道人謝茶之作」이라는 후배 산천 김명희에게 보낸 자작시에서는 '다도 정신'으로 해석될 만한 '무사(無邪)'와 '무착바라밀(無着波羅蜜)'을 인용했다.

로써 주석에 인용 처리했다. 초의(또는 『동다송』)의 다도는, 예컨대 중국 다예, 한국 다례, '일본 다도'가 음다를 중심으로 한 기예나 법도 등 차 주변적인 외형에 초점을 둔 것에 비해, 채다에서 음다에 이르기까지의 과정에서 속속들이 차의 '다신'이라는 기적(氣的) 속성과 본질을 파악하여 체화(體化)·체인(體認)하는 데 중점을 두고 있다는 점에서 진정한 동아시아 사상 본체론적 수양 다도라 할 수 있다. 다른 것들은 기예나 기법 등 차 주변적인 외양에 초점을 맞추고 있을 뿐이기에 차 또는 다도의 수양론적 본질에서 벗어난, 다도가 아닌 '다법'(차를 다루는 방법)이라고 할 수 있을 뿐이다.

초의차 정체성에 대한 오해와 진실

한국 차계에서는 초의를 '한국 차의 성인'이라고 부른다. 또 이른바 '초의차(초의 다맥) 전승자'임을 자처하는 이들은 '초의 제다법=한국 전통 제다법, 초의차=한국 전통차'라는 공식을 내세워 신봉하고 있다. 지금까지는 별로 이견을 제기하는 이가 없으니 그 공식은 앞으로도 당분간 한국 차계의 정설로 통할 가능성이 크다. 그러나 그 공식은 일방적이고 단언적인 주장일 뿐 학술적 논쟁을 거쳐 검증된 학설이라고 할 수는 없다. '초의차'가 한국 전통차의 대표 또는 상징이라면 그것의 정확한 정체성은 무엇인지, 어떠한 제다법에 의한 어떠한 차인지, 어떤 연유로 그것이 한국 전통차인지에 대해 학술적으로 좀 더 치밀하게 논의할 필요가 있다. 이는 한국 차와 차문화의 정체성 규명을 위해 풀어야 할 숙제라고 할 수 있다. 그러나 워낙에 초의차 엄호론자들이 한국 차 담론을 독점적으로 주도해 온 까닭에 초의차에 대한 이론(異論)이 움돋을 토양은 마련돼 있지 않았다. 예컨대 한국 차계에서 『동다송』의 다도 정신이 '중정(中正)'이라고 하면 그것이 곧바로 정답으로 받아들여지는 촌극 같은 상황도 "초의차가 한국 전통차", "초의는 한국 차의 성인"이라는 '구호'의 속성과 맞물려 있다. 이것이 과연 한국 제다사의 학술적 맥락에 정합하는 상황일까? 한국 차계의 담론장에서 막강한 초의차 엄호론의 벽을 허물기 위해서는 격렬한 논쟁이 필요하다고 느껴진다.

초의차 지상주의, 한국 차문화 진전 걸림돌 되지 않았나 성찰 필요

마침 종래의 초의차 엄호론을 정면으로 뒤엎는 주장이 나왔다. 대구 계명대 목요철학원이 주관한 "2021 하반기 차문화 학술 심포지엄―한국 차문화와 대중화"에서 유동훈 교수(동국대 다도학과)가 발제한 '초의차 제다법의 특징'은 많은 고문헌 자료를 동원하여 초의차를 단연코 '떡차'라고 입증하고자 한다. 이 심포지엄 참석자들이나 초의차 엄호론에 길들여져 온 차계에서는 별로 귀 기울이지 않는 분위기이지만, 이 같은 주장은 감히 종래의 초의차 엄호론자들의 '잎차'(엽차葉茶 또는 산차散茶)설을 뒤집는 코페르니쿠스적 발상이라고 할 만하다.

유 교수의 발제 내용을 보기에 앞서 가장 막강하고 영향력이 강한 초의차 옹호론자인 (사)동아시아차문화연구소 박동춘 소장이 견지해 온 종래의 초의차론을 들어보자. 우선 박 소장은 '초의차'라는 명칭에 대하여 역시 계명대 목요철학원이 연 '차문화 학술 심포지엄'에서 "'초의차'라는 명칭은 1830년 초의가 자신이 만든 차(보림백모)를 서울로 가져갔을 때 경화사족들이 맛보고 붙여 준 고유명사"라고 말했다. 그는 박사학위 논문으로써 저술한 『초의선사의 차문화 연구』를 포함한 다수의 칼럼과 차 담론에서 초의차는 덖음 제다법에 의한 산차(散茶)이고, 그 특징은 1840년대에 추사가 초의차를 맛보고 초의에게 보낸 편지의 한 구절을 인용하여 "맑고 시원함!"이라고 주장해 왔다. 그는 특히 범해의 차시(茶詩) 「초의차」에서 초의 제다법이 구체적으로 밝혀졌다고 주장한다. [1]

맑은 날, 첫 곡우에/ 아직 피지 않은 황아 잎을/ 깨끗한 솥에 정성을 다해 덖어서/ 밀실에서 말리네/ 측백나무 그릇 둥글게 묶어서/ 대나무 껍질로 잘 포장했네/ 단단히 간수하여

---

1   박동춘, 『초의선사의 차문화 연구』, 일지사, 2011, p.230~.

밖의 기운 막으니/ 찻잔에 가득히 향이 뜨는구나.

　박 소장의 주장에 따르면, 초의 제다법은 '채다—덖음—유념—건조—온돌에서 숙성'하는 공정을 거친다. 그는 "차의 습기를 제거하기 위해 뜨거운 온돌방에서 다시 숙성하는 과정은 한국 차의 특별한 제조공정이다. 범해가 밀실에서 잘 말린다고 한 것은 바로 이것을 언급한 것이라고 할 수 있다"[2]고 했다. 또 그는 이런 초의 제다법이 응송을 거쳐 자신에게 전승되었다고 주장하고 있다.

　그러나 그의 주장은 초의차를 지나치게 내세우고자 하는 데 급급하여 역사적 현재적 사실을 왜곡한 부분이 많다. 그가 '초의차' 명칭의 유래로 본 1830년경 초의가 서울에 가져간 '보림백모'는 이른바 초의 제다법에 의한 덖음 잎녹차가 아니라 뒤에 유동훈 교수가 말하는 다산제다법(蒸焙法)에 의한 단차(團茶)였다고 할 수 있다. 그는 1830년의 '초의차'를 이름의 유래로서만 언급하고, 당시의 초의차의 형태나 종류에 대해서는 언급을 주저하는 인상을 준다. 다만 "1840년 이후 초의차가 완성되었다"고만 강조한다.

　박 소장은 또 '온돌방 건조'가 초의 제다의 특징이라고 한다.

2　위 책 p.231.

이는 제다 공정상 건조를 위한 궁여지책이었지 제다의 질을 좌우하는 공법상의 특색이라고 할 수 없다. 제다 공정이 개선된 오늘날 덖음 제다에서 '온돌 건조'는 원시적 방법으로 치부되고 있다. 또 초의차 특징으로 든 '맑고 시원함'은 차 일반의 보편적 성질이지 초의차에만 해당되는 것이 아니다. 이 밖에 그가 범해의 시 「초의차」에 나오는 "잣나무 그릇에 둥글고 모나게 찍어내어"를 "측백나무 그릇 둥글게 묶어서"라고 번역한 것은, 초의차가 단차임을 나타내는 의미를 초의차가 잎차라고 주장하기 위해 의도적으로 오역한 것으로 느껴진다. 정리하자면, 박 소장이 주장하는 초의차나 초의차 제다법은 원래 초의가 『다신전』과 『동다송』에 소개한 명대 제다법과 그것에 의한 잎차로서 차인이라면 누구나 할 수 있는 일이지 특별히 전승되고 말고 할 만한 노하우가 있는 것이 아니다.

박 소장의 초의 제다법과 초의차에 관한 주장이 '초의의 독자적 덖음 제다법에 의한 잎차 제다'설이라고 한다면, 유동훈 교수의 주장은 '다산 제다법 계승에 의한 떡차 제다'설이라고 할 수 있다. 유동훈은 위에 말한 심포지엄 발제에서 논거로써 여러 차시 등 고문헌들을 열거하고 있다. 간추리면 아래와 같다.

「남차병서(南茶幷序)」

(금령 박영보가 1830년 11월 15일 지은 것으로 초의차를

세상에 처음 알린 문헌 자료. 이는 초의가 스승인 완호 대사
가 입적하자 삼여탑을 세운 뒤 명시와 명서를 받기 위해 봉
례품으로 자신이 만든 남차를 가지고 1830년 9월에 서울에
올라왔을 때, 박영보가 남차를 얻어 마신 후 지은 글).

하늘 위 둥근 달처럼 용봉단(龍鳳團) 작게 빚자/ 법제는 거
칠어도 그 맛은 훌륭하다/ 초의선사 정업(淨業)에 힘 쏟은지
오래인데/ 향 짙은 차로 묘오(妙悟) 얻어 참된 선(禪)을 깨달
았네/ …… /두강(頭鋼)으로 잘 만든 단차(團茶)를 가져왔지/
… / 희고 곱게 흩뿌리자 자리가 환해진다.

「남차시병서(南茶詩幷序)」

(박영보가 끓여 준 남차를 맛본 자하(紫霞) 신위(申緯)가
「남차병서」에 화답하여 지은 글).

「병서(幷序)」

초의 선사가 직접 찌고 말려서 한때의 명사에게 보내 주었
다. 草衣禪師, 親自蒸焙, 以遺一時名士.

16행 초의 스님 두 손 번갈아 찻잎을 따는구나/ 17행 절집
에 곡우비가 흩날리는 시절에/ 18행 새 떡차 찌고 말려 붉은
비단에 넣었다네.

* 초의차의 유래

[조재삼(趙在三) 『송남잡지(松南雜識)』 「화약류(花藥類)」 「황차(黃茶)」]

또 해남에는 옛날에 황차가 있었는데 세상에 아는 사람이 없었다. 다만 정약용만이 이를 알았으므로 이름을 '정차' 또는 '남차'라고 한다.

* 초의가 다산의 제다법을 배우게 된 계기

초의는 1809년부터 다산초당을 왕래하면서 다산으로부터 유가의 경전과 시를 배움. 이러한 사실은 초의가 1809년 지은 「탁옹 선생께 받들어 올리다」와 1813년 지은 「비에 막혀 다산초당에 가지 못하고」란 시의 내용을 통해서 확인됨. 이때 다산은 제자들과 함께 한해에 수백근에 달하는 차를 직접 생산. 1810년 동짓날 쓴 「庚午至日書簡」의 내용 "다만 좋은 차 수백 근을 쌓아 두고 다른 사람의 요구를 들어주니 부자라 할 만하지요"를 통해 확인됨. 제자들은 다산의 가르침에 따라 차를 만들면서 제다법을 익혔으며, 초의 역시 다산초당을 왕래하면서 자연스럽게 함께 차를 만들면서 다산의 제다법을 배웠을 것임.

*** 다산제다법의 실체**

(다산이 1830년 강진 백운동 제다 이시헌에게 보낸 편지)

"……곡우 때가 되었으니 다시 계속 보내 주기 바라네. 다만 지난번 보내 준 차병은 가루가 거칠어 심히 좋지가 않았네. 모름지기 三蒸三曬하여 아주 곱게 갈고, 또 반드시 돌샘물로 고르게 조절하여 진흙같이 짓이겨서 작은 떡(餠)으로 만들어야 찰져서 마실 수가 있다네. 살펴주면 좋겠네."

이유원(李裕元)『임하필기(林下筆記)』「호남사종(湖南四種)」

"강진 보림사 대밭의 차는 열수 정약용이 체득하여 절의 승려들에게 아홉 번 찌고 말리는 방법을 가르쳐 주었다. 그 품질은 보이차 못지 않으며, 곡우전에 채취한 것을 더욱 귀하게 여긴다. 이는 우전차라고 해도 될 것이다."

이유원「죽로차(竹露茶)」

7 어쩌다 온 해박한 정열수 선생께서/ 8 절 중에게 가르쳐서 바늘 싹을 골랐다네/ 9 천 가닥 짤막짤막 어리카락 엇짜인듯/ 10 한 줄 쥐면 동글동글 가는 줄이 엉킨듯해/ 11 구증구포(九蒸九曝) 옛 법 따라 안배하여 법제하니/ 12 구리 시루 대소쿠리 번갈아서 맷돌질하네/ 13 천축국 부처님은 아홉 번 정히 몸 씻었고/ 14 천태산 마고선녀 아홉 번 단약을 단련했

지/ 15 대오리 소쿠리에 종이 표지 붙이니/ 16 우전이란 표제에 품질조차 으뜸일세

이규경(李圭景) 「도차변증설(荼茶辨證說)」

교남 강진현에는 만불사가 있는데 차가 난다. 다산 정약용이 귀양살이할 때 쪄서 불에 쬐어 말려 덩이 지어서 작은 떡으로 만들게 하고는 만불차로 이름지었다. 다른 것은 들은 바가 없다.

* 초의에게 전승된 다산 제다법

이유원이 「죽로차」 25—26구에서 "초의 스님 가져와 선물로 드리니, 산방에서 봉한 편지 양연(養硯) 댁에 놓였었지"라고 한 것은, 1831년 초의가 스승인 완호 대사의 삼여탑에 새겨 넣을 명시(銘詩)를 해거도위 홍현주에게 부탁하고 명서(銘序)는 자하 신위에게 부탁하려고 상경하면서 자신이 직접 만든 보림차를 예물로 가져왔던 당시 상황을 말한 것. 이런 사실은 이유원의 『임하필기』 「삼여탑」에 기록된 내용을 통해서 확인됨. "대둔사 승려 초의가 그의 스승 완호 대사를 위하여 삼여탑을 세우고, 해거도인에게 명시를 부탁하고, 자하에게 서문을 부탁하면서 보림차를 선물하였다."

「삼여탑」 내용으로 알 수 있는 것은 「죽로차」에서 초의가

신위에게 선물로 드렸다고 한 차가 바로 보림차였다는 사실. 보림차는 「죽로차」에서 다산의 제다법으로 만들었다고 한 죽로차의 별칭으로, 이 보림차를 초의도 만들어 선물했다는 이유원의 증언을 통해서 다산의 구증구포 제다법이 초의에게 전해졌을 것으로 짐작. 이때 초의로부터 차를 선물받은 신위가 지은 「초의가 내가 금령에게 준 시운에 차운하였는데 몹시 아름다웠다. 그래서 다시 원래의 운자를 써서 시를 지어 보인다. 이때 초의는 스승인 완호 대사를 위해 삼여탑을 세우고, 해거도인 홍현주에게 명시를 청하면서 내게도 서문을 써달라고 하며 차병 4개를 보내왔다. 차병은 자신이 직접 만든 것인데, 이른바 '보림백모(寶林白茅)'라는 것이다. 시 속에서 아울어 이를 언급하였다」라는 시의 제목에서는 '보림차'가 아닌 '보림백모'라고 말함. 보림차와 보림백모는 1831년 초의가 직접 만들어 신위에게 선물했던 동일한 차. 신위는 '보림백모'를 차병이라고 했는데, 신위가 말한 '차병'은 다산이 강진 제가 이시헌에게 보낸 편지에서 삼증삼쇄하여 작은 형태로 만든 떡차를 '차병'이라고 하였으므로, 초의가 직접 만든 보림백모 차병도 다산제다법 그대로 만들어졌을 것으로 짐작됨.

이러한 내용들을 종합해 볼 때 초의가 찌고 말려서 떡차의 형태로 만들었다고 한 '남차'와 구증구포 제다법으로 만든다고 한 '보림차' 혹은 '보림백모'는 다산이 만들었던 차와 동일한 제다법으로 만들어진 차로 짐작되며, 이는 다산의 제다법이 초의에게 전승되었다는 것을 의미함.

* 초의차의 특징

1838년 신위가 초의차를 마시고 지은 「초의차 맛이 너무 여려, 전부터 간직해 둔 학원차(壑源茶)와 고루 섞어 한 통 속에 같이 보관했다. 다시금 묵은 것과 새 것이 섞이길 기다려서 써보려 한다. 또 시 한 수를 지었으니 장차 초의에게 보이기 위함이다」라는 시에서 초의차 맛이 여리다고 한 것은 초의차가 찌고 말리는 공정을 여러 번 반복하는 과정에서 찻잎 속의 진액(膏)이 빠졌기 때문.

* 살청법의 변화

1850년 산천(山泉) 김명희(金命喜)의 「사차(謝茶)」 시에서 "덖어 말림 솜씨 좋아 두루 통함 얻으니……"라는 내용과, 다산의 읍중 제자 황상의 「걸명시(乞茗詩)」에서 "댓잎을 함께 볶아 새 방법을 사용하니……"라고 한 것, 범해 각안의 시 「초의차」에서 "빈 솥에 세심하게 잘 덖어 내어……"라고 한 것 등에서 초의가 솥에서 덖는 초청법으로 떡차를 만들었다고 증언. 이는 떡차를 만들 때 여러 번 찌고 말리는 과정에서 찻잎 속의 진액이 빠져나가기 때문에 차맛이 싱거워지는 단점을 보완하기 위해서였을 것으로 보임.

*** 초의차의 형태**

- 1830년 신위의 「남차시병서」

 (18구) 새 떡차 찌고 말려 붉은 비단에 넣었다네……

- 이유원의 「죽로차」

 (31구) 고경(古鏡)스님 홀연히 차 한 봉지 던져주니/

 (32구) 둥글지만 엿 아니요, 떡인데도 붉지 않네

- 조희룡의 시첩 『철척도인시초』에 수록된 1850년경 허련
 으로부터 초의차를 선물 받고 지은 시

 (17구) 나에게 한 조각(一片) 해남 차를 건네주니(贈我
 一片海山茶)……

이상의 1830년부터 1878년까지 저술된 여러 문헌자료에서는 한결같이 초의차의 형태가 떡차였다고 증언함.

위 자료들의 핵심을 요약하자면, 초의차는 초의가 다산의 구증구포(또는 삼증삼쇄) 제다법을 전승받아 만든 떡차라는 것이다. 나중에 초의가 초배법을 사용한 것은 증배 제다에서 진액이 빠져나간 차의 싱거움을 보완하기 위해서였으며, 이 덖음제다에 의한 초의차도 역시 떡차였다는 것이다.

떡차(餠茶), 차떡(茶餠), 단차(團茶) 구별 못하는 차 탁상공론

유동훈 교수의 주장에 대해 '반은 맞고 반은 틀리다'고 하면 후한 점수를 주는 것이라 하겠다. 그의 주장이 사실에 어긋나는 부분이 많이 눈에 띈다. 이는 논거를 전적으로 문헌자료에 의존하고, 제다 현장의 사실적 경험이 없는 탓으로 보인다. 그는 우선 떡차(餠茶)와 차떡(茶餠), 떡차와 단차(團茶)를 구별하지 못하고 있다. 그가 논거로 인용한 시에는 '용봉단(龍鳳團)' 등 단차(團茶)라는 말이 나온다. 단차는 찌거나 덖어서 말린 찻잎을 그대로 또는 가루 내어 덩어리로 만든 것으로서 차의 덩어리의 형태와 내부 구조를 참작하여 지칭한 것이다. 말린 찻잎을 덩어리로 만들 때는 찻잎을 모아 물기를 살짝 가하여 압착한다. 범해의 시「초의차」에서 "백두(栢斗)에서 방원(方圓)으로 찍어 내어"라고 한 것이 덖음 잎차로 단차를 만들었다는 말이다. 또 다산이 이시헌에게 매번 '차떡'이라는 명칭을 써 가며 제다를 지시한 것은 말린 차의 가루를 물기에 짓이겨서 덩어리차인 단차로 만들라고 한 것이다. 이 단차들은 찐 찻잎을 일단 잘 말려서 뒤처리를 한 것이기에 떡차에 비해 변질되지 않는 녹차로서의 보존성이 뛰어나다.

떡차와 단차는 일별하기에 외모가 덩어리여서 형태가 비슷해 보이지만, 제다 공정 및 덩어리의 내부 구조와 보관성(변질 여부)에서 차이가 난다. 떡차는 당나라 때의 떡차가 대표적인 것이고 요즘 복원했다는 장흥 청태전과 보성 뇌원차도 떡차이다. 떡차는 찐 찻잎을 젖은 채 그대로 절구에서 찧어 떡 덩어리로 만든 다음 말린 것이다. 찻잎을 쪄서 살청을 한 것이니 차의 종류로서는 녹차이기를 기대하고 만든 것이다. 그러나 건조 과정이 미흡하여 카테킨 산화와 일부 테아닌 발효가 일어나 탕색이 황적갈색으로 변한다. 『다경』 '4. 찻그릇' 항에 "찻잔으로 월주요 청자가 으뜸이다. 탕색을 녹색에 가깝게 보여 주기 때문이다. 형주요 백자는 그다음이다. 탕색을 붉게 보여 주기 때문이다."라고 한 것은 이런 내력을 설명하는 것이다.

위 자료 중 이유원의 「죽로차」에서 "둥글지만 엿 아니요, 떡인데도 붉지 않네"라고 한 것은 초의차가 둥근 떡(덩어리)인데도 예전의 떡차처럼 카테킨 산화가 발생하지 않고 녹차색을 유지하고 있다는 의미이다. 즉 이때의 초의차는 떡차가 아닌 단차라는 말이다. 떡차가 뜨겁게 젖은 찻잎을 절구에 찧은 것이어서 찻잎의 개체성을 잃어버린 것에 비해, 단차는 말린 찻잎 또는 말린 찻잎을 가루 낸 것에 겉에 물기를 발라서 덩어리를 만드는 접착제 정도로만 했을 뿐이어서, 덩어리 내부에서 찻잎 또는 가루로서 개체성을 유지한다. 겉에 바른 물기는 곧 건조돼 사라져서 카테킨 산화작용을 일으키지 않는다. 이런 점을 두고 볼 때, 중국 제다사는 당대(唐代) 떡차가 녹차로서의 진정성을 상실한 것에 대한 반성으로서 명대(明代) 초배법에 의한 잎녹차를 제다하기까지 찻잎의 자연성이 잘 보존된 진정한 녹차를 제다하기 위한 고민과 시행착오의 과정이었다고 할 수 있다.

박동춘 소장과 유동훈 교수의 초의차에 대한 각각의 주장을 평하자면, 박 소장은 '초의차'의 명칭 유래가 초의가 자하 신위의 글에서 '전다박사(煎茶博士)'라는 칭호를 얻게 된 '보림백모'라고 하면서도, 초의차의 정체성을 『동다송』 저술 이후의 초배법에 의한 '덖음 잎차'에 두고 있다. 유동훈 교수가 제시하는 문헌자료에 의하더라도 보림백모는 다산의 증배 제다법에 의한 단차(團茶)였을 가능성이 더 많다. 또 '전다박사'라는 말의 '전다(煎茶)법'은 잎차를 우려내는 포다법이 아니라 대체로 떡차나 단차를 달여 내는 방법을 말한다. 유동훈 교수는 초의가 다산 제다법에 따라 덩어리차(떡차라고 하는 것은 유 교수의 개념 이해 착오)를 만들었다고 하면서, 초의가 초배법에 의한 덖음 잎차를 제다한 사실에 대해서는 "떡차를 만들기 위한 살청법의 변화"라고 견강부회하고 있다.

결론으로, 위와 같이 차와 차문화의 정체성을 논할 때는 문헌자료에 의한 피상적이고 평면적인 관찰에 의존하여 단언적인 결론을 내리기보다는, 제다사에서 드러나는 차의 형태, 종류 및 그런 것들이 잉태 발아되는 환경인 사상적 철학적 배경을 아울러 다양한 인과관계까지 고려한 입체적이고 유기적인 분석과 통찰을 하여야 한다. 이는 학술적으로 가치 있는 담론을 생산하기 위함이다.

한국 차(학)계의 차 인식,
차는 '기호음료'인가 '심신 건강 수양 음료'인가?

경주 새등이요 주인 무초 최차란(1926–2018)
선생의 저서 『막사발에 목숨을 쏟아놓고』.

이 책에서 저자는 다례를 "아무것도 모르는 이
가 아무것도 모르는 이들을 가르쳐서 '雜茶'가
된 것."이라고 했다.

한국 차와 차문화가 정체성 혼란을 겪고 있고, 이에 따라 차
와 차문화를 생산과 소비의 기반으로 하는 한국 차산업이 부진
을 면하지 못하고 있다. 그 근본 원인으로 차계(차문화계)와 차
학계의 차 인식 왜곡을 빼놓을 수 없다. 즉 차를 근본적으로 '기

호음료'로 보느냐, '심신 건강 수양 음료'로 보느냐의 문제인데, 근래에 한국 차계와 차학계에서는 차를 단연 '기호음료'로 간주하고 있다. '초의차' 후계자임을 자처하며 최근에는 '고려 백차(?)와 청자 다기 복원'(?)을 주장하며 명성을 날리고 있는 (사)동아시아차문화연구소 박동춘 소장과 『새로 쓰는 조선의 차문화』와 『한국의 다서』 저술을 통해 '차학자'로 더 알려진 한양대 정민 교수가 차를 '기호음료'라고 주장하는 대표 인물이다. 박 소장은 그의 학위논문을 책으로 엮은 『초의 선사의 차문화 연구』에서, 정민 교수는 『새로 쓰는 조선의 차문화』에서 각각 차를 '기호음료'라고 단언했다. 박 소장은 그 뒤에 쓴 몇몇 글에서도 차를 기호음료라고 하면서도 가끔은 '정신 음료'라고도 하면서 왔다갔다 한다.

박 소장은 초의 선사의 다맥(茶脈) 계승자라고 하는 응송 박영희 스님[1]으로부터 받은 '다도전게(茶道傳偈)'라는 걸 내보이면서 자신이 응송을 이은 초의 다맥 후계자라고 자처해 왔다. '초의차'라고 하면 요즘 '한국의 전통차'로 통하고 있으니, 초의 다

---

1 불가에 다맥이 있다는 입증이 없고, 승속 불문 다맥이 없다는 게 현재까지의 중론이다. 그런데 최근에는 또 (사)고려천태국제선차보존연구회 대표 장미향이라는 이가 자신이 쓴 글에서 장미향이 선암사 구증구포 제다법을 구초구포 제다법으로 새로 정리했다고 주장하며 동시에 선암사 (지허 스님) 다맥을 승범 스님장미향 등이 잇고 있다……는 취지의 주장을 하고 있다.

맥 후계자라고 명성 자자한 이가 "차는 기호음료"라고 하면 차계에서 무게가 다른 말로서 전파되게 된다. 정민 교수도 '동다기' 발견 등으로 한국 차학계에서 성가를 올리고 있는 학자이고, 그의 저서『새로 쓰는 조선의 차문화』가 차계와 차학계에서 필독 베스트셀러가 되고 있다는 점에서 "차는 기호음료"라는 그 말의 무게 또한 남다를 것이다. 이런 사유로 한국 차는 이미 '기호음료'로 판정 나서 기호음료 시장에서 커피와 중국 보이차 등 자극성 강한 외래 기호음료들과 경쟁하여 백전백패하고 있는 실정이다.

"차는 기호음료"라는 무지와 획일주의, 한국 차·차문화·차산업의 침체 야기

차를 기호음료로 보는 데서 제다의 방향과 방법이 규정되고, 차의 속성과 품질이 구속당하게 된다. 시장 상황으로 볼 때 '기호음료'라는 시장의 요구 및 대중의 기호에 맞춰 제다하여 '기호음료'로서의 차를 내놓아야 하기 때문이다. 즉 차가 "기호음료"라고 하는 것은 제다인들의 차 인식에 영향을 주고, 나아가 차인들의 차 인식을 오염 왜곡시켜서 결국은 일반 대중의 차 인식을 규정하게 된다. 여기에서 '기호음료'라는 좌표 찍기가 얼마나 심각한 문제인가를 살펴보기에 앞서 '기호음료'의 의미 및 다산과 초의 등 선현 차인들의 차에 대한 인식은 어떠했는지를 알아볼 필요가 있겠다.

'기호(嗜好)'란 사전적 의미로 "즐기고 좋아함"이다. 그러므로 '기호음료(嗜好飮料)'는 "인체에 필요한 직접 영양소는 아니지만 생리·심리 욕구를 만족시키기 위해 에너지나 영양소 유무와 관계없이 향기나 맛을 즐기는 음료"이다. 따라서 기호음료는 향과 맛으로써 마시는 이의 입(미각)과 코(취각)를 즐겁게 해 주는, 즉 말초적 감각(생리·심리 욕구)을 충족시켜 주는 마실 거리이다. "차가 기호음료"라는 것은 차가 입과 코를 통해 말초 감각적으로 즐기는 대상이라는 의미가 된다. "차는 기호음료"라는 주장은 이런 맥락에서 차의 본질적 원형이자 선현들이 가까이했고, 지금도 한·중·일 세 나라에서 차의 주류인 녹차마저도 커피와 보이차와 같은 '기호음료' 반열로 추락시킨다. "인체에 필요한 직접 영양소는 아니지만"과 "에너지나 영양소 유무와 관계없이 향기나 맛을 즐기는 음료"라는 말은 기호음료의 속성을 지적하는 것이다. 거기에다가 커피에는 단백질을 태운 발암물질이 들어 있고, 보이차(숙차)는 곰팡이 일종에서 나오는 발암물질 함유 가능성이 높다고 보고된 바 있다. 녹차는 다른 식물이나 음료에 없는 카테킨·테아닌·카페인 등 심신 건강 수양 음료로서의 성분 3박자를 완비하고 있다. 차학자 또는 차 명망가로서 스스로, 그리고 굳이 한사코 녹차를 기호음료라고 우기는 이들의 무지, 무책임, 무의식, 또는 거기에 깔린 의도가 두렵다.

선현들의 녹차 존숭(尊崇) 의지

차의 경전『다경』이나 (한국) '다도의 경전'으로 알려지고 있는 한재 이목의『다부』, 다산이 제자들에게 지시하여 작성된 '다신계 절목', 그리고 초의 선사의『동다송』을 보면 차를 "기호음료"라고 할만한 근거는 눈 씻고 봐도 없다. 그렇다면 박동춘 소장이나 정민 교수가 차를 "기호음료'라고 한 근거는 무엇일까? 두 사람이 각각 그렇게 단언만 했을 뿐 이유를 밝히지 않았으니, 별생각 없이 그저 대중 정서에 편승하여 그렇게 말했을 것이라고 생각할 수밖에 없다.『다경』'일지원(一之源, 차의 근원)'에 아래의 글이 나온다.

茶之爲用 味至寒(차지위용 미지한)/ 爲飮 最宜 精行儉德之人(위음 최의 정행검덕지인)/ 若熱 渴凝悶 腦疼目澁(약열 갈응민 뇌동목삽)/ 四之煩 百節不舒(사지번 백절불서)/ 聊四五啜 與醍醐甘露抗衡也(료사오철 여제호감로항형야).

차의 쓰임은, 차의 성미가 매우 차분하니(味至寒) 정행검덕한 사람이 마시기에 가장 적절하다/ 만약 열이 나고 갈증이 나며 심기가 울적해 두통이 나고 눈이 자꾸 깜빡거리고/ 팔다리에 기운이 없고 뼈마디가 펴지지 않을 때/ 네다섯 모금 마시면 제호나 감로에 견줄 만하다.

육우와 함께 당시 음다 집단 멤버였다는 봉연(封演)은 당나라 풍속사인 「봉씨견문기(封氏見聞記)」 6권 '음다' 편에 "이때에 이르러 다도가 크게 성행하였고, 왕에서부터 선비에 이르기까지 차를 마시지 않는 사람이 없었다."라고 하여 '다도'라는 말을 등장시켰고, 역시 육우와 봉연의 차벗인 승려 교연(皎然)은 그의 시 「음다가(飮茶歌)」에서 다음과 같이 읊으며 봉연이 말한 '다도'가 음다(飮茶)에 의한 득도의 경지에 이르는 길이라고 했다.

일음척혼매(一飮滌昏寐). 한 모금 마시자 혼미함이 씻겨 나가고/ 재음청아신(再飮淸我神). 두 모금 마시자 정신이 맑아지고/ 삼음변득도(三飮便得道). 세 모금 마시자 문득 도를 터득하니/ 하수고심파번뇌(何須苦心破煩惱). 번뇌를 없애고자 마음 쓸 일이 없네.

우리의 경우 조선 전기 한재(寒齋) 이목(李穆)이 쓴 『다부(茶賦)』는 현재까지 발견된 한국 최초의 차책으로서 "세계 최고 유일의 다도 전문서"라는 평가(정영선)를 받고 있다. 『다부』의 머리말 격인 '茶賦幷書(다부병서)'에 『다부』가 차의 덕성을 칭송하는 글임을 이렇게 밝혔다.

凡人之於物. 或玩焉或味焉. 樂之終身而無厭者. 其性矣乎. 若李白之於月. 劉伯倫之於酒. 其所好雖殊. 而樂之至則一也. 余於茶. 越乎其莫之知. 自讀陸氏經. 稍得其性. 心甚珍之. 昔中散樂琴而賦. 彭澤愛菊而歌. 其於微. 尙加顯矣. 況茶之功最高. 而未有頌之者. 若廢賢焉. 不亦謬乎. 於是考其名. 驗其產. 上下其品爲之賦. 或曰. 茶自入稅. 反爲人病. 子欲云云乎. 對曰. 然. 然是豈天生物之本意乎. 人也非茶也. 且余有疾. 不暇及此云. 其辭曰.

무릇 사람이 사물을 대하여 완상하기도 하고 음미하기도 하여 종신(終身)토록 즐기며 싫증 내지 않는 것은 그 본연의 성품이다. 이백(李白)이 달을 좋아하고 유령(劉伶)이 술을 즐긴 것처럼 그 좋아하는 바는 비록 다르다 하더라도 그것을 즐김에 이르러서는 한 가지다.

내가 차에 대해 알지 못하여 지나치고 지내다가 육우(陸羽)의 다경(茶經)을 읽고서, 점차 그 성품을 깨달아서 마음

속으로 차를 몹시 진기하게 여기게 되었다. 옛날 혜강(嵇康)이 거문고를 즐겨 금부를 짓고, 도잠(陶潛)이 국화를 사랑하여 노래를 부른 것은 숨겨져 미미한 것을 뚜렷하게 나타낸 것이다.

하물며 차의 공로가 아주 높은데도 이를 칭송하여 노래한 사람이 없으니 이것은 어진 사람을 멀리하여 사장 시키는 것처럼 또한 잘못된 일이 아닌가.

이에 그 이름을 상고(詳考)하고 생산되는 차의 상, 하품을 증험하여 노래(賦)하려 하니, 어떤 이는 "차는 세금으로 받아 사람들에게 도리어 병폐가 되는 것이거늘 그대는 어찌 칭송하는 글을 쓰려는고" 한다. 내 대답해 가로되 "그렇다. 그러나 그런 현실이 어찌 하늘이 사물을 만든 본뜻이겠는가? 잘못이 사람에게 있는 것이지 차에 있는 것은 아니다. 그리고 나는 차를 너무 좋아해서 그에 대해 말하고 싶지 않다."

또 『다부』 본문에서는 차의 오공(五功) 육덕(六德) 칠효(七效)를 논했고, 결론으로는 "神動氣入妙 是亦吾心之茶……. 다신이 내몸의 기운을 운화시켜 신통神通의 경지에 들게 하니, 이것이 '빈 마음의 차'……"라고 하여 기론에 입각한 차의 수양 효과를 설명해 놓았다.

『다부』보다 340년 후에 나온 초의 선사의 『동다송』 제60행 '주석'에는 "평왈(評曰: 내가 앞에 인용한 내용들을 분석 종합 평가하여 말하자면)"이라는 말로 시작하여 "찻잎을 딸 때 찻잎이 지닌 신령한 기운의 활력神妙을 잘 보전하고, 차를 만들 때 찻잎의 물질적 정기를 잘 보전하고, 차를 우릴 때 좋은 물을 골라, 차와 물의 양을 적절히 가늠하여(中), 우려서 차탕에 다신이 정상적으로 발현되게 하면(正) 다도는 다 된 것이다. 採盡其妙 造盡其精 水得其眞 泡得其中 至此而茶道盡矣."라고 했다.

또 초의 선사가 명나라 장원(張原)의 『茶錄』에 나오는 '음다지법'을 『다신전』과 『동다송』에 옮겨 적어 놓은 내용을 보면 다음과 같다.

飮茶之法 (以客少爲貴) 客衆則喧 喧則雅趣乏矣 獨 曰神 二客曰勝 三四曰趣 五六曰泛 七八曰施也.

차를 마시는 법도란, (객이 적은 것을 귀하게 여긴다) 객이 많으면 시끄럽고, 시끄러우면 아취가 없어진다. 혼자서 마시는 것을 신(神, 자연합일의 경지)이라 하고, 둘이 마시는 것을 승(勝, 좋다 또는 한적閑適하다)이라 하며, 서넛을 취(趣, 걸림 없이 노는 경지)라고 하고, 오육을 범(泛, 속되다)이라 하며, 칠팔을 시(施, 음식을 나누어 먹는 것과 같다, 차 마시는 분위기는 깨어지고 음식 먹는 자리가 되었다)라고 한다.

이처럼 차의 성분과 효능으로 볼 때 6대 차류는 '기호성을 포함한 심신 건상 수양 음료(녹차류)'와 단순한 '기호음료(산화·발효차류)'로 구분할 수 있다. 앞서 언급했듯이 『다경』 '사지기四之器(4 찻그릇)'에는 "(찻그릇으로) 월주요 청자가 으뜸이요, 형주요 백자가 그다음이다. 월주요 청자는 차탕색을 녹색에 가깝게 보여 주고, 형주요 백자는 차탕색을 붉게 보여 주기 때문이다……"라고 했다. 중국에서 일찍이 녹차를 선호했다는 말이다. 이 대목과 '일지원'에서 말한 "차의 쓰임은 차의 성미가 지극히 한寒(담담)하므로 정행검덕한 이가 마시기에 가장 적절하다"고 한 대목을 연결시켜 생각해 보면, 차의 본질적 특성(성미 즉 성분의 효능)을 녹차에서 찾아 그것을 중시했다고 볼 수 있다.

이런 녹차 선호 추세는 명대(明代)에 초배(炒焙) 산차(散茶)가 나올 때까지 견지되었음을 알 수 있다. 명나라 장원(張原)의 『茶錄』의 '다도(茶道)' 규정 "造時精 藏時燥 泡時潔 茶道盡矣. 차를 만들 때 정성을 다하고, 보관할 때 건조하게 하며, 우릴 때 청결하게 하면 다도(茶道)는 끝난다"가 그것이다. 여기에서 '造時精'은 제다에서 찻잎의 카테킨 산화와 테아닌 발효를 막도록 살청(炒)과 건조(焙)를 잘하라는 뜻이고 '藏時燥'는 보관 과정에서 가수분해에 의한 카테킨 산화 및 습기에 의한 테아닌 발효를 막도록 주의하라는 의미이다. 이는 모두 녹차의 성분을 잘 보전하여 활용하자는 취지로서, 차를 '심신 건강 수양 음료'로 보는 시각을 말해 준다.

"造時精 藏時燥 泡時潔"이 초의의 『동다송』에서는 앞에 소개했듯이 '심신 건강 수양 음료'로서의 차의 다신을 보전하여 차탕에 이상적으로 구현해 내는 의미의 "採盡其妙 造盡其精 水得其眞 泡得其中"으로 확장되었다. 이처럼 녹차를 본질적인 차로서 중요시한 추세는 『茶錄』과 『동다송』의 '제다법' 및 '다도' 규정에 잘 반영돼 있다.

'곰팡이 슬어 쉰 검불'의 우상화,
보이차 상업주의와 보이차 맹종 사대주의

차를 기호음료로 인식하게 된 계기는 명말·청초에 카테킨 산화차인 청차가 나오게 된 것이고, 여기에 기호음료로서의 차의 전형인 서양 홍차의 차문화적 관행이[1]이 영향을 더했다. 또 1970년대에 적퇴(積堆) 흑차(보이차)가 본격 생산된 이후 백차와 민황(悶黃) 황차를 포함한 이른바 '6대 차류'의 구분과 각각의 제다 공정 및 성분을 살펴보면, 이는 뚜렷히 차의 기호음료화 경향의 결과임을 알 수 있다. 즉 '6대 차류' 중 녹차를 제외한 차들은 찻잎에 든 주요 3대 성분(카테킨, 테아닌, 카페인) 중 카테킨 산화 및 테아닌 발효(후발효)를 얼마나 진전시켜서 두 성분을 감소시

1　25 영국의 애프터눈 티와 같은 홍차 문화는 단지 차를 기호식품으로 즐기는 것이지 동아시아 사상의 수양론적 관념은 들어 있지 않다.

켰느냐의 결과물이다. 달리 직설하자면 카테킨과 테아닌에 의한 심신 건강 수양 기능을 무시한 정도의 표현물이라는 것이다.

여기에서 우리가 생각해 볼 것은 한국의 찻잎으로 기호음료인 청차나 홍차, 황차, 흑차 등 카테킨 산화 또는 테아닌 발효차를 만드는 일의 허와 실이다. 온대 관목 소엽종인 한국이나 일본의 찻잎은 성분이 아열대 교목 대엽종인 중국 것과 다르다. 중국 대엽종 찻잎엔 항산화작용으로 면역력 강화 등 건강 기능을 발휘하는 카테킨이 많이 들어 있다. 한국과 일본의 소엽종 찻잎엔 뇌파를 명상파로 진정시켜서 다도 수양(명상) 촉진 기능을 발휘하는 단백질(아미노산) 성분인 테아닌이 많이 들어 있다. 중국 찻잎은 쓰고 떫은 맛을 내는 카테킨이 쉽게 산화하여 더 부드러운 맛과 자극적인 향을 내는 청차 등 카테킨 산화차 제다에 유리하다. 여기에 비해 한국과 일본의 소엽종 찻잎엔 카테킨이 부족하므로 제다 과정에서 이를 잘 보전하고, 동시에 단백질 성분으로서 감칠맛을 내고 신경 이완 진정 효과를 내는 테아닌도 잘 보전해야 한다. 즉 찻잎 성분상 중국 찻잎은 산화·발표차 제다에 유리하고 한국과 일본 찻잎은 녹차 제다에 절대적으로 유리하다.

이런 맥락에서 볼 때, 일본 제다와 차의 주류가 녹차에 집중되고 있는 데 비해 한국이 보이차 상업주의 영향으로 '보이차 좇기'에 몰두하여 각종 황갈색 차류 제다 경향을 보이고 있는 것은 우려할 만하다. 암울한 예로 수년 전 전통적 차산지인 전남 장흥에서 120억 원의 예산을 들여 '청태전 복원 사업'을 하였고, 이 행태가 이웃 보성군으로 이어져 2022년 '고려 뇌원차 복원 사업'을 하였다. 이 사업에서 만들어 낸 이른바 청태전과 뇌원차를 보면 당·송때 녹차(차 종류)로서 만든 떡차(차의 형태)가 산화·발효된 것에 다름 아니다. 그런데 청태전과 뇌원차 복원에서는 애초에 처음부터 산화발효차를 만들었다. 당·송대 차인들이나 같은 시기의 고려시대 사람들은 형편상 녹차를 떡차 형태로 만들면서 산화·발효될 것을 걱정했는데, 장흥 청태전과 보성 뇌원차는 무분별한 '떡차 홀릭' 증세에서 일부러 산화·발효를 목적으로 한 것이다. 녹차가 '심신 건강 수양 음료'임을 인식하지 못하고 보이차 맹종 사대주의에 중독되어 차원 낮은 '기호음료'를 만든 것이다. 그 결과는 새로 창조해 낸 '장흥 청태전'과 '보성 뇌원차'에 대한 차계와 대중들의 외면과 재고품 퇴적으로써 입증되고 있다.

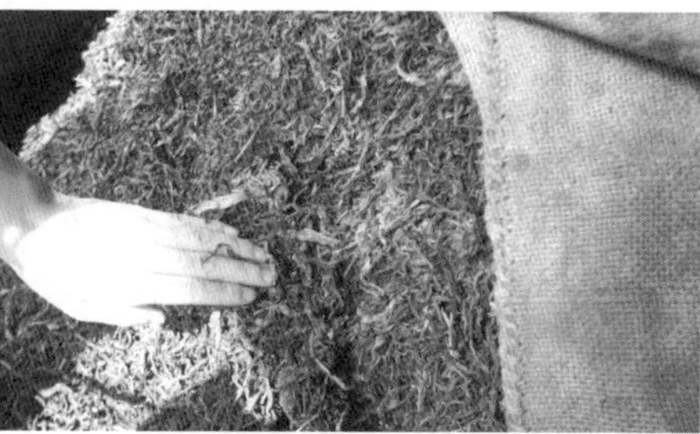

▲ 중국 운남성 맹해차창의 보이차 급조(積堆) 모습
▶ 적퇴로 하얗게 곰팡이 슨 보이차

13

차의 3대 성분과 3대 요소의 접점, 제다와 다도의 일관 원리

다도의 수양론적 기제를 중심으로 동·서양 자연과학적 분석으로써 차의 효능을 살펴볼 때 둘 사이의 학문적 정합성이 발견된다. 즉 동아시아 사상 자연과학이라고 할 수 있는 기론으로써 본 차의 기적(氣的) 효능이 서양의 자연과학(화학)이 분석해 놓은 차의 성분의 효능과 대체로 일치한다는 것이다. 이는 동아시아 사상 프레임으로써 본 다도 수양의 원리가 서양 학문의 시각으로 볼 때도 과학적임을 입증한다. 서양의 자연과학 방법인 화학적 분석에 따른 차의 주요 3대 성분은 카테킨, 테아닌, 카페인이다. 이를 동아시아 사상 기론적 관찰에 따른 '차의 3대 요소'인 향, 색, 맛과 비교해 보자. 향, 색, 맛은 기론적 표현으로 각각 향기(香氣), 기색(氣色), 기미(氣味)라고 한다.

먼저 기색, 향기, 기미의 의미를 수양론적 틀에서 살펴보자.

『다록』과 『동다송』에 "차에는 香色氣味가 있다"고 해서 차의 질적 차별성과 정체성을 말하고자 했다. 혹자는 이 대목을 香·色·氣·味로 끊어서 차의 4대 요소로 차향과 탕색과 차맛과 차의 기운을 꼽는다. 이 모두는 차에 들어 있는 기(氣)를 일컬음이다. 기는 인간의 오감(후각, 시각, 미각, 청각, 촉각)으로 감지할 수 있는 것이다. 차향, 차탕색, 차맛은 후각, 시각, 미각으로 감지되는 차의 기(氣)이다. 그런데 '香·色·氣·味'라고 한다면 이 셋 이외에 사람의 감각으로 느껴지는 '氣'가 따로 있다는 말인데, 어떤 감각에 의한 어떤 속성의 기인지 알 수 있는 자료는 없다. 혹자는 와인이 목에 넘어가는 순간의 묵직한 느낌을 '바디(Body)감'이라고 하는데, 차의 바디감(즉 질감)을 '香·色·氣·味'의 '기'라고 할 수 있을까?

그러나 '香色氣味'를 말한 『다록』은 물론 그것의 연장 선상에 있는 『다신전』이나 『동다송』 등 어느 다서에서도 차의 질감을 말하지는 않았다. 대신 자고로 香氣, 氣色, 氣味라는 말은 회자돼 왔다. 그래서 '香·色·氣·味'는 '香·色·氣味'와 같이 셋으로 구분해 읽는 게 맞다고 생각된다. '氣味'는 감각적으로 확연히 구별될 수 있는 차향과 탕색에 비해 '오미의 조화'로서 그 차별성이 좀 애매하게 감지될 수 있는 차의 맛을 기(氣) 자를 붙여서 강조한 것이 아닐까?

차에 향, 색, 기미가 있다고 한 것은 향, 색, 기미로써 차를 품평해야 한다는 의미와 함께 좋은 차, 즉 다도 수행에 적절한 차는 녹차[1]로서 본래의 자연스런 향, 색, 맛을 갖추고 있어야 한다는 말이기도 하다. 이때 향은 생 찻잎이 지닌 녹향(綠香)[2]이 제다 과정에서 잘 보전되어 차탕에 그대로 발현되었는지를, 탕색은 녹차로서 생 찻잎의 녹색(카테킨의 원색)이 완제된 차에 제대로 담겨 있는지(즉 완벽한 살청으로 카테킨 산화가 방지되었는지), 그리고 차맛(氣味)은 카테킨과 카페인의 떫고 씀 및 테아닌의 달고 감미로움 등 오미의 조화가 평형을 이루고 있는지를 묻는 것이다. 그리고 종합적으로는 녹차 제다 과정에서 차의 3대 성분인 카테킨, 테아닌, 카페인이 정상적으로 잘 보전되어 완제차와 차탕에 담겨 구현될 수 있는지를 향, 색, 맛이라는 지표로 평가하고자 하는 것이다. 차의 품평 기준에 향·색·맛 외에 따로 '기(氣)'가 들어 있지 않은 사실은 '향색기미'를 '향·색·기미'로 (떼어) 읽어야 함을 방증해 준다고 할 수 있다.

차의 향, 색, 맛을 다도 수행과 관련하여 수양론적으로 해석

1　명대(明代)에 『다록』이 나오기까지, 당대 이후의 모든 차는 녹차였으며, 『다록』은 초배법에 의한 질 좋은 녹차(차 종류)로서 (떡차가 아닌) 잎차(차의 형태)의 제다와 그에 의한 수양론적 다도에 관한 진술이다.

2　선인들의 차시에는 차향을 '녹향(綠香)'이라 표현한 경우도 흔히 보인다. 녹향은 이상적인 차의 색과 향을 아울러 표현한 것이라 할 수 있다.

할 수 있는 논거는 선인들의 옛글(茶詩)에서 많이 눈에 띈다. 선인들은 일찍이 다도를 말하면서 차의 향·색·맛을 칭송해 왔다. 많은 음식물 가운데서 차의 향·색·맛이 유독 사람들의 마음을 끌어 도(道)의 개념과 연계된 요인이 무엇일까? 도의 추구를 '자연의 원리에 가까이 가고자 함'이라고 볼 때, 차가 향과 색과 맛으로써 인간에게 자연의 원리를 전이시켜 주면서 인간과 자연을 잇는 다리 역할을 하기 때문이라고 할 수 있다. 이는 우리가 차를 마셨을 때 차의 향과 탕색과 맛이 우주 자연의 기운(氣韻)으로서 우리 몸에 들어와 우리와 우주를 잇는 매질(媒質) 역할을 한다는 말이겠다.

차의 향·색·맛을 각각 향기(香氣)·기색(氣色)·기미(氣味)라 한 까닭

여기에서 '香·色·氣味' 중 대표적으로 차의 향(香)이 갖는 기(氣)로서의 성향 및 차의 덕성과 다도와의 관계를 더 상세히 알아보자. 도(道)를 인간과 우주의 본래성(本來性)을 찾고자 가는 길이라고 할 때, 다도는 차와 함께 또는 차의 힘을 빌려서 그 길을 가는 일이다. 그 행로에 있어서 차는 도반(道伴)이고 차가 갖는 덕성은 행도자(行道者)가 따라가야 할 구도의 실천 원리이다. 즉, 차와 함께 본연으로 통하는 길을 감으로써 차로부터 차 및 자연과 한 뿌리인 인간의 우주적 본래성을 배우고 체화하여 일상생활에서 실천하게 되는 것이 다도의 공효(功效)라 할 것이다.

차의 본래성인 향·색·미 가운데 인간과 가장 먼저 교감하게 되는 것은 차의 향(香)이다. 향은 흔히 기(氣) 자를 붙여 '향기(香氣)'라고도 한다. 이는 수양에 있어서 기(氣)의 역할 및 氣論을 바탕으로 하는 다도 수양론에서 氣로서의 차향의 역할을 말해 주는 단초이다. 이 때문에 차향(茶香)이라는 단어는 차의 대명사처럼 쓰여 오고 있다.

선대 차인들의 글에 다도 수행의 취지로서 차의 향과 맛을 함께 칭송하는 사례가 보인다. 『다경』 「칠지사」(七之事, '차의 일')에 소개된 '장맹양(張孟陽)'의 「등성도루(登成都樓)」라는 시에는 "꽃다운 향기의 차는 육청의 위에 있고, 넘치는 맛은 천하에 퍼진다. 인생에서 구차히 안락하려면 이 땅이 그래도 즐길 만하네(芳茶冠六淸, 溢味播九區, 人生苟安樂, 茲土聊可娛)"라는 구절이 있다. 장맹량은 차의 맛을 차의 향기 그 자체로 인식하여 향기로운 차가 맛이 좋다는 육청보다도 위이고 넘치는 차향이 중국 전체(九區)에 퍼진다고 찬탄하였다. 송대(宋代) 휘종이 쓴 다서 『대관다론(大觀茶論)』에는 '차에는 진향이 있으니 용뇌나 사향에 비길 바가 아니다(茶有眞香 非龍麝可擬).'라고 했다. 송

나라의 국왕이 차의 향을 식물성·동물성 향기 중에서 최고이
자 명약재인 용뇌(龍腦)와 사향(麝香)에 비길 수 없을 정도라고
공인하고 있는 셈이다.

　선대 차인들이 차를 칭송하는 글 중에는 차향을 '천향(天香
)' 또는 '난향(蘭香)'이라고 하여 차향과 도(道)의 관계를 시사하
는 사례가 눈에 띤다. 고려 중기 이숭인(李崇仁, 1347~1392)은
「실주주사에게 차를 올리며(茶呈實周主事 二首)」라는 시에서 이
렇게 썼다.

> 해변지방의 차가 이른 봄빛을 쬐기에(海上鄕茶占早春)/
> 바구니 들고 새로 돋은 노아차를 땄네(筠籠采采露牙新)/ 한
> 봉지 차를 예부에 드리며 여쭙노니(題封寄與儀曹問)/ 중국
> 황실의 용단차와 어느 게 진품인가(內樣龍丹味孰眞)/ ……/
> 황금가루요, 옥 싸라기라 하겠으니(黃金霏屑玉精糜)/ 난고
> 를 섞지 않아도 절로 빼어나구나(不雜蘭膏也自奇)/ 감람차
> 에 섬세하게 물을 탄 그 맛(橄欖細和玄酒淡)/ 공이여, 다보를
> 지어 세상에 알려 주오(煩公作譜使人知)/ ……

　이 시는 중국 명나라 사신 임밀에게 차를 올리며 지은 것이
다. 그 내용으로 보아 노아차와 감람차를 대접한 듯한데, 용단
차와 맛을 비교해 보고 널리 알려 주기를 당부하였다. 여기에

서는 차향과 관련하여 '난(蘭)'자를 붙였다. 이는 차향의 성분을 세심하게 파악하여 꽃다운 향(芳香)의 대표 격인 '난초의 향'과 동격으로 인식했음을 보여 준다. 이숭인은 또 「백안렴사가 차를 보내왔기에(白廉使惠茶)」라는 시에서 다음과 같이 노래했다.

선생이 내게 보내 준 차 화전춘(先生分我火前春)/ 빛깔과 맛 그리고 향이 하나하나 새롭구려(色味和香一一新)/ 하늘 끝에 떠도는 나의 한을 씻어 주니(滌盡天涯流落恨)/ 좋은 차 는 미인과 같음을 알아야 할지니(須知佳茗似佳人)

이는 중국 송나라 소식의 시에서 "장난으로 지은 나의 시를 그대여 비웃지 마오. 예로부터 좋은 차는 미인과 같다지 않소(戱作小詩君勿笑 從來佳茗似佳人)."라고 한 구절을 변용한 표현 으로, 미인을 '국색천향(國色天香)'이라 일컬은 데 빗대어 좋은 차(佳茗)의 향을 '천향'으로 은유한 것이다.

고려 말기 성석린(成石璘, 1338~1423)은 「기우자에게 부치다(寄騎牛子)」라는 시에서 "한 사발 새 차에 한 줄기 향기 피어오 르니(一甌新茗一香線)/ 지금이 바로 선옹이 실컷 자고 깨어날 때(正是仙翁睡足時)……"라고 읊었다. '선옹(仙翁)'은 득도한 사 람이거나 현실 속에서 득도의 경지를 추구하는 작자 성석린 자 신을 일컫는 말이다. 득도의 경지 또는 다도 수양의 지향(志向)

을 피어오르는 차향으로 상징하고 있다.

조선 초기 서거정(徐居正, 1420~1488)은 「다조(茶竈)」라는 시에서 아래와 같이 차의 향기를 천향(天香)이라 말하며 '최고의 향'이라는 의미로써 '지극한 경지'를 나타내고자 했다.

누런 노아차를 따고 또 따네(采采金露牙)/ 아궁이는 물의 중앙에 있도다(竈在水中央)/ 활활 타는 불로 차를 달이노라니(聊以活火煎)/ 문득 천향 풍기는 줄 깨닫네(便覺聞天香)

여기에서 천(天)은 '자연(自然)' 또는 '우주'를 상징하는 뜻이다. '천향'은 '자연의 향' 그 자체로서 우주 자연의 본래성을 의미한다. "천향 풍기는 줄 깨닫네"라 함은 바로 인간과 자연이 하나가 된 천인합일, 물아일여(物我一如)의 경지를 깨닫는다는 의미이다.

인봉(仁峰) 전승업(全承業, 1547~1596)도 『다창위(茶槍慰)』에서 "渾體天香 孤閒旣除 煩敲消亡(온몸에 천향이 혼연하니 외로운 고민은 이미 사라지고 가슴을 두드리던 고민도 없어진다)"라 하여 천향으로써 도경(道境)에 이르렀음을 실토하고 있다. 이처럼 차향을 하늘의 '천향'이라 한 것은 음다가 그만큼 고상하면서 차향이 사람들로 하여금 깊은 경지로 들어가게 하는 힘이 있다는 의미이다.

차향이 좋은 차의 지표이자 다도로 인도하는 길잡이가 될 수 있음은 추사(秋史) 김정희(金正喜, 1786~1856)가 자신의 필명을 '승설도인(勝雪道人)'이라 짓게 된 연유에서도 알 수 있다. 추사는 24세 때인 1809년 10월 28일, 아버지를 따라 연경에 가서 완원(院元, 1764~1849)을 만나 그의 서재인 태화쌍비지관(泰華雙碑之館)에서 '용단승설(龍團勝雪)'이라는 차를 대접받았다. 이 용단승설의 차향이 훗날 추사의 차벽(茶癖)을 낳는 결정적인 계기가 되었다. 추사가 훗날 이재(彝齋) 권돈인(權敦仁, 1783~1859)에게 보낸 편지의 한 대목을 보면 그 연유를 알 수 있다.

다품이 과연 승설차(勝雪茶)의 남은 향기라 하겠습니다. 일찍이 쌍비관(雙碑館)에서 이 같은 차를 보았는데, 여기 와서는 40년 동안 다시는 보지 못했습니다. 영남 사람이 지리산의 스님에게서 이를 얻었답니다. 산승 또한 개미가 금탑을 모으는 것같이 하였으므로 실로 많이 얻기는 어렵습니다. 내년 봄에 다시 청해 보겠으나, 승려들이 모두 깊이 비밀로 하며 관(官)을 두려워하여 쉬 내놓지를 않습니다. 하지만 그 사람은 스님들과 좋게 지내니, 그래도 도모해 볼 만합니다. 그 사람이 제 글씨를 아주 아끼니, 돌고 돌아 교환하는 방법도 있을 것입니다.

茶品果是勝雪之餘馥賸香. 曾於雙碑館中, 見如此者, 東來
四十年, 再未見之. 嶺南人得之於智異山僧, 山僧亦如蟻聚金
塔, 實難多得. 又要明春再乞, 僧皆深秘, 畏官不易出. 然其人
與僧好, 尙可圖之. 其人甚愛拙書, 有轉轉兌換之道耳.

추사의 동생 산천(山泉) 김명희(金命喜, 1788~1857)가 1850
년 초의로부터 차를 받고 초의에게 써 보낸 시 「謝茶」에도 다도
의 중요한 요소로서 차향의 역할을 짐작케 하는 대목이 나온
다. 다음 글에서 '향미를 따라 바라밀에 든다'는 말은 차의 향과
맛이 득도의 경지에 이르게 한다는 뜻으로, 차의 향과 맛이 다
도 수양의 기제임을 말해 준다.

늙은 사람 평소에 차를 좋아하지 않아(老夫平日不愛茶)/
하늘이 그 어리석음 미워해 학질에 걸리게 했네.(天憎其頑中
瘧邪)/ 더워서 죽는 것은 두려울 것이 없지만 목말라 죽을까
걱정이라서(不憂熱殺憂渴殺)/ 급히 풍로에 차를 달이네.(急
向風爐瀹茶芽)/ 연경에서 수입된 차는 가짜가 많은데(自燕
來者多贗品)/ 향편이니 주란이니 하며 비단에 쌌네.(香片珠
蘭匣以錦)/ 좋은 차는 아름다운 여인과 같다고 들었는데(曾
聞佳茗似佳人)/ 이것은 하녀와 같을 뿐만 아니라 추하기가
더욱 심하구나(此婢才耳醜更甚)/ 초의가 홀연히 우전차를

보내왔는데(草衣忽寄雨前茶)/ 마치 매 발톱 같은 찻잎, 죽피에 싼 귀품을 손수 풀었네.(籜包鷹爪手自開)/ 울울함과 번뇌를 씻어 주는 공효가 이보다 큰 것이 없고(消壅滌煩功莫尙)/ 차를 마신 효과가 어찌 이리 빠를 수 있는가.(如霆如割何雄哉)/ 노스님 차 가리기를 마치 부처님 고르듯이 하여(老僧選茶如選佛)/ 일창일기 엄격히 법도를 지켰네(一槍一旗嚴持律)/ 더욱이나 차 덖기, 정성 들여 원통(圓通)함을 얻었으니(尤工炒焙得圓通)/ 향미를 따라 바라밀에 든다. (從香味入波羅蜜)

차향이 다도에서 득도의 경지로 이끄는 요소임을 말해 주는 언급은 명대(明代) 장원의 『다록』을 원전으로 하는 『다신전』과 초의의 독창성이 가미된 저술인 『동다송』에서도 볼 수 있다. 초의는 『동다송』 제45행에서 '차에는 구난이 있어 (그에 따라) 4향의 현묘함이 작용하나니(又有九難四香玄妙用)'라고 노래하고, 그 뒤에 붙인 주석에서 『다록』과 『다신전』에 있는 "곡우 전 신령함을 갖춘 것이 진향(雨前神具眞香)"이라는 글귀를 소개하고 있다. 이 말은 차의 진향, 곧 참다운 차향을 설명하는 것으로서 찻잎이 곡우를 지나면 신령함이 흐트러지니 곡우 전 적절한 시기에 신령함을 품고 있는 찻잎을 따라고 일러 주는 것이다.

차향(茶香)의 다른 이름 다신(茶神)

이에 앞서『다신전』'채다' 항에서는 "찻잎 따는 철은 그 때가 중요하니 너무 이르면 향이 온전하지 못하고 늦으면 신령함이 사라진다(採茶之候 貴及其時 太早則香不全 遲則神散 以穀雨前 五日爲上 後五日次之)……"라 하여 차의 향(香)과 차의 신(神)을 동일시했다. 초의는 또『동다송』제60행의 뒤에 붙인 '다도'를 규정하는 주석의 첫머리에 '찻잎을 딸 때 묘를 다한다(采盡 其妙)'라고 했다. 이 말은 위의 '雨前神具眞香'과 상응한다. 즉 두 문구를 연계하면 "곡우전 신령함을 갖춘 찻잎을 따는 데 있어서 그 신묘함을 보전하기 위하여 따는 시기, 날씨, 시간의 선택, 찻잎을 따는 방법 등에 있어서 도의 경지의 솜씨를 발휘하라."라는 뜻으로 해석된다.

이 문구의 핵심 의미는 차향에 차의 신령함이 갖춰져 있다는 것이다. 여기에 나오는 신(神)은 초의의 책『다신전(茶神傳)』의 '다신'의 의미 및 초의가『다록』과『다신전』에 있는 말을 정리하여『동다송』맨 마지막에 '차 마시는 법(飮茶之法)'으로 소개한 것 중 첫 번째인 '독철왈신(獨啜曰神)', 즉 '혼자 마시는 것을 신이라 한다'의 '신(神)'과도 의미가 통한다. 곧 차향 속에는 우주의 신통력 있는(신묘한) 기운(神)이 들어 있어서 차를 마시면 그 기운을 싣고 있는 차향으로 인하여 우주와 합일하는 경지에 들

수 있다는 의미로 해석될 수 있는 것이다. 초의는 제60행의 주석에서 '채다~포다'의 '다도'를 설명한 뒤 그 '과정의 다도'에서 완성된 차를 마신 도교적 '득도의 경지'를 제61, 62행에서 묘사하고 있다.

차향의 중요성은 불가 다도의 다선일미(茶禪一味) 사상과 연계해서도 생각해 볼 수 있다. 불교에서는 향을 '해탈향(解脫香)'이라 하여 깨달음을 상징한다. 불교의 훈습(薰習)이라는 말은 원래 '본인도 잘 모르는 사이에 향기가 온몸에 밴다'는 뜻으로, 사람을 정화시키는 향의 특성을 일러 준다. 불국토를 '중향계(衆香界)'라고 하는 것도 향의 청정성을 빌려 해탈을 상징하는 말이다. 불교에서는 냄새(惡臭)와 향(香)을 대비시켜 각각 속세의 오염과 탈속의 해탈을 말하기도 한다. 불교에서 향에 대한 인식이 이러하기에, 불교에서 말하는 '다선일미'는 지극히 청정한 향으로서 다가와 모든 잡념과 번뇌를 없애 주고 해탈로 인도하는 차를 대하고 마시는 일이 해탈 지향의 선(禪)과 같다는 의미로 받아들여진다.

끝으로 효능 면에서 본 차의 3대 성분과 3대 요소의 관계를 제다 및 다도의 원리와 연계시켜 생각해 보자. 차의 3대 성분 중 카테킨의 효능은 항산화작용으로써 몸 안의 활성산소를 제거하여 신체의 활력과 면역력을 높여 준다고 한다. 카테킨의 항산화작용이 거론되는 데는 카테킨이 산화되기 쉽다는 전제가 있다. 즉 녹차는 살청으로 카테킨 산화가 방지되어 완제차에 카테킨 성분이 잘 보존되어 있는 차라는 의미이다. 테아닌은 아미노산 성분으로서 효능은 정신을 이완시켜 주는 것이다. 뇌파의 일상적 외부 자극파인 베타파를 명상파인 알파파로 진정시켜 준다. 또 카페인은 명상 진전에 따라 테아닌에 의해 진정이 깊어진 뇌파를 각성시켜 불교 좌선의 최적 단계인 '적적성성(寂寂醒醒)' 상태에 이르게 한다.

여기에서 차의 3대 성분(카테킨, 테아닌, 카페인)과 3대 요소(향기, 기색, 기미)의 작용(효능)이 제다 및 다도와 관련하여 주는 메시지에 귀를 기울일 필요가 있다. 카테킨의 항산화작용은 인체 안에서 활성산소를 제거하여 면역력 증진 등 건강 기능을 발휘한다. 이는 제다 공정에서 카테킨을 잘 보전해야 할 필요성을 말해 준다. 녹차의 이상적인 탕색은 산화되지 않은 카테킨의 색깔이다. 이는 제다에서 살청을 잘해야 함을 암시한다. 또 테아닌은 장시간 습기와 열기가 있는 환경에서 미생물(곰팡이) 효소에 의해 발효, 분해돼 버린다. 역시 제다에서 건조를 잘하여 열기와 습기가 없는 곳에 보관해야 할 필요를 말해 준다.

이상의 내용을 간추리자면, 제다는 다도 수행(遂行)에 최적인 차를 만드는 일이라는 것, 다도 수행에 최적의 차는 차의 자연성이 잘 보전된 녹차라는 것이다. 그리고 다도의 기제는 카테킨 성분이 항산화작용을 통해 건강한 신체 베이스를 만들고, 그 바탕 위에서 테아닌과 카페인이 합동 작용으로 정신의 이상적인 경지에 이르게 한다는 것이다. 이는 녹차가 '심신 건강 수양 음료'이고, 카테킨 산화와 테아닌 발효가 진전된 청차, 홍차, 흑차(보이차)류는 차의 정체성에서 벗어나 말초적 감각을 순간적으로 자극해 주는 데 그치는 '기호음료'에 불과하다는 말이다. 그중에서도 보이차는 카테킨 산화와 테아닌 발효 분해가 가장 심화되어 진정한 차로서의 기능이 거의 상실된 차라는 사실을 알아 두는 게 참다운 차생활에 도움이 될 것이다.

혜강 기철학과 한국 수양 다도

혜강 최한기 선생 상

다도가 수양론인 내력

이 책 초반에서 말했듯이 다도를 '차를 도반으로 하는 수양의 길'이라고 볼 때, 왜 차가 다도의 도반이 될 수 있는지, 차와 수양은 어떤 내재적 철학적 원리로서 연계되는지 등을 규명해야 하는 학문적 탐구의 기반에는 차와 차문화가 발아된 학문적 토양인 동아시아 사상의 본체론—인성론—수양론 사이의 논리적 일치가 전제되어 있어야 한다. 본체론은 이 세상 만물과 현상의 질료적 근원과 궁극이 무엇인지에 대한 학설이고, 인성론은 본체론의 연장으로서 인간의 심성을 이루는 질료와 심성의 구조에 대한 논리이고, 수양론은 그런 심성을 닦고 고양시키는 일을 설명한다. 조선시대 성리학자들은 본체론에 있어서는 주기적 입장이 강하면서 인성론이나 수양론에 있어서는 주리적 논리를 따르는 모순을 지니고 있었다. 이러한 논리적 불일치의 여파로 사단칠정론 등 논쟁과 토론의 시간을 보내야 했다.

앞에서 살펴보았듯이 다도는 동아시아 사상의 수양(수행, 양생) 언어인 '도(道)' 자를 동반하기에 수양의 범주에 해당한다. 따라서 다도의 의미나 차문화의 정체성 탐구는 수양론 차원에서 접근하지 않을 때 연목구어가 된다. 즉 차를 왜 마시며, 어떤 차를 마셔야 하는지, 또는 차문화란 무엇인가에 대해 본체론—인성론—수양론에 걸쳐 논리적 일관성이 있는 철학적 이론 체계를 바탕으로 해서 진술을 개진해야 한다.

지금까지 한국 대학(대학원) 차 관련 학과 교수들이나 각종 대형 차 행사와 차 학술대회에서 다도(다례)나 차문화 관련 담론을 이끌어 온 차 명망가들은 이런 철학적 이론 체계나 논리적 일관성 있는 논거를 갖추지 못한 채 황당한 구호적 주장을 되뇌어 왔다. 그런 까닭에 대부분 다도의 진정한 의미를 모르거나 다례와 다도를 같은 것으로 착각하는 등 차와 차문화 인식에 있어서 인지부조화를 겪어 왔고, 본래의 차(녹차)의 성분과 효능적 속성상 수양론적 다도와 목적을 공유해야 할 제다의 향방 또한 갈피를 못 잡게 하고 있다. 이것이 한국 차(제다)와 차문화(다도)의 후진적 모습이면서 한국 차와 차문화의 정체성 논란이 나오게 된 이유이다.

또 차를 '기호식품' 취급하여 다산이나 초의와 같은 선현들이 수양론적 다도와 함께 정체성을 가꾸고 지켜 온 전통 녹차 기반 전통 차문화를 밀어내고, 이 땅을 중국과 일본에서는 별로 거들떠 보지 않는 보이차 저수지로 전락하게 한 요인도 한국 차와 차문화의 정체성 상실을 초래한 최근의 차 담론들과 무관하지 않다. 차학을 전공하지 않고 제다 경험도 없는 차학 과목 교수들이나 차 명망가들이 허약한 차 지식으로 학위논문을 지도하고 국비 지원 대형 차행사의 기획자이거나 심사위원이 되다 보니, 한국의 차와 차문화는 갈수록 외래 기호음료와 뒤죽박죽되고 형식화되고 과포장 상품화되고 쇼 무대의 광대가 되어 정체성을 잃어 가고 있는 중이다.

앞에서 다도가 동아시아 사상 본체론인 기론에 입각한 수양론이고, 초의와 한재가 각각 『동다송』과 『다부』에서 "채진기묘……"와 "신동기입묘……"라는 표현으로 한국 다도가 본격적인 수양 다도임을 명확히 규정해 놓았음을 살펴보았다. 기론이 동아시아 사상 본체론이고, 본체론으로서의 기론과 인성론 및 수양론 간 논리적 일관성[1]이 한국 수양 다도의 원리를 말해 주는 철학적 이론 체계의 요체여야 한다는 맥락에서, 실학자이자 기철학자로서 한국적 기론의 최후 정리자인 혜강(惠岡) 최한기(崔漢綺, 1803~1877)의 기철학 중 수양론적 원리를 한국 수양 다도에 적용해 한국 수양 다도의 내용을 재해석해 볼까 한다.

---

1 선대의 기학자들 또는 이기이원론자들은 본체론적으로 주기적인 입장이면서도 인성론이나 수양론에서는 주리적 논리를 따르는 모순을 지니고 있었다. 율곡이나 화담 등은 기의 독립적 기능이나 실존을 인정하고는 슬며시 리의 주체적 기능을 인정하거나 귀신설을 끌어들여 기의 기능이나 의미를 축소시키곤 하였다. 이들은 성리학적 논리의 위압 속에서 이에 대항하는 것과 동시에 사회 전체의 변혁을 주도할 만한 일관된 주기론적 자기 논리를 찾아내지 못했는지도 모른다.(서욱수, 『혜강 최한기의 세계 인식』, 소강, 2005, p.63.)

혜강 최한기의 기철학

먼저 동아시아 사상 본체론으로서 기론의 전개 과정 중 혜강 기철학의 위치와 의미를 짚어 보자. 기(氣)라는 말이 쓰인 예는 『장자』에 39회, 『여씨춘추』에 85회 보인다. 이때 기(氣)의 의미는 주로 인간이나 우주의 상태를 설명하는 보통 명사로 사용되었다. 원래 기에 대한 철학적 의미는 맹자(孟子, B.C.372~B.C.289)가 『맹자』 「공송추」 장에서 '호연지기'를 말하여 기적 수양론의 단초를 열면서 서서히 부각되기 시작하여, 송·명(宋·明)대를 거치면서 우주의 본체론적 작동 원리로서 탐구 대상이 되었고, '기일원론' 시대인 청대 이후 근대 직전까지 우주 원리의 최고 근본 요소로 부각되었다. 그러나 중국에서는 신해혁명 시기가 되자 장병린(章炳麟)과 손문(孫文)이 '아톰'(Atom, 阿屯) 개념을 가지고 기를 해석하거나 물질 개념으로만 기를 인식시켰다. 중국에서 기 범주는 이렇게 개념적 발전 과정 속에서 거의 물질 또는 서양의 자연과학적 언어로 대체되어 현대 중국 철학에서 고유한 지위를 상실해 버렸다.[2]

최한기는 다산이 종합한 조선 실학을 바탕으로 새로운 '자기

2　張立文 주편, 김교빈 외 옮김, 『기의 철학』, 예문서원, 2012, p.55.

류의 기철학'을 표방한 것으로 평가된다.[3] 그는 청대 이후의 기에 대한 인식을 바탕으로 실학적·유기적(唯氣的) 입장에서 서양의 자연과학적 방법론을 취사선택하여 새로운 기철학 이론틀을 제시함으로써, 중국에서 장병린과 손문이 서양의 자연과학적 방법에 경도되어 전통적 기 개념을 소실시킨 것과 달리 한국적 기론을 튼튼히 확립시켰다고 할 수 있다.

혜강의 기철학 내용은 그의 주요 저서인 『기측체의(氣測體義)』·『기학(氣學)』·『인정(人政)』들에 담겨 있다. 『기측체의(氣測體義)』(기를 추측하고 체인하는 뜻)는 그가 34살이던 1836년에 쓴 최초의 철학서로서, 「신기통(神氣通)」과 「추측록(推測錄)」을 합본한 것이다. 「신기통」은 "우주를 신기가 꽉 채우고 있다"는 의미의 본체론적 진술을 담고 있고, 「추측록」은 인간의 마음(神氣)의 인식 능력인 '추측'을 설명하는 인식론적 내용이다. 이후 21년 뒤에 낸 『기학(氣學)』은 본체론—인식론—실천(실현)론을 종합하여 정립한 '기학'의 집대성판이다. 또 57, 58살 때인 1859년~1860년에 걸쳐서 25권 12책으로 된 『인정(人政)』을 펴냈다. 『인정(人政)』은 정치와 교육을 위한 사회 철학적 저술로서, 『기학(氣學)』에 제시된 기철학 사상을 경세(經世)에 실현하기 위한 방안이 들어 있다. 또 같은 시기에 '기의 운동 변화를 추측하고

<hr>

3   서욱수, 『혜강 최한기의 세계인식』, 소강, 2005, p.88.

증험한다'는 『운화측험(運化測驗)』을 냈다. 이 책은 기의 대본(大本)인 대기의 활동운화를 어떻게 제대로 추측, 증험하며, 그 실상은 어떤가에 대하여, 즉 『기학』이 겨냥하는 대기운화의 전체 완형을 인식(體認)하여 천인운화에 통달함으로써 천인일치의 삶을 살도록 하는 데 있어서 가장 중요한 기반인 대기운화의 체인과 관련된 책이다.

혜강의 저술들은 저자의 학문이 깊어짐에 따라 내용이 분야별로 보완적인 경향을 보인다. 이 저술들의 배경, 즉 혜강이 동시대에 중국에서는 소실된 기의 개념을 발전적으로 정비하여 유기론적 기철학을 정립하게 된 시대 환경적 상황을 살펴보자. 혜강이 기철학을 수립하던 19세기 말 조선 사회의 학풍은 성리학의 지나친 형이상학화를 현실적 무용론으로 단정하면서 그 대안으로 실학이 대두되었던 때다. 이 실학의 흐름에서 바로 앞 세대인 다산 정약용(1762~1836)이 조성 실학의 특징을 종합하였고, 혜강 최한기는 이를 바탕으로 미래를 지향하는 새로운 학문적 패러다임을 제시하고자 했다. 즉 이전의 실학자들이 이기공소론(理氣空疎論) 입장에서 이기론에 대한 언급을 기피하는 상황에서 그는 기존의 이기론적 수양론이나 경세론을 대치시키면서 논리적 보장이 필요한 새로운 이론적 패러다임을 구축하고자 했다. 그는 철저한 실학적 입장에서 학문의 대상은 경험 및 실증 가능한 것이어야 한다고 주장했다.

최한기의 사상적 업적 중에서 최고를 지목한다면 철학적인 측면에서, 본체론적 입장과 인식론 및 현실관의 논리적 일치일 것이다. 그는 당시의 실학자들이 간과하고 있었던 본체론적 입장에 대한 단호한 자기 의지를 지니고 있었다. …… 비록 모두 다 그러한 것은 아니지만 최한기 이전의 실학자들은 철학적 입장과 현실적인 경세관을 논리적으로 관통하는 이론을 가지지 못했다. 그들이 동양적인 세계관을 벗어나지 못하고 그 안에 주유했다는 평가를 받는 것은 자신들의 이념과 경세관에 대한 본체론적, 인식론적, 수양론적 이론 체계를 갖춘 철학적인 토대 없이 냉소적 구호적으로 주장하는 경향이 짙었기 때문이다.

이에 견주어 최한기는 주공과 공자가 근본으로 삼은 현실 위주의 실천적인 위민(爲民) 중심의 이념들이 우리의 현실 속에서 왜 타당한지를 나름대로 제시함으로써 동도(東道)의 현실적인 가치를 합리화하고 있다. 또 이러한 이론적 합리화의 방안으로 전통적인 관념적 연역이나 돈오적 직관에 의존하기보다는 서구적인 인식 방법론을 사용하고 있다는 측면에서 서기(西器)적이라 할 수 있다.[4]

---

4   서욱수, 『혜강 최한기의 세계 인식』, 소강, 2005, p.48—49.

도(道), 덕(德), 인(仁), 지(知), 성(性), 리(理) 등은 학문에
서 나온 무형의 명상(名象)으로 전수의 근거가 되어 왔다. 그런
데 이것으로 남을 깨우치려면 말로는 분명하게 나타내기 어려
우므로 형질이 있는 물건에 의거해 지적해 보여야 하고, 글로
서술하여 할 때에 모호할 염려가 있으므로 흔적이 있는 지난 일
을 인용해서 증명해야 한다. 그러므로 형질이 있는 것에 견주
어야 빨리 깨닫게 되는데, 형질이 크고도 완비된 것으로는 온
갖 사물의 본원인 운화의 신기가 있을 뿐이다.[5]

이런 입장에서 혜강의 기철학은 성리학의 리(理)를 가시적이
고 감각적으로 경험 검증할 수 없는 '무형의 리', 기독교의 신(
神)을 '무형의 신'이라고 규정하고, 그러한 허무한 속성에 상반
되는 세계의 유일한 물질적 정신적 질료로서 서양의 자연과학
적 방법으로도 감지 검증할 수 있는 '유형의 신(神)'인 '기(神氣)'
를 내세우는 데서 출발한다. 그는 '무형의 리'를 비판하는 입장
에서 기(氣)를 리(理)처럼 인식하는 음양오행설도 배척하였다.

그는 전통적 기철학에서 말하는 기의 취산(聚散) 개념을
받아들이면서도 더 이상 그것을 음양(陰陽)이나 오행(五行)
으로 설명하지 않는다. 그의 음양오행설 폐기는 온갖 미신과

5   『명남루전집(明南樓全集) 권1』, 「명남루수록(明南樓隨錄)」

잡학에서 그것을 지나치게 인간 중심적으로 견강부회하게 사용하기 때문인 것으로 보인다. 어쨌든 그의 시각에서 볼 때 음양오행설은 과학과 부합되지 않는다고 보았다. 그러나 음양오행설을 버림으로서 분명 잃은 것도 있다. 과학에서 그 것을 폐기한 것은 옳은 방향일 수 있지만, 문화현상에 녹아 들어 간 것까지 그럴 필요는 없는 것으로 본다.[6]

여기에서 그가 본체론과 인식론의 주체로서 강조한 '신기(神氣)'에서의 '신(神)'의 개념을 먼저 이해하고 '신기(神氣)'의 의미를 연역해 보도록 하자. 신과 신기의 개념 이해는 다신(茶神)이 주체로 등장하는 한국 수양 다도에서 다신의 의미와 공능(功能)을 이해하는 데 도움이 될 것이다.

신(神)의 연원은『주역』이다. "음양의 예측할 수 없는 것을 일러 신이라 한다"(陰陽不測之謂神.「계사상」). "신이란 만물을 묘하게 하는 것을 말한 것이니, 만물을 움직이는 것이 우레만큼 빠른 것은 없고 만물을 구부리는 것이 바람만큼 빠른 것은 없고, 만물을 말리는 것은 불보다 건조시키는 것은 없다"(神也者, 妙萬物而爲言者也, 動萬物者, 莫疾乎雷, 橈萬物者, 莫疾乎風, 燥萬物者, 莫熯乎火.「설괘전」).

---

6 최한기, 이종란 옮김,『운화측험』, 한길사, 2014, p.23—24.

신이 기를 수식하는 구조의 '신기(神氣)'라는 개념은 『장자』 「천지」 편과 『여씨춘추』에 단 일례씩 사용되고 있다.[7] 또 중국 당나라(618~907) 때 도사(道士) 성현영(成玄英)은 『남화진경주소(南華眞經注疏)』에서 기식(氣息)법의 일환으로 "도인신기(導引神氣)……"를 언급하여 신기가 도교의 수행론적 매체로 인식되기도 했다.

혜강은 신의 의미에 대해 "활동운화(活動運化)[8]의 신령스러움을 억지로 개념화하여 신(神)이라고 하니, 하늘에는 대기(大氣)의 신이 있고, 사람에게는 인기(人氣)의 신이 있고, 외물에게는 물기(物氣)의 신이 있다. 活動運化之靈, 强名曰神, 天有大氣之神 人有人氣之神 物有物氣之神."(최한기의 『기학』 권2—92)라고 말하고 있다. 신이란 기의 묘용(妙用)에 대해서 억지로 붙여진 이름[9]이라는 것이다. 앞 인용문 뒤에 연이어 나오는 설명을 보면, 신이란 '신통(神通)하다', '신기(神奇)하다'는 용례처럼 불가론적(不可論的) 대상을 통칭하는 초경험적 실재가 아니라, 춘하추동·생로병사와 같은 자연의 필연적 패러다임에서 보이

7　黑田原次/全敬進譯, 『氣의 硏究』, 원광대출판국, 1987, p.48, p.56.

8　'생기(活)가 항상 움직이고(動) 두루 운행하여(運) 크게 변화(化)'하는 '기의 운동성'을 말함.

9　『다부』에 나오는 '신동기입묘'의 '입묘'를 신통(자연합일)의 경지에 들다라고 해석해야 하는 이유이다.

는 실증 가능한 기(氣)의 정연한 운동 원리, 기의 공용(功用), 기의 소이연(所以然)적 질서라는 것이다. 신에 대한 혜강의 이러한 정의는 한국 수양 다도의 구조 요소인 『다부』의 "신동기입묘 시역오심지차……" 및 『동다송』의 "채진기묘 조진기정……"에 대한 기론적 해석의 의미에 정합성을 부여한다.

혜강 기철학의 요지를 정리하자면, 인간을 포함한 우주 만물은 보편적인 동질의 기(氣 또는 神氣)로 이루어져 있어서 상호 기적(氣的) 동질체(同質體)라는 근거 위에서 기로써 소통하는 기통적(氣通的) 관계에 있다. 이런 우주적 구조 속에서 인간·사회·국가가 이 보편적 질료로서의 우주적 기의 구조적 속성과 활동성(활동운화)에 승순(承順)하는 것[10]이 이상적인 삶(천인 일치의 자연적인 삶)과 대통일 사회를 이루는 길(천인운화)이라는 것이다. 혜강은 이때 우주적 기의 질서에 승순해 가는 과정(推測 體認)을 '수양(수행, 양생)', 승순을 완성한 상태(得通)를 '깨달음'이라고 했다.

혜강의 기론은 본체론과 인식론에 있어서 단일 논리 구조인데, 본체론과 인식론에서 각각 인성론과 수양론(또는 修身觀)이 연역된다는 점에서, 혜강 기철학의 논리 구조는 후학들이 다도나 수양론 관련 논문을 쓰는 데 있어서 논거 및 바탕 이론

10　혜강은 이를 '깨달음'이라고 한다.

설계의 기본 필수 기제로 삼을 만하다. 혜강은 서양의 자연과학적 방법론을 채택하여 동도(東道)적 양태의 기를 감각 경험 검증 대상의 정신적 물질적 질료로 파악하는 서기(西器)적 인식 방법론을 취했다. 이런 사실은 다도의 발원지이면서 근래에 다도의 진정한 의미를 상실한 중국 차문화 실정을 되돌아보게 한다. 또 일찍이 서구 과학 방법론을 받아들였으면서도 기론을 시대에 맞게 변용시켜 적용하지 못한 '일본 다도'가 학술적 배경을 갖추지 못한 점에 비추어, 혜강 기철학의 논리적 구조는 한국 차문화 및 심신 수양 방법으로서 한국 다도의 정체성을 설명하는 데 유리한 이론적 토대를 제공한다.

혜강 기철학의 내용과 학문적 틀을 좀 더 상세히 살펴보기에 앞서, 혜강의 기철학에서 사용되는 핵심 용어들의 의미를 파악해 둘 필요가 있겠다. 우선 사대운화(四大運化)와 사등운화(四等運化)에 대한 이해가 중요하다. 운화란 기의 활동성(운동변화)을 말한다.

- 4대운화: 혜강 기철학의 학문적 틀을 '인식과 실현'의 두 범주로 나누어 설명하는 기의 구조 및 양태들. 방금운화, 활동운화, 천인운화는 인식에 의한 깨달음의 구조, 통민운화는 이 깨달음을 정치와 교육에 의해서 사회적으로 확산시키는 사회적 실현의 구조이다.

- 방금운화(方今運化): '지금 여기'의 현재의 기(現在之氣)가 드러내는 운화. 현재의 기, 즉 현재는 시간적으로 과거 및 미래뿐 아니라 공간적으로 여기, 저기, 거기와도 연결돼 있다. 이러한 연결망에 의해서 운화의 기가 구성된다. 따라서 대기운화의 일부이자 현재의 기의 활동인 방금운화야말로 감각기관에 의해서 운화의 기를 감수(感受), 감각(感覺)할 수 있는 유일한 통로이다. 결국 방금운화의 인식에 의하여 대기운화에 통할 수 있고, 천인운화에 도달할 수 있다[감각기관에 의한 방금운화 인식→대기운화 인식→(인간 내면에 품부된 활동운화의 본성 발현)→천인운화 도달]. 현재적인 물리(物理)와 인정(人政), 인간의 피부에 와 닿는 공기의 흐름, 오감으로 느낄 수 있는 사계절의 변화 등이 방금운화에 속한다.

- 활동운화(活動運化): 기의 본성인 생명성·운동성·순환성·변화성을 말한다. '생기(活)가 항상 움직이며(動) 두루 주행하여(運) 크게 변화한다(化)'는 뜻이다.

- 통민운화(統民運化): 천인운화의 통달을 토대로 대동일통의 사회를 실현하는 것.

- 천인운화(天人運化): 천인(天人)이 일치된 운화. 개인의 일신운화 또는 사회적 개념인 통민운화가 천기의 운화인 대기운화에 승순(承順)하여 자연의 질서와 인간(사회)의 질서가

일치된 天人일치의 삶을 사는 것. 나의 자아가 우주로 확장
(우주적 자아)되어 우주와 내가 하나의 유기체가 되어서 살
아가는 것. 천기의 운화를 승순(承順)하는 인기의 운화(일
신운화, 교접운화, 통민운화). 통민운화가 천기의 운화인
대기운화에 승순하는 것.

4대운화에 의해서 기학은 '인식과 실현의 구조'로서 파악된
다. 방금운화, 활동운화, 천인운화가 인식에 의한 깨달음의 구
조라면, 통민운화는 이 깨달음을 정치와 교육에 의해서 사회적
으로 확산시키는 사회적 실현의 구조이다. 이 중 사회적 실현
의 구조를 기학은 다시 4등운화로 설명한다.

- **사등운화**: 천인운화를 적용하는 사회적 실현의 구조
- **일신운화(一身運化)**: 수신의 요체. 깨달음으로 얻은 천인운
  화를 개인의 삶에 적용하는 것.
- **교접운화(交接運化)**: 제가의 요체. 천인운화를 가족에게 적
  용하여 온 가족이 천인운화의 삶을 살도록 하는 것.
- **통민운화(統民運化)**: 치국의 요체. 천인운화를 국가에 적용
  하는 것.
- **대기운화(大氣運化)**: 평천하의 요체. 천인운화를 국가의 범
  위를 넘어 천하에 적용하는 것. 대기운화는 자역과학적인

탐구 방법에 의해서 객관적으로 탐구될 수 있으며, 여기에서 인간과 사회의 작동 원리가 나온다.

그 밖의 용어들은 다음과 같다.

- **추측(推測)**: 운화를 파악(인식)하는 방법
- **득통(득통)**: 추측이 가져오는 깨달음의 세계
- **깨달음**: 혜강 기철학의 목표는 방금운화의 지속적인 인식으로 대기운화를 체인하고, 그리하여 천인운화에 통달하는 것이다. 여기에서 대기를 체인하는 단계, 인간의 내면에 품부된 활동운화의 본성이 완전히 발현되는 단계, 천인운화에 통달하는 단계는 다 같이 '깨달음'이라고 한다.

기학의 논리는 또 세계의 범위를 운화기라는 생기(生氣)의 활동운화하는 영역으로서 일신운화(개인 영역)·통민운화(사회·국가 영역)·대기운화(자연 영역)로 구분하고, 인도의 중심은 통민운화에 두고 있으나 인간의 실천 행위는 대기운화에 통민운화가 따라야 한다는 것이다.[11]

---

11 인간의 삶을 깊이 연구해서 오직 마땅히 승순해야 할 도리에 어긋나거나 뛰어넘어서는 안된다. 일신운화에서부터 교접운화와 통민운화에 이르기까지 모

혜강의 기철학은 분야별 범주로서 대체로 본체론과 인식론 및 실현(실천)론으로 나누어 설명된다. 앞에서 말했듯이 인성론은 본체론의 범주이고 수양론은 인식론의 범주에 속한다. 본체론은 "신기(神氣)가 우주 만물을 꽉 채우고 있다(神氣通)"는 것과 "신기는 활동운화(活動運化)하는 본성을 갖는다"는 것을 내용으로 하고 있다.

도(道), 덕(德), 인(仁), 지(知), 성(性), 리(理) 등은 학문에서 나온 무형의 명상(名象)으로 전수의 근거가 되어 왔다. 그런데 이것으로 남을 깨우치려면 말로는 분명하게 나타내기 어려우므로 형질이 있는 물건에 의거해 지적해 보여야 하고, 글로 서술하려 할 때에 모호할 염려가 있으므로 흔적이 있는 지난 일을 인용해서 증명해야 한다. 그러므로 형질이 있는 것에 견주어야 빨리 깨닫게 되는데, 형질이 크고도 완비된 것으로는 온갖 사물의 본원인 운화의 신기(神氣)가 있을 뿐이다.[12]

두 대기운화를 본받는다면 진퇴 · 지속 · 위합(違合) · 순역(順逆)에 저절로 운용과 변화를 조절하는 적절함이 있어 형세를 따라 잘 인도한다면 수많은 이론(異論)들이 모두 소멸되어 일통운화(一統運化)로 자연과 인간이 일치될 것이니, 이를 일러 인정(人政)이라고 한다. (『인정(人政)』, 「人政凡例」)

12 崔漢綺, 『明南樓全集』 권1, 「明南樓隨錄」, 驪江出版社, 1986, p.293. 道德仁知性理 出於學問之名象 因成傳受之依據 欲效踰于人語 或難明必因物類之

인식론은 "'인간의 마음'으로서 신기가 지닌 추측 능력으로써 제규제축(諸竅諸觸: 감각기관)을 통해 운화를 경험 검증하여 진지(眞知)인 득통(得通)에 이른다"는 것이다. 또 실천론에 있어서는, 동아시아 사상의 수양론적 지향이 내면적 수양으로 체득된 도덕성의 사회적 실천이라고 볼 때 혜강 기철학의 실천론은 '천인운화에 바탕한 통민운화의 구현'이라고 할 수 있다.

혜강 기철학의 본체론과 인식론의 의미 맥락을 간추리자면, 인간의 인식의 주체인 신기(마음)가, 내재적으로 품부받은 인식의 능력인 추측으로써, 인식 대상인 우주의 신기(대기의 활동운화)를 견문추측(경험 · 검증)하여 얻은 이치를 축적하고 활용하여, 나의 내면에 품부된 활동운화의 본성을 見得(보아 얻음)하여 '우주적 자아'로서 나를 깨닫게 되는 천인운화에 통달하게 된다는 것이다. 정리하면 대기의 체인→활동운화의 본성 견득→천인운화에 통달함이 될 것이다. 좀 더 구체적인 방법론으로 들어가 보자면 다음과 같다.

인간이 품부받은 활동운화음 마음(신기)의 추측 능력에 의거하여, 현쟁의 기(氣)가 '지금, 여기'에서 펼치고 있는 방금

有形質而指示 欲撰述于文恐涉模糊 順引往事之有痕迹而顯證 當因形質譬喻
......

운화, 구체적으로는 운화의 기에 속하는 우양(雨暘)·풍운(風雲)·한서(寒暑)·조습(燥濕)의 내재적 조리인 운화의 리(運化之理)와 형질의 기인 인물운화가 지니는 내재적 조리인 인정(人情)과 물리(物理)를 견문(見聞)추측하게 되면 거기서 얻은 이치가 마음에 저장되게 된다. 이 견문추측을 계속하면 마음의 신기가 천즉우주(天卽宇宙)로서의 생명천(生命天)의 한 부분인 방금운화를 인식하여 천인운화에 도달하게 되고, 사람의 성은 천의 성에 어긋나지 않고 부합, 승순하게 된다. 방금운화를 지속적으로 추측하고 인식해 나가면 드디어 천의 성인 대기활동운화를 체인하게 된다. 이것이 곧 깨달음이고 천인운화에 통달함이다.[13]

마음(신기)의 추측 능력으로 깨달음에 도달할 수 있다는 것은 혜강 기철학의 독창성 가운데 가장 두드러진 특징이다. '기질의 가려짐' 때문에 깨달음에 제대로 도달하지 못할 수 있다. 이때는 견문추측에 문제가 있으므로 견문추측의 주체인 신기(마음)의 활동운화를 우등하게 개선해야 한다. 활동운화를 우등하게 하는 방법은 아래와 같다.

13　혜강 최한기, 손병욱 역주, 『19세기 한 조선인의 우주론 기학』, 통나무, 2016, p.391—392.

먼저, 추측의 능력에 의거하여 방금운화를 추측하고 증험하는 노력을 지속한다. 그렇게 하면 천인운화에 도달하면서 한편으로 제대로 된 추측의 이치가 사람의 신기에 축적된다. 이처럼 방금운화를 인식하는 노력을 오랫동안 해 나가면서 추측의 이치를 신기에 쌓아 나가다 보면 견문추측이 우등해지고, 따라서 활동운화의 마음이 지닌 활동운화가 두루 깊고 우등해지게 된다. 이런 상태에서 방금운화를 보면 바로 기학의 유일한 본체, 대체, 전체인 대기운화를 체인하게 되고 나아가 천인운화에 통달하는 깨달음을 얻게 된다. 대기운화를 체인하면 기질의 가려짐이 완전히 제거되면서 사람의 신기에 품부된 활동운화의 본성이 확연히 드러난다.[14]

동아시아 사상 심신일원론의 견지에서 혜강 기철학은 인간의 정신적 에너지뿐만 아니라 육체의 힘도 기를 것을 주문한다. 천과 인간이 하나가 되게 하는 기를 배양하는 데 있어서 육체의 기력(氣力) 배양이 정신의 기화(氣化) 배양 못지 않게 중요하다는 것이다. 의식(衣食)에 의해 기력을 배양하여 육체를 구성하는 혈기(血氣)를 보충하고, 기화를 배양하여 활동운화의 견문추측이 깊고 우등해지면, 천과 인간을 친밀하게 하여 천인운화

14 위 책 404쪽.

에 도달하는 횟수가 차츰 늘어나게 난다.

人身所養之氣在氣力 則專補精血 在氣化 則慣熟天人. 氣力氣化 互相資益. 氣力之補養 常爲氣化慣熟之助. 氣化之慣熟 亦爲氣力補養之益. 然氣力有偏勝 則反爲養氣化之害 氣化未周通 則有欠養氣力之方.

苟使二養得宜 合成天人之養氣 是謂善養. 養得此氣 天人一體 運化周通. 若不識兼養而徒務補養 氣力常勝 言辭之間 肆發其氣 動靜之際 呈露其氣. (최한기,『氣學』2―41)

사람의 몸에서 배양하는 기가 기력일 경우는 이것이 오로지 정혈을 보충하지만, 기화의 경우는 천과 인간을 친밀하게 해 준다. 기력과 기화는 서로 도움이 되는 것이다. 기력을 보충하고 배양하는 것은 항상 기화를 충실하게 익히는 데 도움이 된다. 기화를 충실하게 익히면 역시 기력을 보충하고 배양하는 데 유익하다. 그러나 기력만 치우쳐 배양하면 오히려 기화를 기르는 데 해가 되고, 기화가 두루 통하지 않으면 기력을 기르는 방법에도 부족함이 있게 된다.

참으로 이 두 가지(기력과 기화)를 배양함에 있어 마땅한 바를 얻어서 천과 인간을 합하여 하나가 되게 하는 기를 배양하여 얻는다면, 천과 인간이 하나의 유기체(一體)가 되고, 운화가 두루 통하게 될 것이다. 그러나 두 가지를 배양할 줄 모르고, 한갓 기력을 보충하고 배양하는 데만 힘써서 기력이 항상 이기게 되면, 말하는 사이에 그러한 기가 드러나고 움직일 때나 고요할 때도 그러한 기가 드러난다.

혜강의 기철학은 무엇보다 종래의 동아시아 사상의 개념적 모호성을 걷어 내 주었다는 점에서, 동아시아 사상인 유·불·도가 사상의 개념과 논리를 바탕으로 차문화 관련 논문을 쓰는 이들에게 좋은 지침이 될 수 있다. 즉 다도가 차 및 도와 관련하여 어떤 소이연(所以然)으로써 수양론적 내용이어야 하는지, 다도 관련 논문의 수양론적 진술에서 논리적 애매모호함을 벗겨서 다도가 지닌 수양론적 속성을 구체적이고 감각적으로 증험 가능한 내용으로 밝힐 수 있는 기준을 제시한다. 이는 곧 지금까지의 다도나 차문화 관련 논문에서, 이를테면 "다례의 형식적 절차의 수행(遂行)이 인·의·예·지를 길러 준다"라든지, 『다부』에 나오는 '7수(修)……'가 유교적 수양론"이라는 등 철학적 논거 제시 없는 구호성 주장들의 허구성을 벗어나는 논리적 패러다임 전환이 필요하다는 말이다.

혜강에 따르면 인의예지와 같은 비가시적 가치 개념은 자연 상태의 기 개념 안에는 존재하지 않는다. 그런데 이것들을 효과적으로 설명하려면 가시적인 기에 의거해야 한다. 비가시적인 리(理)는 신기가 자연 현상, 인정(仁政), 물리(物理) 등 물(

物)과 현상들의 기적(氣的) 활동 및 그것들의 관계성 등 방금운화를 추측하여 추론해 낸 지식(知識)에 해당한다. 즉 인의예지와 같은 리(理)는 인간의 마음인 신기에 내재된 도덕적 기능이 아니라 외재적 인식의 대상이라고 할 수 있다. 이 논리에 따르면 다례에서 행다의 행위를 통해 인의예지를 배양하는 수양을 할 수 있다는 유가 수양론적 주장은 이론적으로 성립되기 어렵다. 다만 다례의 행다 행위는 행다 과정을 통해 행다인이 기존의 인의예지라는 지식을 점검 확인하고 체인하는 데 도움이 되도록, 기를 순정(純正)하게 조절하는 전의(前儀)로서의 가치를 부여할 수 있지 않을까 생각된다.

혜강 기철학과 한국 수양 다도

필자는 박사학위 논문 〈한국 수양다도의 모색〉 및 『차와 수양』 등 여러 저술과 글에서 한재 이목의 『다부』의 결론부 '神動氣入妙 是亦吾心之茶……'와 초의의 『동다송』의 결론부인 제60행 주석의 '評曰 采盡其妙 造盡其精 水得其眞 泡得其中 體與神相和 建與靈相倂 至此而茶道盡矣'를 한국 수양 다도의 진의(眞義)와 정체성을 명확히 밝혀 준 대목이라고 규정한 바 있다. 『다부』는 현재까지 발견된 한국 최초의 다서이자 '다도 전문서'

로 평가받고 있다. 또 『동다송』은 정조 사위 해거도인 홍현주가 진도 부사 변지화를 통해 초의에게 '다도(茶道)'에 관해 물을 데 대한 답변서이니 역시 다도 전문서라고 하겠다.

위 두 대목은 모두 기론을 이론적 바탕으로 하고 있다. '神動 氣入妙 是亦吾心之茶……'는 '내 안에 이입된 다신이(神) (심신의) 기를 고도화시켜(動氣) 그 신이 우주 자연의 신과 공명·합일하는 묘경에 들게 하니(入妙), 이것이 바로 '빈 마음(吾心)의 차'이니……'라고 해석되고, '評曰 采盡其妙 造盡其精 水得其眞 泡得其中 體與神相和 建與靈相倂 至此而茶道盡矣'는 "찻잎을 따고 차를 만들고 좋은 물을 골라 차탕을 우려내는 과정에서 다신을 보전하여 차탕에 구현시키기에 정성을 다하라(誠之)"는 의미로 해석된다. 여기까지는 혜강 이전 종래의 기론에 의한 해석이었다. 이제 이전의 전통적 기론에서 한층 더 나아간 혜강의 유기론(唯氣論)적 기철학 이론에 따라 위 두 대목의 진전된 해석과 함께 이에 따른 한국 수양 다도의 새로운 면모를 살펴보고자 한다.

다도를 수양론으로 보고 이에 혜강 기철학을 이론적으로 적용하자면, 이 기철학에서의 깨달음의 방법과 목적에 따라 두 방면으로 생각해 볼 수 있다. 하나는 개인적 내재적 수양이고 다른 하나는 그런 수양의 외적 사회적 실천이다. 혜강 기철학에 있어서 수양의 과정은 인식론의 인식의 과정에 들어 있다.

인식의 끝이 깨달음인 까닭이다.

무엇보다도 한국 다도 수양론과 혜강 기철학의 인식론적 논리적 접점은 '방금운화의 체인을 통해 대기운화를 체인·승순하는' 과정에서의 '다신'의 역할에서 찾을 수 있을 것이다. 다신은 차에 품부된 신기인데 이것이 음다를 통해 사람의 심신에 이입돼 들어와서 사람의 심신의 신기를 북돋우고 합력(合力)하여 강화된 기력과 기화로써 천인운화라는 득도(득통), 곧 깨달음의 경지에 이르게 한다. 이때 다신은 차탕의 기색(氣色)·향기(香氣)·기미(氣味)로서도 나타나고, 차의 성분으로서는 카테킨·테아닌·카페인으로 분석돼 드러난다. 여기서 카테킨은 항산화작용으로써 육체의 기력을 증진시키고, 테아닌과 카페인은 이완·각성 작용을 통해 정신의 기화를 촉진시킨다. 여기에서 다도가 다신의 역할에 의해 혜강 기철학에서 말하는 천인운화 통달(깨달음)을 지극히 원활하게 하는 과학적이고 효율적인 매체적 방법론임을 알 수 있다.

한국 수양 다도는 차를 마시는 일에만 국한되어 있지 않다. 『동다송』에 나오는 초의 다도('채진기묘~포득기중')의 과정 및 한재가 『다부』에서 묘사한 '신동기입묘 시역오심지차'의 '음다의 경지'를 포괄한다. 방금 위에서 말한 천인운화 통달 상황은 한재가 말한 '음다의 경지'에 해당한다. 이에 비해 초의 다도는 방금운화를 체인·승순하여 대기운화에 승순하는 과정이다. 찻잎을 따서 차를 만들어 차탕을 우려내기까지는 다신을 보전시켜서(채다~제다), 그것을 차탕에 발현시키는(수득기진~포득기중) 과정이다. 이것은 음다의 목적 실현(천인운화 통달)을 위한 준비 과정이다. 이 과정에서 대기운화의 한 부분으로서 방금운화에 해당하는 다신을 인지하고, 그것을 보전하기 위해 정성을 다하는 일은 다신이라는 방금운화의 활동운화를 숙지하고 승순하려는 수양의 과정이라고 할 수 있다. 이런 과정을 통해 천인운화(천인일치, 자연합일적 삶의 영위)에 통달하게 되는 한국 수양 다도는 개인적 내적 수양에 머무르는 것이다. 혜강 기철학은 여기에서 얻은 깨달음(일신운화로서 천인운화의 경지)을 교접운화 및 통민운화에의 승순을 통해 사회적으로 실천할 것을 권고하고 있다.

끝으로 강조하기 위해 재론하자면, 이른 바 요즘의 '다례'에서 보이는 행다(行茶)의 외형적 행위들이 인간의 도덕적 가치 개념인 인의예지를 내재화시킬 수 있는지에 대해 다시 생각해 보자. 성리학 '심통성정'의 관점에서 수양은 이미 심(心)에 내재화돼 있는 선성(性)으로서 미발(未發)의 인의예지를 기의 가림을 걷어 내고 정(情)으로 순발(純發)시키는 일이라고 할 수 있다. 그러나 인간의 마음 전부를 기로 보는 혜강은 인의예지와 같은 가치 개념은 인간의 지성에 의하여 관념적으로 파악된 리(理)일 뿐, 자연적인 기인 인간의 마음에 이런 인간적 가치가 있을

리 없다고 주장한다. 즉 이것은 어디까지나 인간 자신의 신기(神氣)가 운화하는 삶에서 추리한 관념이지 자연적 존재의 근거가 될 수 없다는 말이다. 그러니 자연적인 기에 인간 윤리의 기초로서 형이상학적 관념이 끼어들 틈이 없다.[15] 아래 글을 다시 보자.

> 도(道), 덕(德), 인(仁), 지(知), 성(性), 리(理) 등은 학문에서 나온 무형의 명상(名象)으로 전수의 근거가 되어 왔다. 그런데 이것으로 남을 깨우치려면 말로는 분명하게 나타내기 어려우므로 형질이 있는 물건에 의거해 지적해 보여야 하고, 글로 서술하여 할 때에 모호할 염려가 있으므로 흔적이 있는 지난 일을 인용해서 증명해야 한다. 그러므로 형질이 있는 것에 견주어야 빨리 깨닫게 되는데, 형질이 크고도 완비된 것으로는 온갖 사물의 본원인 운화의 신기가 있을 뿐이다.[16]

위 내용을 종합하면, 혜강 기철학의 관점에서 볼 때 다례의 행다에서 보이는 외적 형식과 행위는 성리학적 수양론의 수양 원리와 무관하여 마음(心) 안에 품부되어 내재화된 가치인 성

---

15 최한기 지음, 이종란 옮김, 『기학』, 2014. 한길사, 27쪽.

16 『명남루전집(明南樓全集)』 권1. 「명남루수록(明南樓隨錄)」

(性)으로서 인의예지를 배양하는 데는 무용하다. 그러나 무형의 이름인 인의예지를 형질이 있는 기(氣)의 작동을 통해 인정과 물리가 알려 주는 여러 인과관계성을 추론, 개념화하여 인식할 수는 있다. 따라서 다례의 제 형식과 행위는 그 행위에 들어 있는 기의 작동에 의거하여 인의예지를 인식화하는 과정이라고 할 수 있다. 이때 중요한 것은 다례 행위 과정에서 작동되는 기(神氣)의 질과 수준이다. 그렇기에 다례에서는 청신한 다신(茶神)이 잘 보전되어 있는 순정(純正)한 녹차를 써야 하는 것이고, 그런 차를 음다하는 양식이기에 다례(茶禮)라고 할 수 있는 것이다.

재론하자면, 신기의 작동에 의해 대상적 인의예지를 인식하는 것과 신기 속에 인의예지를 품부시켜 내재화시키는 일은 인간의 의지 대 자연 스스로의 작동이라는 점에서 구별되어야 하지 않을까? 혜강 기철학 논리에 따르면 인간의 의지로 인의예지를 신기에 품부시켜 내재화하는 일은 불가능하다. 순자가 말한 예(禮)라는 외적 강제에 의한 도덕 가치의 내재화가 불가능하다는 얘기이고, 다례 등 형식적 절차 수행에 따라 근본적으로 인격 수양이 되기는 어렵다는 말이다.

15

'차명상' 트렌드의 이론 틀 부재

최근 명상 트렌드를 타고 차와 관련한 명상류 상품이 범람하고 있다. '차명상', MTM(Mindful Tea Meditation), 차훈명상(茶薰暝想) 등이 그것이다. 최근엔 '차훈명상'을 표절했다는 논란을 일으키며 '차오름 명상'이라는 것도 등장했다. 이런 추세를 반영해서인지 동국대 불교대학원 차문화콘텐츠학과는 차명상 특강, 차와 선 특강, 차명상 콘텐츠 특강, 차명상 상담과 심리치료 특강, 차명상 프로그램 연구 등 차명상 관련 과목들을 대폭 도입하여 내세우고 있다. 또 각종 다례를 비롯한 현행 한국 차문화 또는 행다 양태들도 명상의 옷을 입혀서 차의 공능(功能)에 의존하여 수양 또는 치유의 효과를 기대하는 경향을 보이고 있다. 이들은 대부분 상업성을 띠고 있어서 다도 수행의 진정 성과는 거리가 있어 보인다. 이론적 틀 없이 과장과 작위가 심하다는 것이다. 이들이 내세우는 홍보적 주장은 구호적 단언에 가깝고 정합성 있는 철학적 이론 체계는 보이지 않는다. 그러나 이들은 상당한 조직적 세를 갖추고 도그마적 주장을 내세우며 대중적 차문화의 한 조류로 확산돼 가고 있다.

모든 학설이나 이념적 주장 또는 경세론(經世論)은 그 논거로서 일정한 철학적 이론 체계를 갖추어야 설득력을 얻고 반론에도 답할 수 있다. 요즘 상업적으로 유행하고 있는 각종 양태의 명상류 상품들은 주로 불교의 사념처 명상이나 유가의 정좌 명상 또는 도가의 좌망(坐忘) 이론과 형식이 미국으로 건너가서 본질적인 동양적 명상 기반은 탈색되고 그 자리에 서양의 뇌과학 이론 및 심리치료 원리가 가미되어 역수입된 것들이다. 따라서 거기엔 동아시아 수양론 체계가 갖추었던 본체론—인성론—수양론 간의 논리적 일치성이 실종되고 공학적 방법론이 콘텐츠를 채우고 있다. 특히 서구적 사상과 시각이 반영된 것이어서 동아시아 사상 본체론인 기론적 색채를 아예 찾아보기 어렵다.

차는 원래 다도라는 특유의 뛰어난 명상 양식을 차문화의 핵심으로 안고 있다. 요즘 새로이 유행하는 차명상류들이 어떤 특성을 지니고 기존의 다도 수양 또는 '한국 수양 다도'와 어떻게 다른지, 현대인의 차생활이나 명상 수행에 얼마나 도움이 될지, 각각의 내용을 살펴보는 것으로 가늠해 보자.

‘차명상’은 『차명상학 입문서』(지운 · 선업 공저)에서 대략을 알 수 있다. 이 책에서 “차명상은 차를 매개로 하는 명상으로서 다선(茶禪)의 다른 이름”이라고 했다. “다선은 차가 보조적인 역할을 하므로 다법을 중요시하지 않는다. 차명상에서 차는 명상을 위한 도구일 뿐이므로 그 종류는 중요하지 않다.”(『차명상학 입문서』, p.15).

위 책에서 차명상은 차를 기호음료로 간주하고, 좋아하는 기호음료를 마시는 동안 명상을 하는 것이라고 정의한다. 즉 차의 ‘심신 건강 · 수양 음료’로서의 본질을 고려한 측면은 없다. 따라서 꼭 차가 아니더라도 아무 기호음료나 마시면서 하는 명상이면 된다고 생각하는 것 같다. 다법(차를 만들고 우리고 마시는 과정상의 방법)을 중요시하지 않는다는 점에서 한국 수양 다도와 다르고, 차의 본질적 기능을 무시한다는 점에서 일정한 이론 체계를 갖춘 문화 콘텐츠라고 하기 어렵다.

MTM에 관해서는 『마음챙김 차명상 MTM』(김배호 지음)이라는 책에서 그 내용을 살펴볼 수 있다. MTM은 ‘마음챙김 차명상’이라는 이름으로 기존의 차명상과 차별화하고 있다. MTM에 관한 설명을 이 책에서 간추리면 아래와 같다.

MTM이 일반 차명상류와 다른 점은 마인드풀(Mindful)에 있다. 기존의 차명상이 몸과 마음의 이완을 통해 심신의 안정과 예절, 건강 증진에 중점을 둔다면, MTM은 매 순간 마음챙김

(주시)을 통해 알아차림하는 과정에 중점을 둔다. 이때 주시의 대상은 차를 준비하고 우려 마실 때의 차의 모양, 색깔, 냄새, 소리, 맛, 감촉 등 다양한 특성이다. 차를 우리고 마시는 과정에서 차의 이런 다양한 특성을 눈, 귀, 코, 혀, 몸, 생각이라는 여섯 가지 감각으로 느낌으로써 정신을 이완하고 집중하여 현상을 '지금 있는 그대로 보는' 효과를 얻는다. 더 연장하여 설명하자면 차의 명상적 기능을 이용하여 잡념을 지우고 고뇌 없는 나의 참모습을 찾는 것으로써 일상의 행복을 삼자는 것이다.

MTM은 차를 마시는 행위에 초점을 맞추는 것이 아니라 차를 마시며 느끼는 감각과 마음을 알아차리는 데에 초점을 둔다. MTM은 지금 여기에 머무르면서 내 마음을 쉬게 하는 치유의 효과를 목적으로 한다. 영적 깨달음을 추구하는 정통 명상과 달리 MTM은 일상생활의 행복을 추구하는 새로운 개념의 명상이다. MTM의 가장 큰 선물은 일상생활에서 행복해지는 법을 찾아가는 것이라고 한다.

MTM에서는 녹차가 아니더라도 허브차, 꽃차, 전통차, 커피 등 내가 원하는 어떤 차라도 마시면서 이완과 집중이라는 선물을 얻을 수 있다. 즉 MTM에서도 차를 성분과 효능이라는 본질적 측면에서가 아니라 단지 하나의 소품으로 이용하는 것이라 할 수 있다. MTM은 자연합일을 지향하는 본격적인 의미의 명상이 아닌, 단지 일상에서 일시적 마음 치유(힐링) 효과를 얻고자 하는 서양(미국)의 마인드풀 명상기법에 '차'라는 이름을 덧붙여 놓은 것에 불과하다고 할 수 있다.

차훈명상은 『차훈명상』의 저자 이경희 씨가 경남 함양군 마천면 지리산 백령치 길목에 한옥 본부를 두고 '차훈명상 지도자' 과정 교육을 통해 '지역 운영자'를 양성해 냄으로써 상품화되어 확산되고 있다. 최근에 이경희 총원본부장이 페북에 올린 글을 보면 함양 총원본부에서 차훈명상을 배워 나간 한 비구니가 '차오름 명상'이라는 이름으로 세력을 넓혀 가고자 했음을 알 수 있다. 그만큼 차명상 상품화가 가열되어 가고 있음을 말해 주는 사례라고 하겠다.

『차훈명상』 내용을 간추리자면, 차훈 명상법은 중국에서 정암이라는 이가 다선일여의 다도 정신과 도인호흡의 양생수련법을 배합하여 심신을 양생하는 건강 기법으로 창안한 것이다. 차훈명상은 기초 단계인 동정(動靜)을 융화시키며 음양(陰陽)을 조화롭게 하는 차훈득기, 도인호흡, 선녀보기, 정좌명상, 환귀원처의 다섯 가지 수련을 통해서 건강한 몸과 맑은 정신 유지를 목표로 한다.

차훈명상에 반영된 도인호흡 또는 중국 '기공(氣孔)' 기법은 우주 자연의 청신한 활력 에너지인 천기(天氣)를 흡입하여 몸 안의 활력소로 활용하고자 하는 것으로서, 도교의 포교 수단으로 상품화된 테크닉이다. 또 차훈명상에서 차를 이용하는 것은 위에 말한 기법상 다선일여의 다도 정신을 반영한 것이라 생각된다. 차훈명상은 얼굴을 담을 수 있는 큰 대야에 더운 물을 부어 차를 우리고, 그 위에 코를 댄 채 큰 두건을 둘러쓰고 차탕의 김을 쐬면서 심신의 건강을 북돋운다는 방법이다. 상품화에는 교육과 실기 과정에서 일정한 홍보성 메시지와 차별적인 형식을 필요로 하는데, 차훈명상에는 그런 양식이 갖춰져 있다.

최근 차훈명상 쪽과 상표권 논쟁을 일으키고 있는 '차오름 명상'에서는 손에 쥘 만한 크기의 물컵에 차를 따라 놓고 옮겨 가면서 눈, 귀, 코에 번갈아 대는 모습을 볼 수 있다. 차의 김을 오감으로 쐬고 들이마시면 오장육부가 좋아지고, 특히 눈, 귀, 코…… 등 아픈 부위에 차김을 쐬면 좋아진다고 주장한다. 그 원리에 대해서는 역시 명확한 설명이 없다. 그냥 시키는 대로 정해진 대로 기계적으로 따라 하면 된다는 식이다. 연역적 주장에서 도그마적 행태가 느껴진다.

차훈명상은 물론 차오름 명상에서 역시 차의 성분과 효능 등 차의 본질적인 면을 중시하여 어떤 차를 써야 된다는 인식은 보이지 않는다. 초의 다도에서 볼 수 있는 것과 같은, 찻일(채다—제다—포다—음다)을 통해 우주 자연의 기운화(氣運化)에 참여하게 되는 틈새도 보이지 않는다. 즉 차훈명상은 '차훈'이라는 기적(氣的) 소재를 사용하고 있지만, 동아시아 사상 본체론인 기론(氣論)의 기반 위에서 차와 명상 수련의 관계 및 효과를 분석하여 면밀하게 연계시킨 이론적 측면은 보이지 않는다. 차명상과 MTM 그리고 차훈명상과 차오름 명상에서의 이와 같은 차 인식은 '한국 수양 다도'가 차의 성분과 효능을 인지하여 차의 3대 성분이 가장 잘 보전된 녹차만을 명상 수양의 도반으로 삼는 것과 큰 차이가 있다.

혜강의 기철학 이론에 비추어 볼 때도 최근 이처럼 차를 이용하거나 차 이름을 딴 명상 상품(차명상·MTM·차훈명상)들은 소비자들의 말초적(시각 및 촉각 등) 감각과 정서적 호기심을 자극할 만한 홍보 및 형식과 기법에 치중해 있을 뿐, 동아시아 사상 본체론인 기론의 원리에 부응하는 정합성을 찾기는 어렵다. 즉 혜강 기철학의 목표는 천인합일(자연합일)의 자연적이고 원초적인 삶을 사는 것이고, 이는 개인과 사회가 지금 천(대기운화)과 직접 접촉하고 있는 방금운화(공기의 순환과 사계절 변화의 질서 등)에 승순(承順)하는 방법을 통해서 이루어진다. 이 과정에서 차를 하나의 소재로 이용한다면 그것은 방금운화 승순의 한 방법으로써 음다(飲茶)를 통해 녹차(綠茶)의 기적(氣的) 기반인 차향(香氣)·차탕색(氣色)·차의 맛(氣味)을 맡고 보고 음미하면서 그것들을 통한 자연합일 지향의 명상을 하는 것이어야 한다.

참다운 차생활 목적의 차명상 양태와 콘텐츠를 찾고자 한다면 차명상의 상품화 여부와 정도에 유의해야 한다고 생각한다.

상품화에는 진정성이 결여되고 판매를 위한 과장과 심한 경우 거짓이 섞여 있을 여지가 많다. 예전 수양의 한 방법으로 명상을 했던(또는 했을) 유·불·도가의 선현들(공·맹, 붓다, 노·장)의 명상 수양(정좌·좌선·좌망) 관련 설명에서는 원리와 목적을 알 수 있지만 구체적이고 형식적인 방법론은 별로 전해진 바 없다. 명상 수양이란 지극히 개인적 차원의 일이고 궁극적으로는 자연과의 합일적 삶을 사는 것이 목적이어서 자력으로, 자연의 원리에 따라, 자연스러운 방법으로 하는 것이어야 한다. 자연스러운 방법이란 개인의 자연적인 환경과 처지, 체력 등 심신 건강 상태에 따라 다를 수 있다. 즉 수양이나 명상의 구체적인 방법 개발이나 선택 그 자체도 개인적 측면의 수양에 속하는 일이라고 할 수 있다.

이런 맥락에서 '한국 수양 다도'는 선현들의 가르침에 부합하는 전통적인 차명상 수양론이라고 할 수 있다. 그 내용은 초의 다도의 '채진기묘→조진기정→수득기진→포득기중'(과정의 다도)과 한재가 말한 음다 시의 득도 개념 '신동기입묘 시역오심지차'(경지의 다도)의 의미가 합쳐진 것으로, '찻잎을 따서 차를 만들고 좋은 물을 골라 다신이 잘 발현되는 차탕을 만드는'(초의의 과정의 다도) 과정에서 경(敬. 주시와 집중, 마음챙김)과 성(誠. 자연의 섭리를 알아차림)을 체득하고, 그 차탕을 마셔서 이입된 다신을 매개로 우주 자연의 존재와 운영 원리를 추측 체인하여 자연합일, 즉 자연의 질서에 인간의 질서가 승순(承順)하는 천인운화(天人運化)의 삶을 사는 것이다. 이 과정에서 요즘의 명상 상품들처럼 형식화된 기법은 따로 없다. 각자의 처지와 마음에 따라 자유로운 방법을 취하면 된다. 다만 제다(채진기묘→조진기정)는 어느 때 어느 곳에서나 할 수 있는 일은 아니므로, 일상적으로는 '水(茶)得其眞'(좋은 차와 찻물 고르기)에서부터 시작하면 된다. 부연하자면 한국 수양 다도는 차훈명상을 비롯한 차명상류가 설명하지 못하는 기론(다신)에 의한 다도 수양의 원리를 이론과 실천 면에서 완비하고 있다.

소결(小決): 한 · 중 · 일
'다도 정신' 설정의 인위와 허구

한 · 중 · 일 차계와 차학계에서 흔히 세 나라의 다도 정신을 각각 중정(中正), 정행검덕(精行儉德), 화경청적(和敬淸寂)이라고 한다. 중정은 『동다송』에, 정행검덕은 『다경』에 나오는 말이고, 화경청적은 일본 다도 수행 준칙이다. 중정은 "차를 우릴 때 차와 물의 양을 상호 과부족 없이 적절히(中) 해야 다신이 제대로 발현되는 정상(正)의 차탕이 된다"는 의미이다. 즉 차탕 내는 방법에 관한 주문이자 정상적인 차탕의 상태에 관한 형용사 또는 부사이다. 그럼에도 만일 중정이 다도 정신이라면 그것은 중국(명나라) 다도 정신일지언정 한국 다도 정신은 아니다. 『동다송』에 나오는 '중정'은 명대(明代) 장원이 지은 『다록』

에 있는 말[1]을 그대로 옮겨 놓은 것이다.

그러나 중국 다도 정신은 또 정행검덕이라고 한다. 정행검덕은 『다경』의 "차의 성미가 지극히 담담하므로 차는 정행검덕한 사람이 마시기에 적당하다."라는 말에 나오므로, 차를 마시면서 추구하는 '정신'이나 '사상'아니라 이미 체득된 덕성으로써 차를 마시기에 적절한 사람을 지칭하는 말이다.

일본 다도 정신이라고 하는 화경청적은 어디로부터 유래하는 것은 아니고, 일본 다도의 인위적 형성 과정에서 다도 수행의 준칙으로서 정해 놓은 것이다. 다도 행위를 제어하는 규율이라고 할 수는 있겠지만, 차를 마시면서 또는 다도 수행을 통해서 이르게 되는 정신적 경지라고 하기에는 어색하다. 즉 목표로서 미리 설정해 놓았다는 점에서 강제 규율의 성격이 강하다. 일본 다도 형성 과정에서 토요토미 히데요시 등 사무라이들의 인간관계 및 심신 조절 목적이 반영된 결과라고 할 수 있다.

이른바 '정신 세계'란 만인 각자가 자신 외에는 정신과 의사일지라도 직접 인지할 수 없는 형이상학적 내용이라고 할 수 있다. '사상과 표현의 자유'라는 말이 있듯이 인간의 정신 세계는 타인이 들어갈 수 없는 고유의 테두리를 갖는다. '경지'라는 말

---

1   『茶錄』 '泡法' 항에 不可過中失正(차와 물의 양의 적절함을 넘겨 정상을 잃으면 안 된다)이라 했다.

에 전제된 '본바탕 마음'의 차원에서는 더욱 그러하다. 다도 정신이란 차를 마시거나 다도를 행함으로써 만인이 추구하는 마음(정신)의 이상적인 경지 또는 터득하고자 하는 진리라고 할 때, 그것은 유·불·도가 사상 각각의 원리[2]에 따르더라도 결국 하나의 길로 통하게 된다.[3] 또 제Ⅱ장 소결에서 살펴볼 유가 교조적 다도 정신 추구 경향과『동다송』다도 규정을 연계시켜 생각해 볼 때, 다도 정신이란 '채다―제다―포다―음다'의 과정에서 체인하게 되는 천명(天命)이자 천도(天道)으로서 차의 품성을 인도(人道)의 준칙으로 삼고자 하는 것이라고 할 수 있다. 이때 인간이 본받아 봄 직한 천명으로서 차의 품성이나 그것으로써 준칙을 심고자 하는 인도의 내용은 '천명지위성(天命之謂性)'으로서 인간의 보편적 성(性)과 신통(神通)하는 것이라 할 수 있다.

따라서 무슨 '정신'이라고 하여 미리 정하여 타율로써 강제하는 것은 '군인 정신'처럼 비상 상황을 전제한 특수한 경우에나 해당된다고 할 것이다. 이런 맥락에서 볼 때 만인의 정신적 자유와 천명(性)의 보편성을 기반으로 해야 하는 다도 정신 추구

2　유불도가의 천명지위성(天命之謂性), 유식(唯識)론, 도법자연(道法自然)의 원리가 자연을 본위로 하는 동일한 내용이라는 의미이다.

3　『주역(周易)』「계사전(繫辭傳)」 상편에 백려이일치(百慮而一致), 천하에 도는 하나이다.라고 했다.

가 한 · 중 · 일이라는 물리적 경계에 따라 각기 달라야 할 까닭은 설명하기 어렵다. 아무런 철학적 이론 체계에 바탕하지 못하고 인위적이고 막연한 추정 또는 '희망 사항'의 표현과 같은 한 · 중 · 일 '다도 정신'을 주제 또는 소재로 하여 논문을 쓰는 일 또한 그만큼 어렵고 허구적이라 할 수 있다.

  첨언하자면, 굳이 '다도 정신'이라는 명제로써 글(논문)을 써야 할 상황에 놓인다면 먼저 '다도'가 무엇인지를 명확히 하고, 그 바탕 위에서 다도를 통해 추구하거나 얻게 되는 정신적 경지를 '다도 정신'으로 삼아야 한다. 그렇다면 다도 정신이란 다도를 통해 좀 더 쉽고 진득하게 체인할 수 있는 그때의 시대 정신 즉 당시의 사상적(종교적) 조류가 지향하는 이상적 정신일진대, 이때는 '유 · 불 · 도가적 다도 정신'이라는 말로써 예컨대 '성(誠) · 적멸(寂滅) · 무위자연(無爲自然)' 등을 내세울 수는 있겠다. 그럴 경우라 할지라도 앞에서 말한 바와 같이 결국은 하나로 통하게 되는데, 그것은 유 · 불 · 도가 사상의 기저이자 본체론인 기론에 따르게 되는 것이고, '다도 정신'의 원칙은 기론을 가장 충실히 이행하는 도가의 '도(道)' 정의인 "人法地→地法天→天法道→道法自然"(『도덕경』 제25장)에 따라 "(다도를 통해) 자연을 본받음"(人法自然)이 되는 것이다.

  이에 따르자면, (한국의) '다도'란 초의가 『동다송』(제60송 주석 '평왈 … ')에서 말한 '찻잎 따기→차 만들기→찻물 고르기→

차탕 우리기'이고, (당시의 성리학적) '다도 정신'은 이 '채다~
탕법'의 과정에서 체득(체인)하거나 이르게 되는 '성(誠)' 또는
'성지(誠之)'이며, 이는 결국 '자연의 존재 형식이자 운영 법칙(
誠)'인 '도(道)'를 본받는 일, 곧 '人法道→道法自然', 결국 '人法
自然'이 되는 것이다.

Ⅱ

한국 차학과
차문화 퇴행 성찰(省察)

　Ⅰ장 들머리 글에서 말했듯이 이 책 전체를 하나의 논문 체제라 할 때, Ⅰ장은 본론, 이(Ⅱ) 장은 원래 '서론'에 해당한다. 서론의 '문제 제기' 격으로, 오늘날 한국 차, 차문화, 차산업이 한 · 중 · 일 3국 중에서 가장 뒤떨어져 있다는 전제 아래 대안 모색이 필요하다는 취지의 글, 전통 문화이자 조상들이 심신 건강과 수양을 위해 향유했던 전통 음료인 차가 오늘날 잊혀져 가고 있는 데는 행정 당국과 차 관련 학술단체의 책임이 크다는 것을 실증하는 글을 싣는다.

　또 '선행연구 검토' 차원에서, 선행 연구들의 문제를 분석하여 지적하는 예문(例文)으로 2024년 《한국차학회지》에 발표 게재된 논문 〈한재 이목의 『다부』에 보이는 성리학적 수양론의 특징〉에 대한 평석(評釋)과 2025년 한국차학회 춘계 학술대회에서 발표된 〈한국 전통차 제다의 역사와 전승 체계에 관한 연구〉에 대한 비평문, 그리고 성균관대 유학대학원 생활예절 · 다도학 전공 과정에서 필자의 강의를 듣는 수강생들이 몇 편의 인문 및 자연 분야 석 · 박사 학위논문을 비평한 글을 싣는다.

1

한국 차학 논문의 문제,
차·다도·수양에 대한
본체론적 접근 부재와 유가 교조주의

차학은 창의적 이론 제시로써 차문화와 차산업 견인해야

한국의 차, 차학, 차문화, 차산업은 동아시아 차 3국(한·중·일) 중에서 가장 뒤져 있다. 차의 종류와 품질, 고유의 차학 이론, 한국적 다도의 이해, 한국 차의 시장 경쟁력, 국민의 전통차 인식과 소비 수준 등이 모두 중국과 일본의 경우에 비해 현저히 낮다는 말이다. 이렇게 된 원인을 잘 진단해서 마땅한 처방을 마련해야 하는 것은 근본적으로 차계(차학계와 차문화계)의 책무이다. 그러나 한국 차계와 차학계는 이런 당면 문제를 외면하고 오로지 차의 상업화·산업화에만 몰두하고 있다. 한국 차계의 차 상업화·산업화에의 돌진이 한국 차 부진(不振)의 제1 원인이고, 또 갈수록 그 원인이 악화되고 있다는 게 필자의 진단이다.

예컨대 시중에는 차학 교과서다운 책이 없고 그나마 있는 차 관련 책들은 대부분 같은 내용의 복사류들로서 상업주의 관점에서 차와 찻집들(심지어 보이차 상업주의)을 부풀려 홍보하는 것들뿐이다. 또 차학도들이 논문을 쓸 때 주로 의존하는 한국 차학회의 학술지(《한국차학회지》)에 실린 차 인문 분야(차문화 또는 다도 수양) 논문을 보면 차 관련 철학적 이론 체계를 바탕으로 명확한 논거에 의해 일관되게 논증을 전개한 것보다는 현상적 인상을 위주로 잡다한 인용 자료와 췌사들을 동원하여 수필이나 감상문 쓰듯이 진술한 것들이 많다.

차, 차문화, 차산업에 대한 이론적 토대는 차학에서 마련되는 것이고, 차학의 학문적 진전은 차학 연구 논문 발표를 통해 이루어진다. 차학의 사명이 창의적인 이론 생산을 통해 차문화와 차산업을 견인하는 것이라고 볼 때 차학의 학문적 수준은 차 문화와 차산업의 양적 · 질적 수준을 가름한다고 할 수 있다. 이런 관점에서 요즘 한국 차학계의 차 인문 분야(다도 수양, 차 명상, 차문화 등) 논문들을 보면 논지의 이론적 설계 및 논리의 일관성과 정합성 측면에서 아쉬움을 남기는 것들이 많다.

한국 차학 논문들의 철학적 이론 체계 미비

최근의 한국 차학 관련 논문들의 본질적이고 고질적인 문제 는 논자(논문 저자)들이 이론 설계의 기본 뼈대가 되어야 할 철 학적 이론 체계를 구비하지 못하거나 아예 그 필요성을 인지하 지 못하고 있는 것이다. 다도의 기능과 효과 또는 '다도 수양'에 관한 논문의 경우 기본적이고 필수적으로 동아시아 사상의 본 체론(존재론), 그 본체론에서 파생되는 심성론, 또 심성론으로 부터 연역되는 수양론 각각에 대한 이해와 셋의 통합적 연계성 을 파악하고 있어야 한다. 또 다도의 기능이나 '다도 수양'을 논 하려면 동아시아 사상 본체론—심성론—수양론에서 연원(淵源)하여 차 또는 다도에 이르는 내재적 연계의 철학적 이론을 논 거로서 전제해야 한다.

그렇지 않고 막연히 당위론적 · 기계적 · 단선적으로 차와 수양 등을 연결해서는 학술적 설득력을 얻기 어렵다. 본체론—심성론—수양론의 논리가 어떠한 원리로 차를 소재로 한 다도 수양론과 연결되는지, 다시 말해 왜 '차'를, 또 '어떤' 차를 다도 수양의 소재로 삼아야 하는지에 대한 물음이 분명히 제시되어야 한다. 아울러 그 이유가 동아시아 사상의 본체론—심성론—수양론의 구조 속에서 해당 차와 어떠한 내재적 원리로 결합되어 '수양'이라는 철학적 통합에 이르는지를 이해하고, 이를 전체 논술을 뒷받침하는 논거로 삼을 필요가 있다.

이와 같은 관점에서 최근에 발표되어 국회도서관과 《한국차학회지》 등 공식 기록시스템에 등재된 학위논문 등 다도 또는 차와 관련한 수양론적 논문들을 살펴보자. 여기에서 우선 '선행연구 검토'의 차원에서 표본적인 몇 편의 논문을 고찰해 보자는 것이다.

먼저 〈다례에서 찾아본 유학의 수양과 실천〉(성균관대일반대학원 동양철학과 석사학위 논문)이다. 이 논문은 본론 '3. 차문화와 유학'에서 "차가 어떤 맥락에서 지적 · 실천적 매체로 활용되었는지 논한다. 이로써 차문화와 유학과의 관련성에 대해 살펴보고자 한다."라고 하여 다례를 유학적 수양의 구체적 실천으로서 창의적으로 다루고자 했다. 그러나 유학 수양의 실천적 매체로서의 차와 유학 수양의 관계에 대해서는 이색의 차시를 예로 들어 "손수 차를 준비하고 마시며, 그로 인해 정신을 맑게 하여 마음을 다잡는 모습은 유학 수양의 방법론과 차가 어떻게 연관이 될 수 있는지 보여 준다. 또한 그는 다른 시에서 '고요히 앉아서 차 끓이며 삼성三省을 생각한다.'라고 했는데 이 역시 논어 구절[1]에서 차용한 것이다. 김미선은 '三省은 자기 반성과 수양을 뜻하는 말'이라고 하면서 '목은은 벗과의 교류에 茶라는 매개물을 통하여 一日三省의 修養을 도모하였음을 그의 작품에서 볼 수 있다'라고 해설하고 있다. 이처럼 우리는 이색의 차시에서 유학 수양으로서 차를 적극적으로 검토할 여지를 갖게 된다."라고 했다.

위 내용은 다례와 유학 수양의 내재적 연계 원리를 설명하지 못한 채 시에 나타난 행다의 피상에 유학 수양 용어가 사용된 것을 차의 유학 수양 실천의 모습이라고 여기고 있다. 즉 왜 맹물이나 다른 음료수가 아닌 차가 유학 수행의 실천 매체가 되는지, 차의 본체론적·수양론적 원리와 유학 수양론과의 관계 또는 그 기제(機制)에 대한 이해가 보이지 않는다. 이는 유학 수양과 다례 실천 사이의 내적 연계성을 말해 주는 철학적 통합 원리를 찾지 못한 탓으로 보인다.

위 논문에서처럼 다례 행위를 통해 경(敬), 예(禮), 서(恕) 등

---

1   『論語「學而」曾子曰』: "吾日三省吾身: 爲人謀而不忠乎? 與朋友交而不信乎? 傳不習乎?"

유가적 수양 덕목이 체득된다고 주장하려면 결과적 현상만 말할 게 아니라, 그러한 도덕적 덕목이 다례라는 외적 행위로부터 내면화되는 과정이나 원리를 논거에 의해 논증해야 한다. 여기에 동아시아 사상 본체론인 기론, 동아시아 사상 심신일원론과 성리학 심성론, 그리고 도·불가 사상에서의 양생론 및 수행론과 다른 유학 수양론의 특성에 대한 이해가 전제되어야 한다.

두 번째 예문은 《한국차학회지》 제30권 제3호(2024년 9월, pp.14—23)의 〈한재 이목의 『다부』에 보이는 성리학적 수양론의 특징〉(김지현, 최송현, 이병인, 부산대학교산업대학원 국제차산업문화전공)이라는 논문이다. 이 논문에 대해서는 뒤에 상세히 분석 비판한 항목이 있다. 여기서 강조하고자 하는 것은 이 논문 역시 '성리학적 수양……'을 말하면서 전제적 기초 이론으로서 동아시아 사상 본체론—심성론—수양론에 대한 이해 없이 출발하고 있다는 것이다. 그럼에도 이 논문은 (아마) 『다부』와 한재를 기린 공로에 주는 '한재상'을 받은 것으로 알려졌다. 그렇다면 논문 제목(『다부』에 보이는 성리학적 수양론의 특징)에서 드러나듯이 『다부』와 한재를 '성리학'이라는 끈으로 연결하고자 한 것이 주목을 끌지 않았나 생각된다.

『다부』를 소재나 주제로써 수양 또는 다도 관련 논문을 쓰는 저자들이 기본적인 철학적 체계로서 동아시아 사상 본체론인 기론에 주의를 기울인다면, 전적으로 유·도·불가 사상 공유의 본체론인 기론의 관점에서 쓰여진[2] 『다부』를 유·도·불가 사상 중 어느 한 종파의 수양론으로 제한시켜 논하는 것은 협량(狹量)임을 곧 알아차리게 될 것이다. 위 논문은 제목에 구속되어 『다부』를 굳이 '성리학적 수양론'으로 재단하려다 보니 논문의 거의 절반을 성리학 개론 소개에 할당하였다. 그러나 『다부』의 문구와 어휘에서 성리학적 수양론의 자취를 찾으려 노력한 것 외에 차 또는 『다부』가 성리학적 수양론과 어떤 내재적 원리 또는 철학적 기제로써 연계돼 있는지는 탐색해 내지 못했다.

세 번째는 가장 최근에 《한국차학회지》(제31권 제2호, 2025년 6월)에 소개된 〈『다부』와 「허실생백부」에 나타난 차명상의 유교 수양적 고찰〉(이효정·홍석환·이병인, 부산대학교산업대학원 국제차산업문화전공)이다. 이 논문 역시 앞 논문과 같은 대학원의 동일한 지도교수를 공동 저자로 하여 쓴 논문으로서 『다부』를 소재로 한 '유교적 수양'에 초점을 맞추고 있다. 앞 논문과 달리 눈에 띄는 대목은 본론 '3. 다사를 통한 차명상의 결과 1) 천인무간(天人無間)'에서 "앞서 살펴본 전다의 과정에서 차탕의 물은 기화(氣化)의 상태가 되고, 차를 끓이고 마시는 동

---

2 『다부』의 결론부인 '神動氣入妙 是亦吾心之茶……'가 대표적인 기론적 서술이다.

안 신체의 감각기관들도 기화의 영향을 받아 정련(精鍊)된다. 이러한 과정을 바탕으로 이루어지는 차명상은 생백(生白)의 비워진 마음에 다신(茶神)이 들어와 머무는 상태로 해석할 수 있다. 이때 차는 단순한 음료의 기능을 넘어 감각과 의식에 신묘한 작용을 일으키며 명상의 상태를 이끈다. 이러한 차의 물성이 인간의 내면과 상호 작용하는 과정이 『다부』의 칠수(七修)에 구체적으로 드러나며, 이는 차명상이 차의 특성과 정서적 감응을 통해 이루어지는 유가 수양의 한 형태임을 보여 준다."라고 한 것이다.

이는 앞의 논문에 비해 명상에서 차의 역할에 대해 창의적으로 본체론(기론)에 상당히 접근한 것이라고 할 수 있다. 그러나 "차의 물성이 인간의 내면과 상호 작용하는 과정이 유가 수양의 한 형태"라고 한 것은 논제에 구속된 단정적 억측이 아닌가 생각된다.[3] 또 동일한 공동 저자가 있는 두 논문이 철학적 바탕에 있어서 상이한 시각을 보이는 것은, 이들이 '다양한 논문 쓰기' 연습이 아니라면, 두 논문 간의 논리적 정합성과 관련하여 공

---

3 차의 물성(차의 氣)과 인간의 내면(인간 심성의 氣)이 상호 작용하는 것은 기(氣)라는 동질의 질료를 바탕으로 한 기통적(氣通的) 소통으로서 일종의 승화(昇華)적 기화(氣化)의 양상이라고 할 수 있다. 이를 수양의 과정으로 보는 것은 유·불·도가 공유의 본체론인 기론적 견해라고 할 수는 있으나, '유가 수양의 한 형태'라고 제한하는 것은 협량(狹量)이다.

동 저자(또는 지도교수)의 조정 역할을 생각하게 한다. 또 지도교수가 살폈어야 할 '유교 수양적 고찰'이라는 제목도 퍽 거슬린다. '수양적 고찰'이라는 말이 어의·어법적으로 성립될 수 있을까?

차 인문 분야 논문의 유교 교조주의 경향

이 세 논문은 공교롭게도 각각 다례, 『다부』, 『다부』와 「허실생백부」에 들어 있는 유학(성리학, 유교)적 수양론을 찾아보고 확인하는 것을 논제로 삼고 있다. 앞에서 논문은 공부의 결실이어서 창의적 이론 제시로써 학문의 발전에 기여하는 것이어야 한다고 말했다. 그것은 곧 논문 주제 선정의 문제와 직결된다. 세 논문 저자들이 각각 다례, 『다부』, 『다부』와 「허실생백부」 등 세 가지 소재에서 유학(성리학, 유교)적 수양론을 발견해 내는 것을 주제로 삼고자 했을 때, 그 '발견'이 주는 학술적 메시지가 무엇일지를 생각해 봤을까?

다례에 이러저러한 형태로 유학의 수양이 들어 있고 그것의 실천 양태가 어떠함을 확인하는 것이 다례의 행다에 이론적 배경을 부여하는 일일까? 그것은 새로운 발견이어서 유학 수양론의 학문적 발전에 보탬이 되는 것일까? 『다부』에서는 성리학적 수양론의 특징적인 면모가 발견되는데, 그것이 기존의 어떤 학설을 보완 또는 대체할 수 있다는 것인가? "「허실생백부」는 『장자』와 내용적 맥락이 닿아 있는데도 거기에는 놀랍게도 유교적 수양론이 들어 있다."라고 한다면 「허실생백부」를 새로이 해석해야 된다는 말인가?

〈『다부』와 「허실생백부」에 나타난 차명상의 유교 수양적 고찰〉은 서론에서 "「허실생백부」 내용을 통해 유교적 명상의 이론적 근거를 살펴보고, 『다부』에 나타난 다사(茶事)를 차명상의 실천 방식으로 분석함으로써 유교적 차명상의 사유 구조를 규명하고자 한다. 나아가 조선 전기 점필재 김종직의 학통에서 비롯된 도학적 사유를 바탕으로 차명상의 현대적 활용과 일상화를 위한 이론적 구조를 정립하고, 나아가 차명상이 다학(茶學)의 한 분야로 자리매김할 수 있는 학술적 토대를 마련하고자 한다."라고 했다. 결론에서는 "『다부』와 「허실생백부」를 중심으로, 유교적 마음 수양의 방법으로서 차명상(茶冥想)이 어떻게 체계화되고 실천될 수 있는지를 고찰하였다."라고 하고, "한재의 차명상은 유자(儒者)의 일상적 수기(修己)를 실현하는 심성수양의 구체적인 방법으로 기능하며, 도학의 전통 안에서 현대인의 내면적 위기를 극복할 수 있는 실천적 사유로서 중요한 의의를 지닌다고 할 수 있다"고 했다. 이는 유교적 수양론의 차별적 형식화를 꾀하는 강박관념의 표출로 느껴진다. 최근의 상업

적 명상 트렌드에 편승하고자 하는 욕구의 발로가 아닌지 걱정
된다.

이 논문 저자들의 문제 제기와 그에 따른 결론을 종합하면,
유교적 명상의 이론을 되짚어 보고 그것을 차명상의 수양론적
논리와 연결시켜 현대인의 내면적 위기를 극복할 수 있는 새로
운 수양법으로 제시하는 것이다. 새로운 이론 틀을 제시하고자
했다는 점에서는 외양면에서 수양론의 학문적 성과를 고양시켰
다고 할 수 있겠다. 그러나 이들이 제시한 유교적 마음 수양법
으로서 차명상이 새로운 학설로 인정받아 현대적으로 활용되기
위해서는 맹자나 성리학 수양론과 같은 '낡은' 이론에 의거하여
수양론적 정합성을 확인하기보다는 서양 철학 범주까지를 포함
한 주변의 새로운 이론들과의 폭넓은 비교 검증 과정을 거쳐서
독창성을 입증하는 절차가 있어야 한다. 예컨대 "다례 행위(또
는 차명상)를 통해 인 · 의 · 예 · 지와 같은 리(理)가 심성에 내
재화된다"는 것과 같은 형이상학적 논리는 조선 후기 실학자로
서 기철학자인 혜강 최한기에 의해 원리적으로 이미 배척된 바
있다.

수양론 관련 논문 주제 잡기에서부터 시작되는 이런 문제
는 우리가 조선 성리학의 영향권 안에서 아직 헤어나지 못하여
유 · 불 · 도가 사상의 현대적 버전이나 현대 서양 철학적 이론
구조에 익숙하지 못하다는 한계에서 관행적으로 비롯되는 것이

라고 할 수 있다. 논문 주제 선정은 중요도에 있어서 비중이 논문 쓰기의 절반 이상이라고 할 수 있다. 내용이나 결론은 '현대……' 또는 '현대적 활용'을 지향하면서 주제는 한결같이 벽에 고정된 특정의 색 바랜 옛 틀에 가둬 놓는 것은 내용 개진에 있어서 논리적 일치나 정합성을 잃게 하는 속박이 될 수 있다. 앞에 든 세 논문의 주제와 내용 및 결론의 관계에서 그런 문제가 느껴진다.

끝으로 다례나 행다의 과정에 들어 있는 차명상을 논할 때 본체론적 접근에 참고가 될 만한 글을 소개한다.

> 다례의 준비, 행다, 음미에 이르는 일련의 과정은 단순한 예절의 반복이나 상징적 형식에 그치지 않는다. 이는 신체의 리듬과 호흡, 의식의 흐름이 조화를 이루는 수행의 장(場)이며, '기'를 다듬고 순환시키는 내적인 과정이기도 하다. 예를 들어, 다례의 준비 행위는 단순히 공간과 도구를 정결히 하는 기술적 절차가 아니라, 몸을 움직이며 기운을 다스리는 '전의(前儀)'여야 한다. 그러나 본 논문은 이 과정을 유학적 '경(敬)', '예(禮)', '서(恕)'의 수단이라는 실천적 맥락에만 국한시켜, 정작 다례가 신체를 통한 기운의 정제와 전환, 즉 수행의 기초로서 '기 체험'을 어떻게 작동시키는지에 대해서는 설명하지 못했다.

따라서 다례는 '기'를 다듬는 복합적 수양 장치로 주목되어야
하며, 이를 통해 몸—마음—관계의 통합적 수양이라는 보다 풍
부한 해석 가능성도 열린다.[4]

<hr>

[4] 성균관대유학대학원 생활예절 · 다도학 전공 과정 2025년 기말 레포트(기존
논문 비평) 〈기론을 통해 본 다례와 유학 수양의 철학적 통합: 현대 수행론의
관점에서〉(손민지, 2025년 6월 15일)에서.

'한국 차문화 정체성 탐구'와
계명대 목요철학원 '차문화 학술 심포지엄'

해마다 각종 차 심포지엄이 열리지만 해묵은 숙제인 한국 차
의 정체성 규명은 아직 요원하다. 2020년부터 대구 수성구청 (
재)수성문화재단이 주최하고 대구 계명대 목요철학원이 주관하
는 '차문화 학술 심포지엄'이 매년 상 · 하반기에 걸쳐 2회씩 열

리고 있다. 이 학술 대회는 지금까지 의 차 관련 학술 모임 중 일정한 주제로써 가장 본격적이고 적극적이고 지속적으로 한국 차문화 정체성을 탐구하고자 하는 학술 논의의 광장이라 할 수 있다. 이 심포지엄은 2025년에는 9월 16일 대구 수성아트피아 소극장에서 '2025 국제 차문화 학술 심포지엄'이라는 이름으로 열렸다. 위 심포지엄의 연도별 총 주제와 각 발표 주제 및 종합 토론 내용은 유투브 '목철TV'에서 확인할 수 있다. 그동안 열었던 심포지엄의 주요 주제들은 아래와 같다.

－2020년 상반기: 차, 인문의 옷을 입다

　　하반기: 차나무, 꽃과 열매가 만나다

－2021년 상반기: 한국 차문화를 읽다

　1. 조선의 차문화와 의식다례

　2. 한국 차문화의 흐름

　　하반기: 한국 차문화와 대중화

－2022년 상반기: 한국 차문화, 다례에서 길을 묻다

　1. 고려시대 관료 문인의 음다풍에 대한 연구

　2. 고려시대 다구의 특징

　　하반기: 한국 차문화의 원형 모색

1. 규방다례의 정립과 전승활동

2. 한국 사찰 차문화 원형 탐구

- 2023년 상반기: 우리 차의 뿌리를 찾다: 떡차

    하반기: 한국 차문화의 정신과 원류

1.『동다송』의 차 정신(송해경)

2. 차공양과 풍류사상(김대철)

3. 매월당의 초암차 정신(박정진)

4.『다부』에 나타난 한재 이목의 심차사상(이병인)

- 2024년 상반기: 한국 차도구의 발전과 미학

    하반기: 한국 차문화의 자연관을 읽다

1. 차문화 공간과 풍류에 관한 연구

- 2025년: 2025 국제 차문화 학술 심포지엄

주제와 주최자의 취지를 따라가지 못하는 심포지엄

이 심포지엄의 취지와 목적, 그리고 문제점은 2023년 하반기 심포지엄(한국 차문화의 정신과 원류) 종합 토론에서 사회자 이재성 교수가 고뇌 어린 하소연을 하는 것에서 읽을 수 있다. 그는 "원장님의 '모시는 말씀'에 이 학술 심포지엄의 근본 취지와 목적이 들어 있다. 선조들은 차 한 잔에 인간의 마음을 중심으로 우주의 본원을 탐구하고자 하였는데, 구체적으로 어떤 생각을 가지고 차를 마셔 왔는지? 왜, 어떤 차를, 무엇을 위해, 어떻게 마셨는가?", "한국 전통 차문화의 정체성이 다례냐, 다도냐, 지금까지 심포지움에서 정의되지 못했다. 한국 차문화의 특성이 무엇인가? 중국이나 일본의 차문화와 다른 점이 무엇인가? "라고 했다. 그는 또 2024년 상반기 심포지엄(한국 차문화의 자연관을 읽다) 종합 토론에서는 "여태까지 풍류와 차의 논리적 연관성이 분석 설명되지 못했다"고 했다.

이 학술대회는 대구 계명대 목요철학원이 40년 동안 이어 온 '목요철학 세미나'의 일환으로 연 것이다. 이 학술대회의 근본적 목적은 2021년 하반기 대회(한국 차문화와 대중화) 인사말에서 백승균 목요철학원 원장이 말한 것에 있다. "이 학술대회는 일반적 (차) 학술대회와는 다르다. '한·중·일 차문화의 차이가 무엇인가? 한국 차라는 것은 어떤 의미가 있는가? 그것이 일상생활에 주는 영향은 무엇인가?'라는 것이 궁극 목적이다."

그리고 그 목적 달성에 해당하는 "한국 차문화 정체성이 무엇인가?"라는 데 대한 답은 2021년 상반기 대회(한국 차문화를 읽다)에서 나온 주최측 김대권 대구 수성구청장의 인사말에 암시돼 있다.

차를 통해서 생명의 근원과 접할 수 있는가? 생명의 근원 중 자연적 질서와 나의 자아를 항상 일치시키는 게 가능한가? 하는 문제, 그런 문제를 통해 자아가 무너질 때 차를 마시면서 자연과 나를 일치시키는 자성(自省, 또는 自性)들을 통해 나를 회복시켜 가는 것, 이것들을 통해 궁극적으로 행복을 찾아가는 것이 아니겠는가?[1] 해서 (이 행사 주최에 대한) 관심을 갖기 시작했다. 이 행사를 통해 한국 차의 정체성, 역사적 기원, 차를 통해 얻을 수 있는 게 무엇인지를 학술적으로 자료적 접근을 통해 증명해 내고 시민들과 연구 결과를 공유하고자 한다. AI 시대에 인간 배제의 영역 속에서 자아가 무너질 확률이 높다. 그 무너짐 속에서 다시 나를 일으

---

1 김대권 구청장의 인사말에 앞서 사회자 이재성 교수는 "차는 동아시아 문화 이해의 키워드이다. 오늘 발표자들은 한국 차문화와 관련하여 대표적 활동과 영향력을 발휘하는 분들이다."라고 했다.

켜 줄 수 있는 생명의 근원에 접근해 자연적 질서를 나의 질서에 대입시켜서 무너진 나를 회복시킬 수 있는 근원으로서 차문화를 우리 주민들께 보급하겠다는 생각으로써 이 행사를 주최한다. 앞으로 우리 차의 정체성이 형성된 연구 결과가 나오면 중국과 일본을 초청하여 우리 차문화가 인정받는 기회를 마련하겠다.

백승균 원장과 사회자 이재성 교수 그리고 주최자인 김대권 수성구청장의 말을 종합해 보면, 계명대 목요철학원 '목요철학 세미나'의 연차 기획 학술대회 '한국 차문화 학술 심포지엄'은 한마디로 한국 차와 차문화의 본질과 정체성을 규명하고자 하는 야심찬 목적으로 창대하게 열렸다. 그러나 8회째인 2023년 하반기 심포지엄(한국 차문화의 정신과 원류)에 이르기까지 소기의 목적을 달성하지 못했다. 즉 김대권 구청장의 인사말에 이미 절절하게 제시돼 있는 한국 차, 차문화, 다도의 지향점을 두고도 심포지엄 발표자들은 이를 철학적 본체론적 시각으로 접근하여 정리하거나 학리적으로 담아내는 데 실패한 것이다. 이 특별한 차 학술대회에 대하여 필자를 포함하여 한국 차와 차문화의 원형과 본질 찾기에 갈증을 갖고 있는 차인이나 차학도들은 그 갈증만큼이나 각별한 관심과 기대를 갖고 있었을 것이다. 따라서 그들은 이 학술대회의 목적 달성 실패에 대하여 실망감도 클 것이다. 역대 가장 규모가 크고 장기간에 걸쳐 한국의 내로라하는 차 명망가들이(진정한 의미의 차학자들은 별로 보이지 않았다) 동원된 차 학술대회에서 다예, 다례, 다도의 구별은커녕 한국 차와 차문화의 원천적인 과제이자 현안인 한국 차와 차문화의 정체성 규명이 전혀 해결되지 못했다는 것은 한국 차와 차문화의 오늘과 미래에 대하여 무엇을 의미하는가?

이 학술대회가 갖는 의미와 기대가 지대했던 만큼 진행 내용과 목적 달성 실패를 분석해 보는 것은 앞으로 있게 될 차 관련 학술대회 운영의 개선뿐만 아니라 한국 차학이 지향해야 할 일차적인 방향, 곧 이 학술대회가 주제로 삼았던 '한국 차와 차문화의 정체성 탐구'를 하는 데 있어서 유용한 자료가 될 것이다.

총 주제와 소주제들 사이의 일관성 문제

먼저 이 학술대회의 연차별 주제와 발표 제목들을 살펴보자. 앞 심포지엄의 연도별 주제와 세부 발표 및 종합 토론 내용은 유튜브 '목철TV'에서 확인할 수 있다. 그동안 열었던 심포지엄의 주요 주제들은 앞에 소개해 놓았다. 여기에서 몇 가지 문제를 찾을 수 있다.

첫째, 심포지엄의 총체적 주제가 '한국 차문화의 정체성 탐구'일진대, 회차별 주제들이 이와 동떨어진 것이 많아서 총체적 주제의 맥락을 산만하게 하고 있다. 예컨대 2020년 하반기 주제인 '차나무, 꽃과 열매가 만나다'는 차나무 생태 일반에 관한 것으로서 한국 차문화의 정체성과는 무관하다. 서두에서부터 이렇게 주제 선택의 치밀함이 부족한 것은 큰 주제의 시리즈 심포지엄의 첫 단추를 잘못 낀 결과로 이어진다.

이어지는 '한국 차문화를 읽다'(2021년 상반기 주제)의 소주제 '조선의 차문화와 의식다례', 2022년 상반기 주제 '한국 차문화, 다례에서 길을 묻다', 2022년 하반기 주제 '한국 차문화의 원형 모색'의 소주제 '규방다례의 정립과 전승활동' 및 '한국 사찰 차문화 원형 탐구' 등은 '한국 차문화 정체성 탐구'라는 과제와 연계시키기에는 학술적 명분과 근거가 없거나 약한 것들이다. 위 주제와 소주제들의 키워드인 '다례'는 1979년 한국차인연합회가 생기면서 각 가입 단체들이 사범증 발매 등 상업적 목적으로 형식 위주의 각기 다른 행다 양식을 만들어 주장한 데에 기인한 것으로서, "(한국 차문화의 정통성과 정체성을 훼손하는) '잡차(雜茶)'……"(한국차인연합회 결성 제안자인 최차란 저 『막사발에 목숨을 쏟아붓고』에서)라는 논란의 여지를 안고 있다. 이런 주제 선정의 오류는 사회자 이재성 교수의 "한국 전통 차문화의 정체성이 다례냐, 다도냐, 지금까지 심포지엄에서 정의되지 못했다. 한국 차문화의 특성이 무엇인가? 중국이나 일본의 차문화와 다른 점이 무엇인가?"라는 말에서도 느껴진다. 그는 여러 번에 걸쳐 "(심포지엄의 논의에도 불구하고) 아직 한·중·일 다례·다예·다도에 대한 정의나 차별성이 규명되지 않고 있다. 한국은 다례냐 다도냐에 대한 정의도 되지 않고 있다. 이 학술대회를 이런 식으로 계속해야 할지……"라고도 했다.

'한국 사찰 차문화 원형 탐구'를 주제로 택한 것은 일부 초의차 엄호론자들이 주장하는 '불교의 한국 차문화 중심설'을 따른 것으로 보인다. 그러나 '사찰 차문화'가 학술적으로 거론될 만큼 존재했느냐에 대한 논란이 있다. 초의가 『다신전』 발문에 "총림에 조주풍(음다풍)은 있으나 다도(『다신전』에 있는 제다·장다·포다 등 차문화의 핵심 사항)를 모른다"고 한 것이나 오늘날 커피와 보이차 마시기에 기울어져 있는 사찰 음다 행태를 볼 때 과연 사찰 차문화가 한국 차문화의 중심이라고 할 수 있는 근거가 있느냐는 것이다.

발표자들의 학술 역량 미달

주제 선정의 오류 외에 무분별한 발표자 선정 및 발표자들의 학술 역량 부족도 심포지엄 실패 요인으로 지적되어야 한다. 근본적으로 차문화와 같은 인문학적 문화 양상에 대한 학설이나 학술적 주장은 그것이 발아한 토양으로서의 사상적·철학적 이론 체계 위에 서 있어야 한다. 차와 차문화는 발원지인 중국에서 발아 숙성되어 동아시아 일대에 풍미한 유·불·도가 사상 등 동아시아 사상을 사상적·철학적 배경으로 하여 전파되었다. 동아시아 사상의 견지에서 볼 때 차문화의 핵으로서 수양론임이 분명한 '다도(茶道)'를 논할 경우, 동아시아 사상 본체론(기론)―심성론―수양론의 논리적 일관성 위에서 다뤄져야 한다. 그럴 경우 그런 철학적 이론 체계를 갖추지 못한 다예와 다례의 허구성이 밝혀진다. 이에 따라 다예·다례·다도에 관한 논쟁의 필요가 자동 소멸되고, "다례냐 다도냐?"라는 한국 차문화의 정체성 문제도 쉽게 답을 찾게 된다. 이는 이번 심포지엄 발표자들이 차와 동아시아 사상을 연계시켜 고찰하고자 하는 철학적 소견을 갖고 있지 못했다는 말이다.

발표자들의 면면이나 발표 내용을 보면 동아시아 사상을 전공하거나 이해한 바탕 위에서 자신의 주장을 진술하는 이가 거의 없었다. 또 그런 발표자들 중 특정 몇 명을 여러 차례에 걸쳐 중복해서 발표하게 한 것도 학술 연구의 다양성 측면에서 심포지엄 실패 요인을 가중시켰다. 발표 내용들을 보면 학술적 해석이나 평가가 빠진 의미 없는 자료의 나열('한국 차문화의 흐름', '고려시대 관료 문인의 음다풍에 관한 연구', '조선 후기 지식인의 차 인식과 향유')과 근거 없는 추정들이 많이 눈에 띈다. 또 황당한 주장도 있었다. 『다부』에 나타난 한재 이목의 심차사상' 발표자는 종합 토론에서 "오심지차(吾心之茶)의 오(吾)는 다섯 오(五)에 입 구(九)여서 '여럿이 차를 나눠 마시는 게 좋다라는 뜻'……"이라고 했다. 또 '한국 차문화, 다례에서 길을 묻다' 세션의 한 발표자는 종합 토론에서 "일본 다도는 서양의 홍차 문화에 대항하기 위해서 만들어 낸 것이다."라고 주장했다. '吾心之茶(빈 마음의 차)'는 『다부』의 저자 이목(李穆)이 홀로 차를 마셨을 때의 도가(道家)적 자연합일이라는 득도의 경지를 표현한 것이다. 여기서 吾는 이목이 『장자』에 나오는 '오상아(吾喪我)'에서 따온 것으로, 자의식까지 비워진 '텅 빈 나'를 의미한다. 또 '일본 다도'는 영국 홍차 문화가 일정한 '차문화'로서 모습을 갖추기 이전에(지금도 그렇지만) 송대의 점다법이 중심이 된 불가 차문화에 막부 정권의 정치적 장치가 가미되어 집단 접빈다례 형태로 세속화되었다가 최근 관광상품으로 브랜드화된 것이다.

이 밖에 『동다송』의 다도 정신을 중정(中正) 또는 다삼매(茶三昧)라고 주장하는 이도 있었다. 중정은 『동당송』 저술의 참고서인 『다신전』에서 유래한 '정상적인 차탕'을 의미하는 형용사이다. 따라서 그것이 '사상(정신)'을 의미하지도 않지만, 다도 정신이라면 '중국 다도 정신'이라고 할 수는 있어도 '한국 다도 정신'이라고 하기는 어렵다. 또 다삼매는 불교 용어이다. '사문난적(斯文亂賊)'이라는 말이 상징하는 숭유억불의 엄혹한 상황에서 초의가 다도에 대하여 왕가에게 지어 바치는 책에서 하필이면 자신의 목숨을 위태롭게 할 수 있는 불가 사상을 주장했을까?

결론으로, 수성문화재단 주최 계명대 목요철학원 주관 '차문화 학술 심포지엄'은 "한국 차문화의 정체성을 학술적으로, 자료적 접근을 통해 증명해 달라"는 주최자 측(김대권 대구수성구청장)의 핵심을 찌르는 요구에도 불구하고 내용과 결과에 있어서 학술대회 개최 취지에 부응하지 못했다. 문제의 요인은 각 회차별 주제 선정에 있어서 총 주제(한국 차문화의 정체성 탐구)에 부응해야 할 회차별 주제들의 일관성 부족과 혼란, 발표자들의 학술적 함량 미달(동아시아 사상에 기반한 철학적 이론 체계 미비) 및 특정 발표자들의 중복 선정 등으로 지적된다.

이번 심포지엄 결과가 말해 주는 것은, 지금 차계에서 이름을 드러내고 있는 차 명망가들의 학식과 차 이해력 수준에 의뢰해서는 한국 차와 차문화의 근본 문제를 해결하기 어렵다는 것이다. 이런 차문화 학술 심포지엄과 같은 순수하고 야심 찬 차 학술대회는 취지와 목적의 원대함에 비추어 무엇보다도 시리즈 주제 선정에 있어서 논리적 일관성이 있어야 하고, 그에 맞춰 발표자 선정의 치밀함이 강조되어야 소기의 목적을 달성할 수 있지 않을까 생각된다.

3

한국 차 정체성 살리기와 공공기관의 직무 유기

– 국가유산청, 농림축산식품부, 한국연구재단, 한국차학회의 경우

이 책 내용의 전반적인 기조는 한국 차문화와 차산업 부흥을 위한 '근본적 처방'으로서 한국 차 정체성 살리기라고 할 수 있다. 여기서 차는 제다—완제차—차문화—차학—차산업을 모두 꿰어 포괄하는 말이라고 전제해 두자. 지금까지는 한국 차의 정체성 살리기 '문제 지적과 대안 제시' 측면에서 개별적인 사안을 두고 학술적이고 비판적인 언어로 논술했고 앞으로도 그럴 것이다. 그 대상은 주로 학자나 차 명망가 등 개인들이거나 사적인 차 모임들이다. 그러나 차학 또는 차문화나 차산업이 뒤틀려 있는 상황 비판에서 빼놓아서는 안 되는 대상이 가장 막강한 힘으로 한국 차의 향방을 가름하고 있는 차문화 · 차산업 정책 당국이다. 이에 관련되는 두 정부 기관으로 문체부 산하 국가유산청과 농림축산식품부 산하 차 유통과가 있고, 학술연구

기관으로 한국연구재단과 한국차학회가 있다. 네 기관이 최근 하고 있는 차 관련 주요 일(사업)의 내용과 그 결과를 비판하고 자 한다. 막대한 예산을 쏟아부었거나 붓고 있지만 가성비 높은 결과를 기대하기 어렵기 때문이다.

감언이설 페이퍼워크에 넘어가는 국가유산청 전승공동체 활성화 지원사업

국가유산청은 2023년부터 전승공동체 활성화 지원사업을 벌이고 있다. 개인 또는 단체가 기예·능보유자(단체)로 지정돼 있지 않은 국가 지정 무형문화유산 선양 사업으로서 국·도·군비 매칭으로 1억 원까지의 지원금을 준다. 개인이나 단체가 이른바 '인간문화재'로 지정받은 종목은 매월 그리고 연 단위로 일정액을 지원해 오고 있다. 전승공동체 활성화 지원사업은 이에 준하여 전통 제다, 전통 윷놀이, 전통 어로 등 기능보유자 비지정 종목 전통 무형문화재 전승 단체를 지원하기 위한 시책이다. 전승공동체 활성화 지원사업 2023년도와 2024년도 지원 대상으로는 강진 이한영전통차문화원 주도의 '월출산 차문화 전승 사업'이 연속 선정되었고, 2025년도 사업으로는 (사)고려천태국제선차연구보존회(대표 장미향)가 주도하는 '선암사 차

울력' 관련 제다 행사가 뽑혔다. 2026도 사업 주체로도 이 (사)
고려천태국제선차……가 선정되었다.

위 두 제다 업체 성격과 지원 사업 내용을 보자. 이한영전통
차문화원은 오래전부터 전남 강진 성전면 월출산 아래에 제다
시설, 차실(카페), 펜션형 한옥을 지어 규모 있게 차사업을 운
영하고 있는 전형적인 관광형 상업 제다업체다. 차 산지인 전
라남도 서부 일대에서는 활성화 지원이 필요없을 정도로 가장
크게 성공을 거두고 있는 차사업체라고 할 수 있다. 그러나 '전
통 제다'에 기본적이고 핵심적인 전제 조건인 규모 있는 전통
야생다원을 갖추지 못하고 있다. 이 업체는 다산 제다의 맥을
잇는다는 명분으로 그동안 한국관광공사와 강진군 등 여러 공
공기관으로부터 다양한 지원금을 받아 온 것으로 알려져 있다.
이 업체가 생산하는 대표적인 차는 '백운옥판차'와 '월산 홍차'
다. 백운옥판차는 녹차로서, 일제강점기 때 조상인 이한영 선
생이 제다한 차의 상표 이름이다. '월산 홍차'는 카테킨 산화차
다. 녹차 지향의 다산 제다에서 이런 카테킨 산화차를 생산했
다는 근거나 기록은 없다. 즉 월산 홍차라는 것은 오늘날 상업
적 목적에서 만드는 것으로 보인다. 이는 업체 운영 지속을 위
한 사업의 일환일 수는 있지만 녹차 고수로 일관했던 다산 제다
의 전통 맥락에 맞는 일은 아니다.

이 업체가 2024년 국가유산청 전승공동체 활성화 지원사업

지원금으로써 연 행사는 강진(제다) 전승공동체 조직화, 차밭길 걷기와 탁족차회, 다정한 밤(서양음악 연주회), 월출산 차문화 학술 심포지엄 등 몇 가지가 있다. 이 가운데 월출산 차문화 학술 심포지엄은 월출산 차문화가 전통성 있는 차문화라는 주장을 강화하는 것이었다. 강진 전승공동체 조직화 사업은 강진 수제야생차 제다인(또는 업체)들을 모아 공동체를 구성하는 안이었다.

그러나 월출산 차문화 학술 심포지엄은 수준 있는 차학 관련 학자들을 불러서 객관적으로 월출산 차문화의 유래와 학술적 가치를 논하는 자리는 아니었다. 앞에 말한 대로 당시 진행 중인 전승공동체 활성화 지원사업 대상으로 선정된 명분을 마련하여 앞으로도 계속 이 지원사업을 따내기 위한 여건 조성으로서, 월출산 차문화의 전통 개연성을 홍보하는 작업으로 보였다. 또 강진 수제차 (제다)전승공동체 조직화는 이미 조직되어 강진 차문화 학술대회, 야생차 품평회 등 매년 활성적인 차 행사를 주관하고 있는 강진차인연합회에 이름을 하나 더 붙이는 격으로 보였다. 이 밖에 탁족차회나 서양음악 연주회는 전통 제다와 무관하고 차문화의 순수성에도 반하는 것이었다.

(사)고려천태국제선차연구보존회는 단체 이름이 '한국 전통'이라기보다는 불교 특정 종파(천태종)의 국제적 맥락의 차(국제 선차)를 연구 보존한다는 의미이고, 정관에도 단체 결성 취

지 및 활동 목적이 그렇게 규정돼 있지 않을까 생각된다. 그런 만큼 이 업체의 설립 목적은 전승공동체 지원사업이 대상으로 하고 있는 '전통 제다'와는 거리가 있지 않나 생각된다. 이 업체 역시 다산과 초의가 추구했던 '순수 야생차'로써 '전통 제다'를 제대로 수행할 수 있는 전통 야생다원을 구비하고 있는지는 의문이다. 이 업체 대표 ㅈ아무개 씨는 순천만정원 안에 순천시가 일지암을 본떠 앉힌 건물을 차계의 가장 큰 단체인 'ㅁㅇ재단' 이름으로 수탁 운영하고 있는 것으로 알려져 있다. 또 (사)고려천태국제선차연구보존회는 전라남도 교육청과 MOU를 맺고 전라남도 일대 청소년 다례 교육을 도맡아 하는 등, 역시 활성화 지원이 더 이상 필요 없을 정도로 전남 동부 일대에서 가장 크게 성공을 거두고 있는 차사업체이다.

(사)고려천태국제선차연구보존회를 알리는 데 한 역할을 한 것은 대표 ㅈ 씨가 자신의 저서 등을 통해 줄곧 덖음 제다에서의 '구증구포(九蒸九曝)'를 주장하여 차계의 논란과 비판의 대상이 돼 온 것이라고 할 수 있다. "찻잎을 아홉 번 쪄서 아홉 번 말린다"는 의미의 구증구포는 다산이 자신의 시에서 언급한 증배 제다(蒸焙法)의 용어이다. ㅈ 씨는 이런 비판을 의식해서인지, 최근에 (사)고려천태국제선차연구보존회 부속 한국차문화제다교육원 원장 ㄱ아무개 씨와 공동 저자로 이름을 올린 한 논문에서 "조계산권 제다법은 ㅈ○○이 '구초구포(九炒九曝)'로

새롭게 정리했다"고 자화자찬했다. 그런데 이 주장(구초구포)
은 더 큰 불씨를 안고 있다. 구초구포란 어느 제다사에도 없는
(있을 수 없는) 말로서 이론상 제다 용어로 성립될 수 없다. 즉
구초구포란 아홉 번 초(炒, 덖고, 살청)하고 아홉 번 포(폭)(曝,
말린다)한다는 의미인데, 이른바 '한국 전통 제다법'으로서『동
다송』에 나오는 초배법인 "첫 솥에서 살청을 마무리하고, 둘째
솥에서 말린다"는 원칙에 전혀 맞지 않는 어불성설이다. 이 '구
초구포' 논란과 관련해서는 뒤에 더 상술하겠다.

(사)고려천태국제선차연구보존회는 2025년 국가유산청 전통
제다 전승공동체 활성화 지원사업 일환으로 2025년 10월 17일
순천만정원에서 '제1회 한·중 전통차 제다법 전승을 위한 학술
포럼'을 열었다. 주제발표는 '송대 차생산 가공기술의 역사유산
과 당대 가치', '중국 오룡차 역사와 제다법', '청태전의 역사와
제다법', '조계산권 구초구포 작설차 제다법' 등이었다. 현대 한
국 전통 제다 활성화를 위한 공공지원금을 받아 벌이는 학술포
럼에서 해묵은 중국 송대 제다법과 이미 뻔히 알려져 있는 중국
오룡차 역사와 제다법을 발표 논문 주제로 다루고 있다. 또 한
국 제다법 관련해서는 "폐기된 옛 차 복원"이라는 논란 끝에 기
세가 수그러진 '청태전의 역사와 제다법'을 재소환했고, 앞에서
"전통 제다 이론으로서 말 자체가 성립될 수 없다"고 한 '구초구
포'를 아랑곳 않고 다루고 있다.

이처럼 전통 제다 전승공동체 활성화 지원사업 수행 주체들이 전통 제다의 원형과 정체성을 살리는 데 무관심하거나, 한국 전통 제다를 더욱 혼란시킬 제다법을 주장하고 있다는 점, 국가무형유산 제130호인 '전통 제다'를 원형적으로 수행(遂行)하는 데 필수적으로 갖춰야 할 규모 있는 전통 순수 야생다원을 전혀 구비하지 못하고 있다는 사실, 2023년~2026년 4년 사이 2회씩 연이어 활성화 지원 대상 업체로 선정된 두 곳이 각각 전남 동·서부 지역에서 이미 최고도로 활성화되어 있는 가장 큰 상업 제다업체들이라는 사실은 이 지원사업 대상 선정 심사에 기본적 기준이 있는지조차 의심하게 한다. 또 위에 열거한 두 업체의 내력이나 지원사업 수행 내용을 보면 국가 지정 무형문화재(전통 제다) 전승공동체 활성화 지원사업 대상이 정통의 전통 제다 전승 활동에 지원을 필요로 하는 소규모 영세 비영리 공익적 전승공동체인지, 이미 다양한 지원으로 역량이 활성화돼 있으면서 전통 제다의 정체성과는 무관한 상업 제다업체인지, 국가 지정 무형문화재로서 '전통 제다'의 전승을 지원한다는 것인지, 대규모 상업 제다업체의 사적 이익 추구 경영을 지원한다는 것인지 알 수 없다. 또 선정 심사 절차를 보면 심사 담당자들이 '제다'와 '전통 제다'를 제대로 구별하고 있는지, 전통 제다의 출발이자 초석으로서 전통 제다의 원료가 전통 야생 찻잎이어야 할지 일본 야부기타 재배 찻잎이어야 할지에 대해

분별 능력이나 식견이 있는지, 이 지원사업 취지를 제대로 숙지하고 있는지 등도 의문이다.

국가유산청 전승공동체 활성화 지원사업에서 발견되는 또 다른 문제는 지원 대상 선정이 지극히 졸속으로 이뤄지고 있다는 것이다. 처음에는 각 지자체가 제출한 서류만 검토하는 서류심사였다. 따라서 어떤 제다업체일지라도 사전 페이퍼워크로써 전문성 없는 담당 공무원 눈속임만 잘하면 선정될 가능성이 높다고 할 수 있었다. 2026도 지원 대상 선정은 심사위원 상대로 지원 신청인들이 발표하고 질의응답하는 면접 심사를 곁들였다. 그러나 졸속 밀실 선정되었을 심사위원들의 자격을 알 수 없을 뿐만 아니라 10분 동안의 짧은 면접 역시 눈속임 피피티 자료 발표와 페이퍼워크를 완전 극복하기는 어려운 일이었다. 한 해에 1억 원에 가까운 막대한 지원금을 주는 사업인 만큼 대상 업체와 신청 사업의 내용 및 질을 충분한 시간 현장 조사하는 방법밖에는 길이 없다고 할 수 있다.

부실한 한국차학회 논문 검증 시스템, 특수 목적 '홍보·세탁 창구'로 이용당할 수도

2025년도 국가유산청 전승공동체 지원사업 대상 선정은 한국 차학회의 논문 공모 검증 시스템 문제와도 한 가닥이 닿아 있다. 한국 차계에는 (사)고려… 대표 ㅈ 씨가 그동안 저술 등을 통해 증배 제다 용어인 '구증구포'를 외쳐 온 사실이 익히 알려져 있다. 그는 2025년 5월 1일부터 2일까지 이틀간 경남 하동군 화개면 켄싱턴리조트지리산에서 열린 한국 한국차학회 2025년도 춘계 학술대회에서 고려천태국제선차연구보존회 산하 한국차문화제다교육원 원장 ㄱ아무개 씨와 공동 저자 이름을 올린 주제발표 논문 〈한국 전통차 제다의 역사와 전승 체계에 관한 연구〉에서 "ㅈ○○은 조계산권 제다법을 구증구포가 아닌 '구초구포' 제다법으로 새로 정리하였다"고 자신의 이름을 넣어 기상천외한 주장을 했다. 이는 논문 저자가 자신의 논문에서 논란의 여지가 있는 자신의 기존 주장('구증구포')을 아무런 학술적인 이유나 설명 없이 철회하고, 뜬금없이 제삼자가 새로운 학설을 주장하는 양 객관화하여 소개하는 방식으로 부각시킨 것이다. 논문 저자가 자기 논문에서 자기 이름을 스스로 거명하여 업적을 내세우는 일은 학자적 양심과 학문의 진정성, 그리고 이해충돌 방지 차원에서 볼 때 퍽 생소하다.

'구초구포'가 기상천외한 이유는 이렇다. 그는 이전에 '구증구포(九蒸九曝)'라는 증배(蒸焙) 제다 방식을 초배(炒焙) 제다의 일로 주장하여 논란의 여지를 남겼는데, 이번에는 그런 점을 의식하여 증배법 용어 '구증'을 '구초'라는 초배법 용어로 바

꾼 것으로 보인다. 그러나 '한국 전통 제다법'으로 알려진『동다송』초배법에서는 첫 솥에서 한 번 덖고 둘째 솥에서 한 번 말리는 '일초일배(一 炒一焙)'다. '구초구포(九炒九曝)'란 솥에서 아홉 번 덖고 아홉 번 말린다는 의미인데, 여린 찻잎을(더구나 작설 찻잎을) 아홉 번이나 솥에서 덖어 대면 더 이상 말릴(구포할) 필요가 없는, 차 아닌 숯검댕이가 되어 나온다. ㅈ 씨는 초의 제다법에서 2회차 솥의 건조 과정(焙)을 덖는다(炒)고 착각한 것으로 보인다. 덖음 제다에서 '일초구배' 또는 '일초구포'라는 말은 몰라도 '구초구포'라는 말은 성립될 수 없다.

앞에서 전승공동체 지원사업 선정이 한국차학회의 공모 논문 검증 시스템 문제와 연관돼 있다고 한 것은 위 논문의 공동 저자 표기와 논문 내용의 목적성을 두고 한 말이다. 한국차학회 연구윤리 규정 제3조(연구 부정행위의 범위) 제 5항에 "'부당한 논문 저자 표시'는 연구 내용 또는 결과에 대하여 학문적·기술적 공헌 또는 기여를 한 사람에게 정당한 이유 없이 논문 저자 자격을 부여하지 않거나, 학문적·기술적 공헌 또는 기여를 하지 않은 자에게 감사의 표시 또는 예우 등을 이유로 논문 저자 자격을 부여하는 행위를 말한다"는 규정이 있다.

앞 논문은 '동아시아고대학회'의《동아시아고대학》제67집(2022.09)에 발표된 〈한국 전통차 제다법 전승 양상에 관한 연구〉와 주제가 유사하고 저자(ㄱ○○)가 겹친다. 위 연구윤리 규정과 관련하여 눈길을 끄는 것은 공동 저자로 ㅈ 씨가 추가된 것이다. 그렇다면 이미 발표된 논문이 보완되어 공동 저자로 ㅈ 씨 이름이 들어간 게 아닐까? ㄱ 씨가 원장을 맡은 한국차문화제다교육원은 ㅈ 씨가 대표로 있는 (사)고려천태국제선차연구보존회의 자매 또는 부속기관이라고 할 수 있다. (사)고려…는 2025년도와 2026년도 국가유산청 전승공동체활성화지원사업 대상으로 연속 선정되었다. 이 일련의 연계를 보면, (사)고려… 가 국가유산청 지원사업과 관련하여 한국차문화제다교육원 원장으로 기획 전문가인 ㄱ 씨를 영입했고,[1] 그에 따라 논문의 전후 맥락이 그렇게 된 게 아닌지 궁금하다.

그렇다면 문제의 논문에 있는 "조계산권 제다법은 ㅈ○○이 '구초구포(九炒九曝)'로 새로 정리했다"는 주장은 누가 하는 말일까? 논문 앞에서는 국가유산청의 전승공동체 활성화지원사업을 칭찬하는 한편 제다 분야 기예능보유자(인간문화재) 미지정을 비판하기도 했다. 이 맥락에서는 특정인의 '전통 제다 인간 문화재 등극'을 기도(企圖)하는 '스토리텔링' 창작이 느껴진

---

1   SNS 공개 프로필에 ㄱ 씨는 '한국전통문화산업개발원' 공동대표, 2023하동세계차엑스포조직위 기획전문위원, 하동한국차유통센터세계차은행 자문위원, 순천시상권활성화재단 이사, 신안군교육청 마을학교 큐레이터 등 20개 가까운 직책을 가진 것으로 써 놓았다. 그가 다원 운영 제다인 또는 제다 전공자라는 근거는 안 보인다.

다. 얼마 전까지도 한 차인이 '초의차 계승자'임을 입증한다는 지편(紙片)을 내보이며 논문과 저술을 통해 '전통 제다 인간 문화재' 등극을 시도한 적이 있었다.

이 밖에도 ㄱ 씨와 ㅈ 씨는 최근 조계산권 차 관련 홍보 행사를 기획 시행하는 등 일종의 '정지 작업'을 해 왔다. 또 ㄱ 씨는 최근 2025년 후반기 순천대 '글로벌차문화제다산업학과' 개설 홍보와 입학 권유를 SNS에서 주도했다. '한국차문화제다교육원' 이름과 '차문화제다'라는 말이 겹치는 상징성 암시와 함께 이 학과 개설에도 관여했음을 과시한 것으로 생각된다.

이처럼 일관된 목적성과 의도가 감지되는 드라마틱한 광경을 목격하면서 걱정되는 것은, 한국 최대의 순수 민간 차 학술 단체인 한국차학회가 연구윤리 강령을 두고 논문을 공모하면서 논문 심사 과정에서 문제의 여지가 있는 논문들을 제대로 들여다보지 못하고 있는 것이다. 즉 한국차학회 논문 투고 시스템은 학술적 창의성이나 학문적 순수성을 결여한 논문들의 '논문 실적 세탁소' 또는 소기의 목적 달성을 위한 '홍보 창구'로 전락돼 이용당할 수 있다는 것이다. 만일 그렇게 된다면 한국 차학 논문의 질을 떨어뜨려서 차학 발전은 고사하고 한국 차문화와 차산업 침체의 한 원인을 제공하는 일이 될 수도 있다.

여기서 명확히 할 게 있다. 〈한국 전통차 제다의 역사와 전승 체계에 관한 연구〉와 관련하여 논문에 담긴 공동 저자들의 의도와 직무 관계까지 생각해 본 까닭은, 이 논문이 여러 대목에서 학문적 진정성과 순수성에 반하는 논거 부재의 구호적 주장을 무리하게 하는 것을 보면서, 논문의 지향점이 학술적 기여보다는 엉뚱한 데 있다고 생각되었기 때문이다. 이 지적으로 학술적 함량 미달 논문은 논문의 존재 이유를 무너뜨리고 저자들에 대한 학술적 사회적 신뢰를 깎아내릴 뿐, 한국 차학과 차문화 발전에 전혀 보탬이 되지 못한다는 점을 이 논문 공동 저자 및 앞으로 차학 논문을 쓰게 될 후학들에게 알려서 성찰의 계기와 거울로 삼도록 권하고자 하는 것이다.

"평가 않고 기록만 한다"는 한국연구재단 거액 지원 '전통 제다 원형복원 DB 구축'

한국연구재단은 '2021년 한국연구재단 인문사회연구소 지원 사업'으로 순천대 지리산권문화연구원의 '한국 전통 제다 기법의 역사적 원형 복원과 현대적 계승을 위한 DB구축'을 선정하여 6년간(2022년~2027년) 국비 총 18억 원을 지원하여 연구 사업을 수행하게 하고 있다. 이 연구 사업이 막대한 국민 세금을 연구비로 쏟아붓고 있고 전통 제다 정체성 확립에 대하여 차계를 비롯한 국민적 여망이 크다는 점에서 가성비 높은 성과가 나오는 게 마땅하다. 그러나 지금까지 5년째 수행되고 있는 이 프로젝트 진행 내용이 전혀 외부에 공개되지 않아서 장기 연구 프로젝트의 폭넓은 중간 점검 기회를 잃고 있다. 이 프로젝트는 공적 자금을 지원받아 공적 사업을 하는 것이고, 6년이라는 긴 사업 기간 동안 막대한 양의 내용을 다루는 것이어서 다양한 전문적 검증과 지식 보충을 받아야 할 필요가 있다. 즉 특정 소수를 위한 기밀 사항을 다루는 것이 아닐뿐더러 시행착오 방지를 위해서라도 진행 과정이 전면 공개되어 차학계의 전문적이고 대중지성적인 검증을 받는 게 바람직하다.

특별히 걱정되는 것은, 연구 사업을 시작할 당시의 지리산권문화연구원 측 발표를 보면 이 프로젝트 수행 원칙이 "기록만 하되 평가는 하지 않는다"는 것이었다. 지리산권문화연구원이 이 사업의 핵심 주제인 '전통 제다'를 전적으로 다뤄 온 연구기관이 아닐 터여서, "평가를 하지 않는다"는 말은 전통 제다 관련 전문성 부족을 자인하는 것으로 들렸다. 문제는 전통 제다 정체성 확립이라는 중요한 과제를 두고 전통 제다의 정체성 혼란을 야기하는 '시중 상업 제다 업체들의 무분별한 제다 양상'을 그대로 기록화할 개연성이다. 이런 우려가 여러 경로를 통해 표명되었으나 지리산권문화연구원은 이를 배척하는 태도를 보이고 있다. 이 프로젝트 진행 관리감독 기관이어야 할 한국연구재단이 이런 문제를 인지하고 있는지조차도 알 수 없다.

실효성 불문하고 차 행사에 돈 퍼 주는 농림축산식품부

농림축산식품부의 경우를 보자. 이 정부 부처는 '2023년 하동 세계차엑스포' 행사에 42억 원의 국비를 지원했다. 또 거의 동시에 하동의 한 제다 업체 업주가 대표로 있는 한국차자조회에 매년 적지 않은 지원금을 주도록 법제화했다. 하동세계차엑스포는 '세계'라는 말이 무색하게 국내 상업제다 업체들의 새마을 야시장식 제품 전시 판매 행사와 트로트 가수 공연 등으로 성대한(?) 막을 내렸다. 국산 차의 부진을 탈피하기 위해 국내 제다 업체 지원도 부족하다 할 마당에 국내산 차의 부진을 가속화할 중국 차나 일본 차 등 외국산 차를 한국 시장에 불러들이는 '세계차엑스포'를 연다는 것은 애초에 논리적 현실적으로 타당하지 않은 일이었다. 하동세계차엑스포가 끝난 지 2년이 지난 지금 국내 차 시장에서 보이차 등 중국 차의 기세가 일취월장하고 있는 데 비해 어느 국산 차의 사정이 엑스포 이전보다 나아졌다는 소식은 아직 들리지 않는다.

한국차자조회는 상업 제다 업체들끼리 '스스로 돕는다'는 의미 그대로 자조회다. 농림축산식품부는 하동세계차엑스포 준비 단계에서 하동군의 한 공무원을 농림축산식품부 차 업무 부서 책임자로 유입받았고, 하동에 있는 한국차자조회에 지원금 주는 일은 그가 주도하여 법제화한 것으로 알려지고 있다. 그런

데 한국차자조회는 이 지원금의 상당액을 차밭 사진 공모전 개최와 차밭 사진으로 달력 만드는 일에 썼다.

결론으로, 위 두 정부 기관과 두 학술단체들의 차 관련 업무나 지원사업은 한국 차의 부진을 개선하여 한국 차와 차문화와 차산업의 발전을 도모하자는 데에 취지와 목적을 두는 일일진대, 정책 당국이나 시행 주체들 모두가 이 사업의 취지와 목적의 순수성을 존숭하기보다는 오로지 돈 주고 쓰는 일에만 매몰되어 있는 것 같다. 어떤 문제를 해결하려면 먼저 문제의 원인을 제대로 진단하고 다음에 그 진단에 적절한 처방을 하여 실행되도록 하는 게 순서다. 한국 차 부진의 원인은 한국 차의 정체성 상실이고, 그 영향이 한국 차학, 차문화, 차산업의 침체로 나타나고 있다고 할 수 있다.

따라서 한국 차 부진을 탈피하는 데 시급하고 절실한 처방은 한국 차의 정체성 정립이다. 지금까지 시행됐거나 진행 중인 정부 기관과 학술단체들의 예산 지원이나 학술적 지원은 그런 원인 진단 없는 일시적 일과성 대증 요법에 불과하다. 대표적인 사례로, 국가유산청이 국가무형문화재(제130호 전통 제다) 전승공동체 활성화 지원사업 선정 심사에서 진정한 의미의 전통 제다와 상업 제다를 구별하지 못하고, 지원 대상이 공익을 위한 순수 민간 전승공동체인지 개인이 운영하는 상업성 추구 대규모 제다업체인지 구별하지 못하여, 이미 활성화돼 있는 상업 제다 업체의 일회성 일과성 쇼 행사들에 매년 막대한 국민 세금을 탕진하고 있다. 상혼에 지배되는 특수 목적 지향의 학술 심포지엄, 차 음악회, 재배차밭 걷기, 전통 제다의 취지를 벗어난 일본 야부기타 재배차 이용 제다, 황당한 논리의 '구초구포' 청년제다학교 운영 등 전통 제다 전승과 무관한 대규모 상업 제다업체들의 일과성 행사들과 '전통 제다' 활성화라는 모순 구조 속 깨진 독에 물 붓기가 계속되고 있다.

4

〈한재 이목의 『다부』에 보이는 성리학적 수양론의 특징〉 평석(評釋)[1]

최성민

I 서론

《한국차학회지》 제30권 제3호(2024년 9월)의 〈한재 이목의 『다부』에 보이는 성리학적 수양론의 특징〉(김지현 등, 2024)은 인용의 오류와 견강부회, 성리학 이론의 자의적 연역, 논거 불명의 억측, 논리 전개의 비약과 혼란 등 논문의 기본을 벗어난 대목이 많다. 논지와 무관한 췌사(贅辭)의 과남용도 눈에 띈다. 논문에서 논거의 주요 요소인 인용을 왜곡하거나 논제의 뼈대

[1] 이 논문은 한국차학회 논문 공모 제도의 정식 심사 및 게재 절차를 거쳐서 한국연구재단 등재지인 《한국차학회지》 2025년 6월호에 실린 것이다. 이 책의 논문 체제적 성격에 맞춰 일반 논문 체제에서와 같은 '선행연구 검토' 차원에서 이 논문에 대한 한국차학회 논문심사위원회의 심사 의견과 함께 싣는다.

인 이론 설계에 오류를 범하면, 거기에서 도출되는 결론은 학문의 진전에 도움되기 어려울 것이다. 또 인용의 잘못으로 인해 피인용자가 당하게 될 오해 등 피해도 생각해 볼 문제다.

본 졸고의 필자는 위 논문과 같이 한재 이목의 『다부』를 분석 대상으로 하여 〈한국 수양다도의 모색〉이라는 학위논문을 쓴 저자이자, 위 논문에 일부 잘못 인용당한 피인용자로서 위 논문에 반론, 질정(質正)하고자 한다.

II 본론

1. 서론에서 보인 논문의 의도성 문제

위 논문은 서론에서 "기존 연구의 결론을 바탕으로 이병인(2022) 역시 『다부』는 조선 전기 차문화와 차 정신의 결정체이자 금자탑'이라면서 '그 핵심 내용은 오심지차(吾心之茶)'라고 평가하고 있다"고 하고, "본 연구자 역시 이와 같은 기존의 가치 평가들에 대하여 대체로 의견을 같이한다. 다만, 『다부』가 지닌 내용상의 가치를 드러내는 용어들이 연구자에 따라 다소 주관적이고 개별적으로 사용되고 있는 것이 아닌가 하는 의구심에서 본 연구를 시작하게 되었다. …… 이는 한재와 『다부』에 대한 온당한 평가에 걸림돌이 될 수 있기 때문이다."라고 하였다.

이어 "한재가 강조하는 수양이나 양생의 철학적 배경에 관하여 불교를 언급하는 경우가 적지 않다. 예컨대 최성민은 그의 책『신묘』(최, 2020)에서『다부』에 대해 '한국 전통사상의 특징인 유불도 삼교 융합회통을 통하여 한국인의 삶과 정신세계를 채워 주고 있다'고 평가하고 있다. 또 '한국인의 전통사상인 삼교 회통의 정신을 이어 주는 대표적인 작품'이라고 평가하기도 한다. 하지만 이런 진단은 한재가 불교 배척에 앞장섰다는 사실과 부합하지 않는다는 객관적인 문제가 있다. 또『다부』의 어느 구절에서도 불교의 인물이나 이론을 언급하지 않았음에도 삼교 회통을 말하는 것 역시 지나치게 주관적이고 이상적인 평가라고 하지 않을 수 없다."라고 하였다.

이런 언급은 자신의 논거를 확보하는 데에 논문 서론에서부터 결론에 이르기까지 특정인 한 명만의 주장을 표적하였다는 인상과 더불어 퍽 생소하게 다가온다. 본론에서의 '신동기입묘'의 해석, 결론의 '오심지차'의 의미 분석 등 일관되게 특정인 한 사람의 학술적 주장만을 겨냥하고 있다. 또 인용의 일부가 오류인 데다가, 그 인용에 대한 평가가 고문헌의 직역과 억측에서 유발돼 오히려 "한재와『다부』에 대한 온당한 평가에 걸림돌"이 되지 않을지 걱정된다. 결론에 이르기까지 주로 특정인의 학술적 주장에 비판의 초점을 둔 것에서는 비학문적 의도성도 감지된다. 특히 위 '인용'들은 "한재의 철학 사상 바르게 고찰할 필요성"의 반면교사적 사례로 삼았다. 상대를 두고 '바르게 고찰'이라든가 '온당한 평가'라고 한 주관적 가치 평가의 말은 자칫 학문적 오만과 경솔함을 드러낼 수 있는 것이어서 순수 학술 논문에서는 거북하게 들린다.

2. 자기 주장 합리화를 위한 인용 오류와 견강부회

위 인용 내용은 사실과 다르다. 피인용자는『다부』에 대해 결코 위 논문이 인용한 것처럼 주장 또는 평가한 바가 없다.『신묘』를 비롯한『차와 수양』, 〈한국 수양다도의 모색—『다부』와 『동다송』을 중심으로〉 등 여러 논문과 저술에서 피인용자가 말한 바는『다부』를 동아시아 사상 본체론인 기론(氣論)에 입각하여 해석해야 한다는 것이다. 특히 '신동기입묘(神動氣入妙)'와 '오심지차(吾心之茶)'를 직역하는 것이『다부』에 대한 온당한 평가'에 반한다는 취지에서, 논문과 저술의 여러 곳에서 '오(吾)'의 기론적 의미[2]와 기론에서의 정 · 기 · 신(精氣神)의 의미를 설명해 놓았다. 위 논문의 "이런 진단은 한재가 불교 배척에 앞장섰

---

2 『莊子』에 나오는 '虛室生白'의 의미와 함께 '吾喪我'에서 알 수 있듯이 吾는 '자의식이 있는 나(我)'가 아닌 '빈 마음의 나(吾)'이다. 따라서 '오심지차(吾心之茶)'는 다신(茶神)의 작용에 의한 '빈 마음의 차' 또는 '마음 비움의 차'라고 해석해야 '신동기입묘(神動氣入妙)' 등 앞의 문맥과 적절하게 부응한다.

다는 사실과 부합하지 않는다"는 주장도 객관적 사실에 부합하지 않는다. 한재는 고려시대에 번창한 불교 사찰의 폐해가 조선시대까지 이어지므로 그에 따른 민간의 피해를 막아 보자는 의미의 숭유억불을 주장한 것이지, 학술적 의미의 불교 사상까지 배척한 것이 아니었다.

3. 성리학 이론의 자의적 연역

위 논문은 전량의 절반, 본론의 거의 전부를 성리학 이론 소개와 설명으로 채우고 있다. 저자들의 성리학 본체론—심성론—수양론에 대한 이해 부족이 독자들을 오도할 부분들도 적지 않다.

예컨대 위 논문은 본론 '1—1) 성리학의 성립과 수용'에서 "유교가 수천년 동안 한·중·일 등에서 동양사상을 지배하는 핵심적 위치를 점해 왔다"면서 "공자가 '인(仁)'을 모든 도덕을 일관하는 최고의 이념으로 제시하였다"고 했다. 유교가 수천 년 동안 동양사상을 "지배했다"는 표현은 사실에 부합하거나 학술적이지 않다. 제자백가 현상을 보더라도 한 학설이 다른 제 학설을 지배한 적은 없다. 불교사상이 일찍이 학문적 체계로서 앞서 있었고, 유교는 불교의 영향으로 송대에 들어와서야 성리학이라는 이론 체계를 세우기 시작했다. 즉 유·도·불가 등 세 부류의 흐름이 본체론인 기론(氣論)을 바탕으로 각자의 필요

와 수요에 따라 상호 토론과 견제를 통해 오늘날까지 주류 사상
으로서 공존·공류해 오고 있다. 또는 일찍이 기론(氣論)으로
무장한 도가 사상이 저류를 주도해 왔다고 하는 게 적절하다.
또 인과 관련하여 공자가 『논어』에서 인(仁)을 구현하는 '일이관
지(一以貫之)'를 '서(恕)'로써 암시하고 忠으로써 보충하여 설명
한 점을 환기해 보면 인의 의미를 그렇게 단선적으로 이해하는
것은 곤란하다. '인'을 사상을 의미하는 '이념'이라기보다는 덕
성을 규정하는 '도덕적 가치관'이라고 표현하는 게 적절하다.

위 논문은 '2) 맹자의 호연지기'에서 "맹자는 의(義)를 강조하
여 이를 인(仁)과 동등한 위치에 놓음으로써 공자의 사상을 보
충하고 발전시켰다"고 했다. 이런 주장은 학술적 사실에 맞지
않다. 공자는 仁과 함께 仁(公心)—義(공심에 비추어 옳음)—禮
(義의 표현)의 관계를 설명했다. 즉 인과 의가 도덕 가치론적으
로 우열을 가릴 대상은 아니다. 또 호연지기를 기르는 방법이
"원래 있는 기(氣)와 의(義)를 합쳐 부끄러움이 없는 상태가 되
도록 하는 것"이라고 했다. 이는 위 논문 저자들이 동아시아 사
상 본체론—심성론—수양론의 관계에 대한 이해 부족에서 나오
는 췌사이다. 기(氣)는 동아시아 사상 본체론(기론)에서 실체적
질료(質料)이고 의(義)는 형이상학적 가치 개념인데, 기와 의를
어떤 원리로써 합칠 수 있다는 말인가?

위 논문은 또 '3) 주자의 심성론과 도심'에서 주자를 '성리학의

시조'라고 일컫고 있다. 성리학의 시조라고 하자면 일찍이 주자(주희) 앞에 주돈이, 장재, 소옹, 정호, 정이 등 이른바 '북송 5자'라 불리는 일단의 대학자들이 있었다. 주자는 단지 북송 5자의 학리를 이어받은 '성리학의 가필(加筆) 완성자'라고 하는 게 적절하다.

위 논문은 본론 '2. 『다부』와 한재의 수양론—2) 한재가 깨달은 차의 본연지성'에서 "성리학의 심통성정이 『다부』에 어떻게 반영되어 있는지 구체적으로 살펴보고자 한다"면서, "한재가 달·술·차에 사람의 본연지성과 같은 선성의 성이 있다고 했다"고 주장했다. 이는 논거 불명의 억측이자 논리 구성만을 위한 무리한 단정이다. 한재가 육우의 『다경』을 읽고 "차의 성을 얻었다"고 했을 "茶之爲用 味至寒……"(차의 쓰임은 차의 성미가 지극히 담담하므로……)에 "한재가 달·술·차를 의인화했으므로 달·술·차의 성(性)이 성선(性善)으로서의 본연지성"이라고 할 논거는 없다. 위 논문은 성리학 '심통성정'을 사람이 아닌 달·술·차에 적용시키기 위한 일념으로 달·술·차를 무단히 의인화하고 있다. 만일 달·술·차의 성(性)이 선성(善性)으로서의 본연지성이라면 달·술·차의 기질지성은 또 무엇이란 말인가? 저자들은 차의 기질지성을 사람의 기질지성으로 변환시키고자 하는데, 논리적 비약이 심하다. 또 하필 달·술·차에만 본연지성이 있겠는가.

주자의 중화신설인 '심통성정'론은 사람의 심성 구조에 대한 논의이다. 즉 차의 성미 '지한(至寒)' 등은 위 논문 저자들이 말한 바와 반대로 '특정한 사물(달·술·차)의 일반적인 성품·특성·성질'이라고 해야 한다. 또 하늘(자연)에서 받은 사물의 특성(稟性)은 선성(善性)으로서의 본연지성이 아니라 비선비불선(非善非不善)의 기질지성이라고 해야 한다. 저자들은 '한재 이목의 『다부』에 보이는 성리학적 수양론의 특징'이라는 논제에 구속돼, '심통성정'을 거론하면서 '달·술·차의 의인화'와 "차의 본연지성……"을 말하는 궁여지책에 이른 것이라고 할 수 있다.

위 논문은 또 '3)『다부』의 호연지기(浩然之氣)'에서, "여기 나오는 '호연지기'는 맹자가 말한 대표적인 수양법으로, 심성론에 관심을 기울인 모든 성리학자들이 채택한 방법론이기도 하다. 그런데 한재는 이런 호연의 기(氣)를 기르는 것이 차 석 잔이면 가능하다고 말하는 것이다. …… 심(心)은 본연지성이자 체(體)를 말한 것이고 기(氣)는 기질지성이자 용(用)을 말한 것으로 볼 수 있다. 합하여 차를 본연지성으로서의 심(心)에도 특별한 효험이 있고, 기질지성으로서의 기(氣)에도 도움이 된다는 것이다. 이는 한재가 주자의 심성론에 입각하여 우주와 만물을 파악하고 있다는 의미가 된다."라고 하였다. 여기에서도 성리학의 본체론과 심성론, 성리학 심성론에서 심성의 구조(심통성정), 본체론과 심성론에서 비롯되는 성리학 수양론 등에 관해 체계적으로 이해하지 못하고 있는 것이 보인다. '호연지기' 자체는 맹자의 수양법이 아니고 수양의 결과물이다. 호연지기를 기르는 맹자의 수양법은 저자들이 앞에서 든 바 있는 '집의集義'이다. 저자들은 한재가 "차 석 잔으로 호연지기를 기르는 일이 가능하다고 했다"고 주장했는데, 어떤 원리로 차 석 잔에 '집의集義'가 가능하다는 것인지 설명했어야 한다.

또 "'호연지기'가(아마 '집의'가) 심성론에 관심을 기울인 모든 성리학자들이 채택한 방법론"이라고 했는데, 그렇지 않다. '호연지기'는 유가 사상의 학문적 성숙 이전, 즉 성리학이 대두되기 전에 맹자가 기론적 인지의 입장에서 수양론의 단초 격으로 말한 것이고, 후대의 주리론자인 퇴계와 주기론자인 율곡의 수양론이 서로 다르고, 주자 수양론에서 '집의'는 안 나온다.

심과 기를 대비시키는 것 역시 성리학 이론에 맞지 않다. '심통성정'에서 기는 심을 구성하는 질료이다. '심통성정'해야 할 심을 본연지성이라 한 것도 성리학 이론에 어긋난다. 또 기는 기 그 자체이지 기가 운화(運化)를 거치지 않고 그대로 기질지성이 되는 것은 아니다. "차를 본연지성으로서의 심에도 특별한 효험이 있고, 기질지성으로서의 기에도 도움이 된다는 것이다."라는 주장은 동양의 기론적 수양론과 차(다신)의 본질적 기능의 접점을 파악하지 못한 데서 나오는 혼동이다. 성리학에서 선성(善性)으로서의 본연지성은 사람에게만 품수(稟受)된 덕성(性)이다. 따라서 '본연지성으로서의 心'이 아니라 '본연지성으로서의 性'이라고 해야 한다. '心統性情'은 心 안에 본연지성으로서의 性 및 기질지성으로서 情이 들어 있다는 말이다. 차가 어떤 원리로 심에 도움이 되는지, 또 '신동기입묘'를 직역하면서 기에는 무슨 연유로 도움이 된다고 할 수 있는지 궁금하다.

유가에서 말하는 수양(修養)은 인간 마음(심)의 혼탁한 기질을 걷어 내고 안에 있는 덕성(性)을 발현시켜서 정(情)의 중화(中和)를 꾀하자는 것이다. 차의 순수 자연성이자 기질지성으로서의 '품성(稟性)'이 청신한 우주의 생명력으로서 찻잎에 들어와 있는 것이 '다신(茶神)'이다. 제다~포다의 과정에서 다신을 보전해 내서 사람의 심신을 닦는 수양의 기제로써 활용하기에 정성(誠)을 다하라는 게 초의가 『동다송』에서 말한 다도이자 다도정신(誠)이다. 또 그렇게 정화되어 '빈 마음—苦心'이 된 경지가 한재가 『다부』에서 말한 '오심지차'인 것이다.

"한재가 주자의 심성론에 입각하여 우주와 만물을 파악하고 있다는 의미"라는 주장 또한 지나친 비약이다. 성리학 심성론은 마음의 구조에 관한 리(理)와 기(氣)의 관계론 내지 도덕적 심성 가치론이지, 우주와 만물의 존재론적 실태를 파악하는 본격적인 인식론이라고 할 수는 없다. 성리학 내용에 대한 이런 혼동 탓에 차의 덕성을 칭송한 『다부』를 논하면서 "차를 마시든 안 마시든 오심지차가 중요한 게 아니고…… 성리학적 수양론이 중요하다……"고 해 놓고서, 한편에서는 차와 한재의 심성론을 운운하니 논리의 일관성 없다는 지적을 받을 수 있다.

무엇보다 논리 전개의 혼란이 극심한 대목은 서론에서 "이병인(2022) 역시 『다부』는 조선전기 차문화와 차 정신의 결정체이자 금자탑'이라면서 '그 핵심 내용은 오심지차(吾心之茶)'라고 평가하고 있다."라고 자신들의 말을 인용하고 나서, 결론에서는 "한재가 『다부』의 말미에서 말한 '오심지차'는 차의 드높은 정신적 경지를 찬양한 말이 아니며, 외물로서의 차 못지않게 더 중요한 정신적 수양의 가치를 강조하기 위해 사용한 어휘로 이해된다"고 한 것이다. 이런 잘못은 "다도 전문서로서 『다부』의 진정한 가치가 '오심지차'로써 음다(飮茶)의 (정신적) 경지를 잘 표현한 것"이라는 특정인의 주장을 대비적으로 탈색시키려다 나온 것으로 보인다.

이렇듯 논문의 거의 절반을 성리학에 관한 논설로 채운 것은 또 다른 측면에서 아쉽게 느껴진다. 학문적 진전이나 한국 차학 발전을 위해서라면 아득한 시기인 송대(宋代)의 성리학보다는 현대 동아시아 사상의 흐름에 기반한 차론을 의제로 삼는 게 좋았을 것이다. 유학의 원조인 중국에서는 명·청대 이후 성리학에 대한 성찰과 토론을 통해 양명학을 거쳐 고증학으로, 본체론에 있어서는 '기일원론'으로 방향 보전되었고, 한국에서는 성리학의 지나친 형이상학성에 대한 반추와 성찰을 거쳐 조선 후기에 실학사상이 대두된 바 있으며, 조선 실학 조류 또한 본체론과 심성론 및 수양론에 있어서 혜강 최한기의『기학』을 통해 중국 쪽 기론과는 차별성 있는 한국적 '유기론(唯氣論)'으로 정리된 바 있다.

4.『다부』핵심부 직역과 아전인수

위 논문은 '본론 2.『다부』와 한재의 수양론―4) 오심지차와 한재의 심학 문제'에서『다부』의 핵심부인 '신동기입묘(神動氣入妙)……'를 다루며 또 다시 이 부분에 대한 특정인의 해석에 문제를 제기하고 있다. 즉 "이 구절 전반부(神動氣入妙……)에 대한 (일반적인 기존의) 해석은 크게 문제될 것이 없다. '神이 氣를 動하여 妙에 入한다'는 직역을 바탕으로 풀이하면 대체로 대동소이한 결론에 다다르게 된다. 문제는 여기 나오는 神을 茶神으로 이해하는 경우가 있다는 것이다(최, 2017). '차를 마시면 다신이 사람의 기를 움직여서 정신적으로 묘경에 들어가게 한다'는 뜻으로 풀이하는 것이다. 하지만 이 문장은 바로 앞에 나오는 내용(선표나 혜강의 양생법 비판)과 전혀 연결되지 않는다. 여기에 나오는 神을 茶神으로 보아야 할 아무런 논리적 인과관계가 없으며, 어법이나 문장의 의미 연결에도 어긋나는 지나친 의역이라고 여겨진다"고 하였다. 상대의 주장에 대한 비판을 넘어 상대를 어법도 모르는 사람으로 치부하여 비난하고 있는 것 같다.

위 특정인의 주장은 이 부분을 기론에 입각하여 해석하지 않고 위 논문 저자들의 주장처럼 직역하는 데서『다부』해석의 근본적 오류가 비롯된다는 것이다. 즉『다부』는 차의 덕성을 칭송한 글이고 차의 덕성은 차에 들어 있는 '다신'이라는 기(氣)로써 표출되는 것이기에, 『다부』의 핵심부인 '신동기입묘……'는 기론적으로 해석해야 된다는 것이다. 위 논문 저자들은 동아시아 사상 본체론인 기론을 무시한 일반적 해석이 잘못됐다는 '특정인의 주장'을 뒤집어 아무런 논거 없이 정답을 '잘못된' 일반적 해석(직역)으로 원위치시키는 다수결주의를 채택하고 있다. 학문적 주장의 진위가 다수결로 결정될 수 있다는 말인가? '신동기입묘……'의 직역이 옳다는 위 논문 저자들의 주장이 황망함을 입증하기 위해 '신동기입묘…… 오심지차'를 비교 해석하자면, 일반적 해석(직역)은 "정신이 기를 움직여 묘경에 들게 하니, 이것이 내 마음의 차이니……"이고, 기론에 의한 해석은 "다신(茶神)이 이입돼 내 몸의 기(氣)를 신(神)의 단계로 고도화시켜서 그 신이 작동하는 자연합일의 경지(묘경)에 들게 하니, 이것이 물질적인 차가 내 마음의 번뇌를 씻어 자의식마저 잊게 된 '빈 마음(吾心)의 차'로 승화된 것이니……"이다.

위 논문 저자들은 또 이러한 기론적 해석이 '선표와 혜강의 양생법 비판’ 내용인 앞 문장과 연결이 되지 않는다고 하면서, “여기 나오는 神이 우리 자신이며 인간 정신 자체를 말한 것이어서 한재가 추구하는 성리학적 정신이 외부로 드러나는 군자의 기(호연지기)를 움직이면 차를 마시든 안마시든 즐거움은 저절로 찾아오게 된다는 것이 이 문장의 핵심 의미”라고 주장한다. 차의 덕성을 칭송한 『다부』에서 다른 양생법을 비판하는 앞 문장에 이어 그것에 비교되는 다도 수양론을 진술한 것이 앞 문장과 연결이 되지 않는다는 주장을 받아들이기 어렵다.

『다부』의 ‘희이가왈……’ 이하는 결론부로서 ‘오심지차’란 말과 함께 한재가 양생과 관련한 끽다의 중요성을 기론의 관점에서 설명한 것이다. 이곳의 의미를 오해하면 정말로 “한재와『다부』에 대한 온당한 평가에 걸림돌”이 될 수 있다. “생이란 사의 근본이요……”는 장자의 견해인 ‘氣의 聚散’을 소개함으로써 茶神의 기능 등 청신한 기의 집약체로서 차의 효능을 말하는 것이다. ‘갈약(曷若)……’ 이후는 차를 마셔서 도달한 ‘마음의 이상적인 경지’를 말하고 있다. ‘지수에 빈 배를 띄우는’ 일은 차를 마심으로써 지혜를 얻는 ‘마음 비움’(吊心)의 상태를, 인산에 ‘가곡을 심는’ 일은 그 ‘빈 마음’에서 덕을 존양함을 뜻한다. 이렇게 해석해야 뒤에 나오는 결어(結語) ‘오심지차’, 즉 ‘마음 비움의 차’의 의미와 연결된다. 이처럼 한재가 차의 품성과 끽다의 경지를 말하는 맥락을 놓치고 위 논문은 ‘공자의 교육론’ 등 차와 무관한 곳으로 빗나가다 보니 '신동기입묘……'에 대한 타인의 다도 수양론적 해석에 대해 "논리적 인과관계가 없으며, 어법이나 문장의 의미 연결에도 어긋나는 지나친 의역이라고 여겨진다"며 엉뚱한 말을 했다.

위 논문은 또 차의 덕성을 노래한 『다부』의 결론을 두고 '神動氣入妙……'의 '신(神)'을 "우리 자신이며, 인간의 정신 자체를 말하는 것…… 외물로서의 차에서만 구한다고 될 일이 아니고, 신동기입묘의 수양이 반드시 있어야 한다"고 하면서 급기야 "차를 마시든 안마시든 즐거움은 저절로 찾아오게 된다는 것이 이 문장의 핵심 의미"라고 했다. 『다부』에서 차가 아닌 무엇으로 신동기입묘의 수양을 할 수 있다고 한 것인지, 차를 칭송하는 『다부』에서 차를 배제한 '신동기입묘'의 수양은 어떤 원리에 의한 것인지 알 수가 없다.

Ⅲ 결론

〈한재 이목의 『다부』에 보이는 성리학적 수양론의 특징〉은 인용의 오류, 고문헌 자료의 맥락을 무시한 직역과 견강부회, 성리학 이론의 자의적 해석, 특정인의 논문을 표적으로 한 비학구적 의도성 등 차문화 관련 인문학적 논문으로서 갖춰야 할 기본에서 많이 벗어나 있다. 본 반론문의 본론에서는 그 근거로 위의 논문 저자들이 범한 인용 오류의 문제를 말하고, 성리학 또는 동아시아 사상의 본체론인 기론에 대한 이해가 깊지 않은 수준에서 자신들의 논리를 무리하게 정당화하고자 한 실례들을 들어 질정하였다.

모름지기 논문이란 튼튼한 철학적 이론 체계의 바탕 위에서 학문의 진전에 이바지하는 창의적 요소를 지녀야 한다고 생각한다. 〈한재 이목의 『다부』에 보이는 성리학적 수양론의 특징〉에 대한 이 반론과 질정이 위 논문 저자들에게 반추의 자료가, 후학들에겐 적게나마 논문 쓰기의 밑거름이 되기를 희망한다. [3]

참고 문헌

- 김지현, 최송현, 이병인, 〈한재 이목의 『다부』에 보이는 성
  리학적 수양론의 특징〉, 《한국차학회지》, 2024, 30 (3):
  14—23.

[3] Conflict of interests: The authors declare no potential conflicts of interest. / Ethics approval: This article does not require IRB/IACUC approval because there are no human and animal participants. (투고일―2025년 5월 19일, 심사일―2025년 6월 4일, 게재 확정일―2025년 6월 16일)

- 박남식, 〈한재 이목의 다도사상 연구〉, 박사학위논문, 성균관대학교, 2012, p.87.
- 이병인, 『한재다부연구』, 이른아침, 고양, 2022, p.138.
- 최성민, 〈한국 수양다도(修養茶道)의 모색―『다부』와 『동다송』을 중심으로〉, 박사학위논문, 성균관대학교, 2017, p.126.
- 최성민, 『신묘』, 책과나무, 2020, p.255

심사 의견

본고의 반론의 타당성을 인정하고, 게재 가능한 것으로 판정합니다. 이런 논쟁을 통해 한국차문화의 성숙한 토론 문화를 기대합니다.

1. 본고는 전문학술지 단독 논문으로 게재하기는 애매한 글입니다. 하지만 한국 차학계의 건강한 연구 풍토를 위해서는 필요한 글이 아닌가 합니다. 다만 학술지 전문 학술논문 분야 이외의 '특별한 장'을 마련하여 따로 게재하는 것이 좋을 듯합니다. 철학계에서는 이런 논의가 종종 있어 연구자들에게 도움을 주곤 하는데 한국 차학계에서는 어떤 현상이 일어날지 이후 추이가 궁금합니다.

2. 정상적인 진행과 학술 논쟁을 위해서는 본고와 같은 반론
   에 기존 연구자들이 답변을 할 수 있는 기회를 주는 것이
   좋을 듯합니다. 즉 학회 차원에서 기존 연구자들에게 연락
   하여 본 반론에 이의를 제기할 의향이 있는지를 정식으로
   요청할 필요가 있다고 봅니다. 그래야 학회가 이 같은 논
   란의 중심에서 벗어날 수 있을 것이라 사료됩니다.

한국차학회 2025년
춘계 학술대회 주제발표 논문의 연구윤리 위반

2025년 5월 1일부터 2일까지 이틀간 경남 하동군 화개면 켄싱턴리조트지리산에서 열린 한국 최대 순수 차학술단체인 한국차학회의 2025년도 춘계 학술대회 논문들이 자료집에 상세히 실려 있다. 이번 학술대회 논문들은 참신하고 긍정적인 내용을 담고 있는 것들이 많다. 반면에 주제발표 논문 중에 간과할 수 없는 문제를 안고 있는 것도 있다.

2025년 한국차학회 춘계 학술대회 발표 논문집

이번 학술대회 논문 자료집에서 각별히 눈에 띄는 것은, 자료집 서두에 전에 없던 '연구윤리교육'을 실어서 한국차학회에서 발표되는 논문들의 연구윤리를 환기시켜 강조하고자 한 것이다. 그러나 아이러니하게도 이번 학술대회 주제발표 논문 중엔 자기표절, 번다한 자료의 의미 없는 나열, '전통 제다의 왜곡'으로 해석될 만한 부분, 특정 목적성에 따른 이해충돌 소지 등 연구윤리 및 학문적 진실성에 있어서 적잖게 문제를 안고 있는 것이 있다. 한국 차학과 차문화의 진정한 발전, 한국차학회의 학술적 명예 및 논문 투고 사전 점검 시스템 강화를 위해 이를 지적, 비판하고자 한다. 아울러 해당 논문 저자들의 성찰 및 반론의 자료가 되기를 기대한다.

자화자찬 견강부회, 학문적 진실 외면, 목적성 의도 담겨

제2부 주제발표 논문인 〈한국 전통차 제다의 역사와 전승 체계에 관한 연구〉(장미향 고려천태국제선차보존연구회 이사장 · 김대호 한국전통문화산업개발원 원장)는 '동아시아고대학회'의 《동아시아고대학》 제67집(2022.09)에 발표된 〈한국 전통차 제다법 전승 양상에 관한 연구〉와 주제 및 저자(김대호)가 겹친다. 학술적 창의성을 바탕으로 학문적 신뢰와 권위를 생명으로

해야 하는 한국차학회의 정기 학술대회 주제발표 논문이 이미 3년 전 타 학회지에 발표된 논문의 저자 및 주제와 동일 또는 유사한 것이라면, 이는 비단 '자기표절'일 뿐만 아니라 학문적 진실성의 차원에서 차학계 전반의 주의와 경각심을 요하는 '사건'이 아닐까?

내용을 보자면, 서론에서 국가유산청이 제다 기능 보유자(보유 단체)를 인정하지 않는 것은 한국 차의 역사적 전통성을 제대로 인식하지 못한 협의적인 해석이라고 비판했다. 그 이유로 제다는 '일반적인 형태로 공유·전승'되는 것이 아니라 사찰과 반가, 민간의 여러 경로를 통해 특징적으로 전승되고 있기 때문이라고 했다. 같은 맥락의 본론에서는 지허 스님이 자신의 저서(『지허스님의 차』)에서 선암사 '다맥'으로 자칭하여 논란을 야기했던 내용을 정설인 것처럼 인용하고, "지허 스님 계보는 승범 스님/장미향/승국 스님으로 이어진다"고 하여 태고종 사찰 차 관련 계보(지허 스님 계보?)에 다른 종파라고 할 수 있는 천태선차연구단체 대표인 저자 자신의 이름을 얹어 놓았다. 또 "장미향은 조계산권 제다법을 구증구포가 아닌 '구초구포' 제다법으로 새롭게 정리하였다"라고 하여, 공동 저자 자신을 '조계 사권 제다법의 정리자'로서도 부각시켰다. '초의차 계승자' 논란에서 보았던 것처럼 특정인의 '전통 제다 인간문화재 등극'을 목표로 하는 '스토리텔링' 만들기 아닌가 생각한다.

저러한 주장은 사실과 동떨어진 단언(斷言)에 불과한 것이어서, 특정 목적 달성을 염두에 둔 궁여지책 견강부회라고 생각한다. 논자들의 주장과는 정반대로, 한국 전통 제다는 국가유산청의 발표대로 정통적으로는 '일반적인 형태로 공유 · 전승'되고 있고, 학술적으로 면밀히 살펴자면 사찰과 반가 민간의 경로를 통해 부분적인 왜곡 형태로 '와전'되고 있다고 볼 수 있다. 본론(논문집 85쪽)에서 논문 공동 저자인 장 씨가 자신이 조계산권 제다법을 구증구포가 아닌 "위조와 고온살청을 통한(?) '구초구포(九炒九曝)' 제다법으로 새롭게 정리했다"라고 한 것은 한국 전통 제다 왜곡의 한 단면을 드러내 보여 주는 것이라고 볼 수 있다. 장 씨는 그동안 저서 등을 통해 제다 이론과 원리상 성립될 수 없는 덖음 제다에서의 '구증구포'를 줄곧 주장해 왔다. 또 장 씨가 새롭게 정리했다는 '구초구포'라는 말은 한국 전통 제다는 물론 한 · 중 · 일 제다사에 없는 신조어이다. '조계산권 제다법'도 전에 없던 말이지만, 특정 종파(천태)의 '국제선차'를 연구 보존한다는 단체의 대표가 어떤 근거와 학술적 역량으로써 한국 전통 제다 또는 다른 종파(태고종 선암사)의 제다를 포함한 '조계산권 제다'를 '새롭게 정리'할 수 있을까?

이 논문 공동 저자 표기를 보면, 공동 저자 중 한 사람이 전에 썼던 유사한 주제의 논문을 보완하여 다른 사람을 공동 저자로 추가한 것으로 느껴진다. 한국차학회 연구윤리규정 제3조

(연구윤리 부정행위) 1—5)항(부당한 논문 저자 표시)은 "연구 내용 또는 결과에 대하여 학문적·기술적 공헌 또는 기여를 하지 않은 자에게 감사의 표시 또는 예우 등을 이유로 논문 저자 자격을 부여하는 행위"를 연구윤리 부정행위로 규정하고 있다. 이 논문 발표 당시 공동 저자이자 전 논문 저자인 김 씨는 이 논문 공동 저자로서 이름이 앞에 표기된 장 씨가 대표로 있는 (사) 고려천태국제선차연구보존회 산하 또는 자매 기관이라고 할 수 있는 한국차문화제다교육원 원장을 겸하고 있었다.

위 논문은 번다한 자료의 미사여구적 가공을 통한 이해충돌 소지와 함께 특정인을 위한 전통 제다 보유자 지정 여론 조성 의도를 느끼게 한다. 공동 저자들은 이 주제발표 논문 제출 당시 2025년도 국가유산청의 '전승공동체 활성화 지원사업' 지원금을 받은 '제다 문화 조사와 교육을 중심으로 하는 유네스코 세계유산 선암사 차—울력공동체 및 제다법 활성화 사업'을 진행하고 있었다. 위 논문은 앞에 말한 대로 서론에서 국가유산청의 보유자(보유 단체) 불인정을 비판하면서도 곧이어 "그나마 국가유산청이 제다 전승공동체 육성을 위한 지원사업을 시작한 것은 다행스러운 일"이라고 이 지원사업을 찬양하고 있다. 이와 함께 학계나 차계에서 명칭과 존재성이 인정된 바 없는 태고종 선암사 제다 관련 이른바 '다맥'을 종파 이름과 절 이름을 뺀 '지허 스님 계보'라 하여 승려 중심 계보로 바꿔 새로 명명하고,

그 '계승자'로서 승려들 이름 가운데에 속인인 공동 저자 자신을 끼워 넣어 '조계산권 제다법 정리자'로 부각시켰다. 저자들이 논문 서론에서 국가유산청의 보유자 불인정을 "한국 차의 역사적 전통성을 제대로 인식하지 못한 협의적인 해석"이라고 비판한 이유와 목적을 짐작하게 해 준다. 만약 전통 제다를 왜곡 오염시킬 우려에도 불구하고 자의적으로 전승 계보를 정하여 보유자 지정을 주장하는 일이 차학계와 차계에서 용인되고, 한국차학회의 논문 시스템이 특정 의도의 목적 달성 이용 창구가 된다면 한국 차학과 차문화에 발전에 재앙을 초래하는 일이 될 것이라고 생각한다.

논문 저자인 김 씨는 순천대 지리산권문화연구원이 한국연구재단으로부터 18억 원의 연구비를 받아 수행 중인 '한국 전통 제다 기법의 역사적 원형 복원과 현대적 계승을 위한 DB 구축' 프로젝트에 최근까지 연구원으로 참여한 바 있고, 논문 공동 저자인 장 씨가 이사장으로 있는 '고려천태국제선차연구보존회'의 '한국차문화제다교육원' 원장을 겸하고 있다. 지리산권문화연구원에서 거액의 국비지원금을 사용하여 생산한 자료를 다른 단체의 대표자(한국전통문화산업개발원 원장) 이름으로 여러 곳에 사용(私用)하고 있지 않은지 스스로 되돌아보기를 권한다. 만일 한국연구재단 지원 프로젝트의 미완결, 미발표 자료가 프로젝트 수행 도중 누설돼 다른 목적으로 이용되고 있다면 국비 사용 연구기관의 지적재산권 문제를 포함한 여러 논란을 야기할 우려가 있기 때문이다. 또 나중에 프로젝트 수행 완료와 함께 발표될 순천대지리산권문화연구원의 자료가 앞선 자료의 '표절'본으로 오해받는 해프닝이 벌어질 수도 있다. 이와 함께 앞에 든 전승공동체 활성화 지원사업 '제다 문화 조사와 교육을 중심으로 하는……'도 같은 자료 이용의 연장선상에 있지 않은지 점검해 볼 필요가 느껴진다.

김 씨는 프로필에 자신이 원장직을 겸하고 있는 '고려천태……'의 '한국차문화제다교육원'이 '농림축산식품부 지정 차문화/제다 전문인력양성기관'이라고 강조했다. 일정한 기준만 갖추면 다 지정해 주는 것을 대단한 것처럼 과시하는 모습이다. 위 논문은 서론에서 농림축산식품부는 차산업과 문화에 관한 6개 전문인력양성기관을 지정하였으나 '지원하지 않고, 관리감독만 하는 전시행정'에 머무르고 있다고 비판하였다. 이 대목도 이해충돌의 소지가 있어 보인다.

반학구적 의도성, 장황한 조사 자료의 나열

이 밖에 위 주제발표 논문의 또 다른 문제는 '한국 전통차 제다의 역사와 전승 체계에 관한 연구'라는 연구 논제에 걸맞지 않게 장황하고 번다한 자료의 의미 없는 나열이라는 점이다. 논문은 "장미향은 조계산권 제다법을 구증구포가 아닌 '구초구포' 제다법으로 새롭게 정리하였다"고 공동 저자 자신의 제다 관련 기존 주장 철회를 스스로 변호하면서도 그 집요하게 일관되었던 주장이 왜 갑자기 바뀌게 되었는지, 구증구포와 구초구포가 어떤 내용이고 어떻게 다른지에 대해서는 별다른 설명이나 연구 흔적 또는 논증이 없다. 이렇게 자의적이고 아전인수적인 주장을 스스럼없이 내놓은 것은, 역시 논문 서론에서 국가유산청의 제다 기능 보유자 불인정을 "한국 차의 역사적 전통성을 제대로 인식하지 못한 협의적인 해석"이라고 비판한 대목과 연관 지어 볼 때 특정인(단체)의 제다 기능 보유자 지정을 압박하기 위한 군불때기 인상이 농후하다. 학문적 순수성과 진실성의 결여가 느껴진다는 말이다.

위 논문은 또 의미 없는 자료 나열의 연결사로써 역사적 사실과 다른 주장을 곁들이고 있다. 예컨대 "조선시대에 유교적 사상이 강화되면서 차문화가 쇠퇴하는 경향을 보였다"라든지, "(조선시대) 사찰에서 사원 다례와 다선일미 사상을 바탕으로 한 수행의 방편으로 활용되었다”고 한 것 등이다. 역사적 기록과 사실에 따르면, 한국 차문화사에서 조선시대 이전까지는 민중적 차문화가 의미 있게 존재 또는 쇠퇴했었다고 할 정도도 아니거니와, 조선시대의 유교사상 강화와 이른바 ‘차문화 쇠퇴’라는 것에서는 전혀 인과관계를 찾을 수 없다. 예컨대 “숭유억불로 조선시대 차문화가 쇠퇴했다”는 주장은 초의를 이른바 ‘한국 차문화 중흥’의 주체로서 숭배하는 차계 일부에서 초의의 ‘차문화 중흥’이라는 명제를 합리화하기 위한 전제로써 역사적 사실 근거 없이 내놓은 단정에 불과하다. 초의가『다신전』과『동다송』에 소개한 명대(明代) 다도와 초배법은 한국 차문화 발전을 위한 새로운 ‘도입’이지 멸실된 것을 ‘중흥’한 일은 아닌 것이다.

조선시대는 변변한 차 관련 기록 한 편 없는 고려시대까지의 차문화와 달리 한재 이목의『다부』를 비롯하여 다양한 다서(茶書)와 유생들의 차시 등 세계적인 차 관련 기록들이 비로소 풍부하게 생산됐고, 다산의 구증구포 단차 및 삼증삼쇄 연고 녹차라는 중국과 일본의 추종을 불허하는 제다법과 차,『동다송』및『다부』에 의한 ‘한국 수양 다도’가 창출되는 등, 한국 차문화가 가장 의미 있게 번창하여 오늘날 한국 전통 제다와 차문화의 초석을 마련했던 시기였다. 또 초의가『다신전』발문에서 “총림에 조주풍(차 마시는 풍조)은 있으나 다도(제다―장다―품다)를 모른다……”고 한 것과 비교하여 보면 위 논문에서 “사찰에서 다선일미 사상을 바탕으로 한 수행의 방편으로 활용되었다"
고 한 것은 '다선일미' 묵적 아래 수행한 일본 불가다도의 양상
을 착각하여 옮겨 놓은 탓으로 보인다.

이렇듯 〈…… 연구〉라는 주제의 논문이 자료를 이용한 학술
적 분석·평가·새로운 의미 부여 등 차학의 진전에 보탬이 되
는 창의적 진술과 결론을 도출해 내지 못하고, 학문적 순수성
이 결여된 특정 목적에 매몰되어, 자료의 전시적 나열과 아전
인수 견강부회로 점철된 실태조사보고서 수준에 그친 채 한국
차학회라는 공론의 장을 빌리는 게 학술적으로 적절한 일일까?
이런 류는 차학도의 전문 연구논문이라고 하기 어렵고, 조사
업무에 성실한 옛날 면서기나 소규모 도서관 사서가 일주일 안
팎이면 충분히 해낼 수 있는 일이다. "옛 문서들에 이런 저런
차 관련 기록이 있다"라거나 '카더라'식 들은 풍월을 옮겨 놓는
정도는 '연구'라는 말을 무색하게 한다. 그럼에도 위 논문은 결
론에서 "문화적 계승 구조를 함께 조명하고자 하였다"고 스스로
상찬(賞讚)하고, "한국 전통차의 산업과 문화가 글로벌 자원으
로 새롭게 도약할 수 있는 초석이 되기를 기대한다는 목표를 제
시한다"고 하며 "글로벌시장 개척을 도모할 수 있는 원천 자원
이 될 수 있을 것"이라고 동원 가능한 췌사(贅辭)들을 다 덧붙였
다. 여러 곳 같은 주제의 논문에서 되풀이 사용되는 해묵은 자
료의 횡설수설식 나열과 논거 부재 아전인수 억측에 의한 목적

성 단정들이 어떻게 그런 '거룩한' 목표를 달성하는 초석이 될 수 있다는 것인지 학술적으로는 이해하기가 어렵다. 정기 학술 대회 주제발표문으로 채택된 이런 논문이 한국차학회 회원들의 차학자로서의 명예 및 한국 차학과 차문화의 미래에 끼칠 영향을 깊이 생각해 봐야 한다.[1]

1　《차와문화》 2025년 5월 14일치 기사 '조계산권 제다법은 구초구포九炒九曝(?)'에서 옮김.

6

한국 차 학술 담론의 허와 실

– 통도사 국제차문화학술대회,

계명대 목철원 '차문화 학술 심포지엄',

(사)고려천태국제선차연구보존회 '전통차 제다법 전승 학술포럼'

　　해마다 차 관련 각종 학술 담론의 장이 열리고 있다. 이런 공론의 마당은 차 관련 학회나 민간 차 단체들이 대부분 공공지원금을 받아 여는 것으로, 순수 학술 지향 목적을 띠는 것도 있지만 연말 무렵에 남은 공공지원금을 소진할 목적으로 열리는 것이 많다. 이런 점에서 공공지원의 취지와 학술적 기여 여부의 차원에서 차행사 공공지원금 제도를 점검하여 개선을 모색해 볼 필요가 제기된다. 2025년에 열린 대표적인 차 학술모임으로서 제3회 통도사 국제차문화학술대회(통도사 차문화대학원), 계명대 목요철학원의 2025 국제 차문화 학술 심포지엄, (사)고려천태국제선차연구보존회의 2025 국가유산청 국가무형유산 (전통)제다 전승공동체 지원사업—제1회 한·중 전통차 제다법 전승을 위한 학술포럼 등 세 곳 차 담론의 허와 실을 짚어 본다.

원대한 취지와 말의 성찬, 계명대 목철 '차문화 학술 심포지엄'

(재)수성문화재단 범어도서관이 주최하고 계명대 목요철학원이 주관하는 '차문화 학술 심포지엄'은 2020년에 첫 행사를 연 이후 6년째 열려 온 본격적인 차문화 학술 심포지엄이다. 2025년에는 그 지평을 넓혀서 중국과 일본 학자들을 초청하여 '국제 차문화 학술 심포지엄'으로 열었다. 그동안 이 '차문화 학술 심포지엄'의 주제와 목표는 '한국 차문화의 원형과 정체성 찾기'였다. 그러나 매년 상·하반기 두 차례에 걸쳐 국내 내로라하는 차 명망가와 학자들을 동원하여 심포지엄을 열었으나 아직 기대했던 해답을 찾지는 못했다. 이번 심포지엄은 "이런(그동안

의) 축적된 흐름(?)을 계승하면서 새로운 도약을 모색하는 자리로 기획되었다."(이재성 계명대 목요철학원장의 개회사 중에서) 한·중·일 차문화 전문가들이 차를 통해 드러나는 동아시아 문명 간의 공통성과 특수성을 살펴보고, 차문화가 오늘날 우리의 삶에 어떻게 스며들 수 있는지를 진지하게 사유하고자 한다는 것이었다. 또 "이번 국제 차문화 학술 심포지엄은 그동안 열었던 학술심포지엄의 연장선으로, 차의 생성에 따라 형성된 한·중·일 차문화의 역사적 흐름을 상호 이해하고, 특성을 비교하여 한국 차문화의 정체성을 확인하기 위해 이 자리를 마련했다."(김대권 대구 수성구청장 축사 중에서)

이번 국제 차문화 학술 심포지엄은 '한·중·일 차문화에 담긴 정신'—'한·중·일 차의 형태와 제다'—'한·중·일 음다 양상에 따른 다구의 변천'—'한·중·일 음다 공간의 특징' 등 4개의 세션으로 나뉘어 진행됐다. 즉 한·중·일 세 나라의 차 정신, 제다, 다구, 음다 공간 등 차와 차문화에 관한 주요 사항을 대부분 다뤘다. 그렇지만 김대권 수성구청장이 기대한 바 "삼국 차문화의 특성을 비교하여 한국 차문화의 정체성을 확인"하는 자리가 되지는 못한 것 같다. 한국 측 발표자들의 발표문에서 '한국 차문화의 정체성'이라고 할 만한 뚜렷한 징표(徵表)를 찾기 어려웠기 때문이다.

예컨대 제1세션에서 '한국 차문화의 시대정신'을 발표한 정헌

식 경상대 한국차문화연구원장의 경우 한국 차(학)계에서 보편
적으로 공인될 만한(사실 지금까지 그런 사실도 없지만) 한국
차문화의 시대정신보다는 자신이 주도하고 있는 특정 차문화
운동(진주 지역 차문화 운동)을 강조하여 소개하는 데 진력하였
다. 또 제2세션에서 '한국 차 형태에 따른 가공공정 및 품질 특
성 비교'를 발표한 김은혜 전남농업기술원 연구원은 중국 6대
차류 분류식으로 한국 차 종류로서 녹차·황차·홍차·청태전
을 분류하였는데, 청태전이 어떤 차 종류인지를 분간하지 못했
다. 그는 뒤에 언급된 바와 같이 다른 논문(〈청태전의 역사와
제다법〉)에서도 청태전을 "한국 차문화의 독창성을 대표한다",
"동아시아 차문화사 속에서 중요한 위치를 점한다"고 하여 한·
중 제다사의 역사적 사실 및 제다 원리에 배치되는 주장을 했는
데, 여기에서도 같은 주장을 견지하고 있는 것으로 보인다.

끝으로, '차문화 학술 심포지엄' 주최 측에 조언하고자 한다.
이 심포지엄의 목적이 '한국 차문화의 원형과 정체성 찾기'임은
한국 차와 차문화 및 차산업이 처한 암울한 현실 타개책으로서
시의적절한 기획이라고 할 수 있다. 그러나 세부 기획에 문제
가 있는 것으로 보인다. 그동안 수많은 차 명망가, 학자, 그리
고 해외 차 전문가들까지 초치하여 청취하였으나 한국 차문화
의 원형과 정체성을 찾는 데 실패했다.

한국 차문화 정체성 찾기의 길은 가까이에 있다. 한재 이목의

『다부』의 결론부 "神動氣入妙 是亦吾心之茶"와 초의의『동다송』의 결론인 제60행 주석 "評曰 采盡其妙 造盡其精 水得其眞 泡得其中 體與神相和 建與靈相倂 至此而茶道盡矣"를 동아시아 사상 본체론인 기론에 입각하여 제대로 해석하면 한국 다도의 정체성이 '수양 다도'로서 바로 간추려진다. 또 한국 제다의 정체성은 이덕리의『동다기』에 나오는 증배 산차 제다와 종이 포장법 및 다산의 구증구포 단차 제다와 삼증삼쇄 연고차 제다를 제대로 파악하면 역시 바로 답이 나온다.

'학술' 무색한 학술포럼―(사)고려천태국제선차연구보존회 '한·중 전통차제다 전승 학술포럼'

단체 이름부터 '전통 제다'와 무관해 보이는 (사)고려천태국제선차연구보존회가 연 '2025 국가유산청 국가무형유산(제130호 '전통 제다') 전승공동체 지원사업―제1회 한·중 전통차 제다법 전승을 위한 학술포럼'은 포럼 제목에 표시된 바와 같이 연말 가까이에서 공공지원금으로 연 것이다. 주제발표를 보면 주제 간 구성과 내용이 '국민 세금 낭비'라는 말이 나올 정도로 부실하다. 포럼 자료집에 나와 있는 주제발표문들은 '학술포럼'이라는 말이 무색할 정도로 학술적 함량이 적은 것들이 눈에 띈다. 예를 들자면, 이 포럼을 연 단체의 대표(장미향)가 쓴 논문 (〈조계산권 구초구포……〉)에서 저자 자신이 제다 신조어('구초 구포')를 만들어 치적(?)으로 내세우고 스스로 옹호하는 이해충 돌성 자화자찬을 하는가 하면, 논지가 불분명한 장황한 자료의 나열(〈작설발효차의……〉), 논거 부재의 터무니없는 주장(〈청 태전의 역사와 제다법〉)들로 채워져 있다. 부랴부랴 '학술' 이 름을 차용하여 국민 세금으로 연 '행사를 위한 행사'로서 일종의 '요식 행위'에 가깝다는 인상을 준다.

지원금을 주는 국가유산청이나 그 지원금으로 이 포럼을 연 (사)고려천태국제선차연구보존회는 국가유산청의 전승공동체 활성화 지원사업의 목표를 일반적인 '제다' 전승공동체 활성화 로 오해 또는 묵인하고 있는 것 같다. 이 사업의 대상은 국가무 형유산, 즉 그중에서 국가유산청이 관장하는 국가무형문화재 제130호 '전통 제다'이다. 따라서 "고려시대 천태종 선차를 국제 적으로 연구 보존한다"는 단체가 '고려천태국제선차 연구 보존' 이 아닌 한국 '전통 제다' 전승 지원사업 대상으로 선정된 것도 이상하지만, 이 학술포럼의 주제가 '한국 전통 제다…'가 아닌 '한·중 전통차 제다법 전승을 위한…'이고 여기에 '송대 차 생 산 가공기술 … ' 및 '중국 오룡차… '가 들어간 것은, 국가유산 청의 전통 제다 전승공동체 활성화 지원사업의 맥락 및 이 사업 지원금으로 여는 학술포럼이 가야 할 방향을 크게 벗어난 것이라고 할 수 있다. 한국 전통 제다 전승을 위한 한국 국민 세금 지원금이 왜 중국 전통 제다법 전승을 위한 일에 낭비되어야 하는가?

　주제발표문 〈조계산권 구초구포 작설차의 제다법〉에서 장미향 '(사)고려천태……' 대표는 "선암사에 전해지는 구초구포 제다법은 한국 차문화사에서 중요한 의미를 가진다", "선암사 아홉 번 덖음 작설차의 전승 계보에 있는 태고총림 선암사 주지 승범 스님, 장미향 고려천태…… 보존회이사장……"이라고 하여, 차(학)계는 물론 불가에서조차 논란이 많은 이른바 '선암사 제다법 전승 계보'에 '구초구포'라는 신조어를 달고 자신의 이름을 자의(恣意)로 얹어 놓았다. 이렇게 자신이 새롭게 말을 지어 붙인 '구초구포' 제다법이 선암사에 전해지는 것으로서 한국 차문화사에서 중요한 의미를 가진다는 주장은 논거 부재 논증 불가한 황당한 '구호'에 불과하다. 그는 앞서 2025년 한국차학회 춘계 학술대회 주제발표문(〈한국 전통차 제다의 역사와 전승 체계에 관한 연구〉)에서도 "장미향은 조계산권 제다법을 구증구포가 아닌 '구초구포' 제다법으로 새롭게 정리하였다"고 주장한 바 있다. 이 "'구초구포' 제다법으로 새롭게 정리했다"라는 주장은 애초에 선암사에 '구초구포'라는 말로 전해지는 제다법이 없었다는 말이다. 이들(공동 저자)이 논문의 언어로서 성립될 수 없는 주장을 무리하게 반복하는 것은 소기의 목적 달성을 위한 집착으로 보인다.

　장 씨는 종래 집요하게 '구증구포'를 주장해 왔는데 갑자기 이를 포기하고 '구초구포'를 부르짖게 된 사유를 밝히지 않고 있다. 단지 그는 "아홉 번 덖음 작설차" 제다법이라고 했는데, 덖음차 제다법으로 증제차 제다법인 '구증구포(九蒸九曝, 찻잎을 아홉 번 찌고 햇볕에 말린다)'를 말하는 것도 어불성설이지만, '구초구포(九炒九曝)'라는 의미대로라면 '구초구포'는 연약한 작설 찻잎 덖음차를 망치는 제다법이라고 할 수 있다. 원래 한국 전통 제다법으로서 덖음차 제다법은 초의가 『다신전』과 『동다송』에 소개한 '초배법(炒焙法)'을 말한다. 이는 "덖어서(炒) 말린다(焙)"는 의미로서, 첫솥에서 덖고(살청) 둘째솥에서 잔존 습기를 솥열에 말린다는 뜻이다. 그러나 '九炒九曝'는 "아홉 번 덖고 아홉 번 햇볕에 말린다"는 의미로서, 살청(덖음)은 첫솥에서 한 번에 완결해야 하는 덖음 제다 수칙에 반하며, 덖음 제다(炒焙法)에서는 덖어 말리는 일을 솥에서 하고 솥밖에서는 식히는 일을 한 뿐이다. 덖음(살청)은 곧 카테킨 산화효소의 작동을 중지시켜서 카테킨 성분을 보존하여 좋은 녹차를 짓는 제다법이다. 구초구포처럼 "아홉 번씩 초포(炒曝)한다"고 하여 여러 번 차를 볶고 불고문 가하다시피 하면 차는 본질적인 녹차가 아니라 일본 호지차처럼 누룽지차가 돼 버린다. 연약한 작설 찻잎은 구초(九炒)하면 더욱 그렇게 된다. 선암사 주지와 태고종 종정을 역임한 지허 스님은 20여 년 전 필자가 『지허스님의 차』를 기획할 때 "예전 승려들이 저녁을 거르고 면벽 수행하는 관행상 시장끼를 달래기 위해서[1] 차를 누룽지처럼 만들어 숭늉으로 마셨다"고 했다. 옛적 절간(선암사) 차는 차의 본질에 충실한 정상적인 전통 덖음 녹차가 아니라 고소한 맛이 나도록 볶은 임시 방편용 누룽지 숭늉이었다는 것이다.

이 밖에 위 포럼 주제발표는 〈송대 차 생산 가공기술의 역사 유산과 당대 가치〉(장신하이 중국 절강인수대 학과장), 〈중국 오룡차 제다와 역사〉(김혜숙 부산여대 교수), 〈청태전의 역사와 제다법〉(김은혜 전남차산업연구소 연구관), 〈작설발효차의 원형연구〉(박희준 한국발효차연구소장), 〈한국지리산권 덖음 녹차의 살청 온도에 따른 품질 특성〉(천지연 순천대 식품공학과 교수) 등으로 짜여졌다. 여기서 문제는 한국 전통 제다 전승 공동체 지원사업 지원금으로 여는 학술포럼에서 왜 해묵은 중국 송대 차 생산 가공기술을 논하고, 웬만한 차책들에 이미 상세히 나와 있는 중국 오룡차 제다와 역사를 새삼 꺼내야 하는가이다. 한국 차 제다와 관련해서도, 수많은 연구보고서와 논문 및 저술에서 더 이상 할 말이 없을 정도로 다뤄진 청태전에 대

---

1   승려들이 저녁에 시장기를 달래기 위하여 불에 달군 돌을 배에 품는 것을 '회석(懷石)'이라고 한다. 이는 일본 다도 '카이세키(懷石)'의 유래가 되었다.

해 무의미한 동의어 반복을 왜 또 하는가 말이다.

〈청태전의 역사와 제다법〉 서론에서 저자는 청태전이 "한국 차문화의 독창성을 대표한다"고 했다. 본론에서는 "보림차는 구증구포(九蒸九曝)의 정밀한 제다 과정을 거친 고급 떡차였다"고 했다. 그는 또 "일제강점기 일본 학자들에 의해 청태전의 형태와 제조법이 당·송대 병차 전통과 유사하다는 점이 학술적으로 지적되었으며, 이는 청태전이 단순한 민속 차를 넘어 동아시아 차문화사의 맥락에서 중요한 학술적 위치를 점함을 보여 준다"고 했다. 이 논문 저자의 청태전 인식은 그가 주요 차산지인 전남의 차를 학술적으로 연구하는 전남농업기술원 차산업연구소 연구원으로서 논문을 발표했다는 점에서 그 파급 효과가 매우 위험하고 심각하다는 우려를 금할 수 없다. 그가 말한 일제강점기 일본 학자란 1940년『조선의 차와 선』을 쓴 모로오까 다모쓰(諸岡存)와 이에이리 가즈오(家入一雄)를 가리키는 것으로 보이는데, 두 사람은 차학자가 아니고 각각 의사와 총독부 산림기사라고 저자 소개돼 있다. 그들은『조선의 차와 선』에서 청태전의 품질과 가치에 대해 "지금은 마시지 않는……" "나쁜 차……"라는 당시 남도 일대 차산지 주민들의 말을 인용했다.

김은혜 연구관의 청태전 평가는 한·중 제다사를 볼 때 얼마나 학술적 근거 없는 황당무계한 억측인지 쉽게 알 수 있다. 청

태전은 한마디로 당대(唐代)의 떡차와 똑같은 제다 원리(증제
녹차)에 따른 차 형태(떡차)가 뒤늦게 조선 후기에 나타난 것이
다. 당대의 떡차는 증제 살청 녹차로서, 당시의 포장 및 보관
형편상 떡차 형태로 만들었으나 건조 미흡으로 카테킨 산화가
진전돼 변질 녹차가 된 것이다. 육우의 『다경』 '4. 찻그릇'에는
"(카테킨 산화로 적갈색이 돼 버린) 차탕을 녹색에 가깝게 보여
주므로 월주요 청자 다기를 제일로 친다"라는 대목이 나온다.
이는 당시 증제 녹차(차 종류)로서 변질돼 버린 떡차(차 형태)의
품질에 대한 한탄을 토로하는 기록이다. 즉 청태전은 "한국 차
문화의 독창성을 대표하거나 동아시아 차문화사의 맥락에서 중
요한 학술적 위치를 차지하는 차"가 결코 아니고, "당대 떡차와
똑같은 차로서 한국 차문화의 유사 후진성을 보여 주고, 동아
시아 차문화사의 맥락에서 퇴행적 국면을 드러내준 차"라고 하
는 게 한·중 제다사나 고문헌 고찰 및 제다 원리에 따른 학술
적 진단이라고 하겠다.

김 연구원은 또 "보림차는 구증구포(九蒸九曝)의 정밀한 제다
과정을 거친 고급 떡차였다"고 했다. 그는 청태전에 대한 인지
부조화의 연장선상에서 떡차에 대한 환상을 갖고 '고급'이라는
말을 습관적으로 덧붙이는 것 같다. '구증구포'라는 말에는 "햇
볕에 잘 말린다(九曝)"는 뜻이 들어 있다. 찐 찻잎을 잘 말려서
만든 차(차 형태는 散茶 또는 團茶)는 찐 찻잎을 그대로 절구에

찧어 만든 떡차(차 형태)와는 차 (또는 차 덩어리의 내부)의 구
조와 품질이 전혀 다르다. 청태전 복원(?) 전후로 시작되어 보
이차 사대주의로 이어지는 한국 차계의 떡차 맹종 신앙, 즉 떡
차의 품질 및 떡차가 등장하게 된 경위와 제다사적 맥락에 대한
진지한 학술적 고찰 없이 떡차와 단차 구별조차 못하고 교조주
의식으로 내뱉는 '떡차 찬송'이야말로 청태전과 뇌원차 등 퇴물
옛차 재현시키기에 천문학적 국민 세금을 탕진하게 한 원인이
라는 혐의를 벗기 어려울 것이다.

〈작설 발효차의 원형 연구〉에서 박희준 한국발효차연구소장
은 그늘에 말리는 과정에서 진전된 카테킨 산화를 주 요인으로
하는 화개의 '잭살'을 '(테아닌) 발효차'로 오인한 것 같다. 그는
잭살과 '발효차' 관련 자료를 연계하여 장황하게 나열하였다.
그의 이른바 '논문'이라는 것은 늘 시작과 서론은 얼핏 창대하지
만 본론은 자료의 나열에 그치고, 결론이나 논지는 횡설수설이
다. 그는 자신이 대표인 '한국발효차연구소'라는 간판에 구속되
어서인지, 카테킨 산화가 주원인인 청차(靑茶)류 카테킨 산화
차와 보이숙차처럼 카테킨 산화와 곰팡이 효소에 의한 테아닌
발효가 동시에 오래 진행된 산화 · 발효차를 구별하지 못하고
있는 것 같다.

위 포럼에서 '학술'이라는 말을 붙일 만한 주제발표문은 순천
대 천지연 교수의 〈한국 지리산권 덖음 녹차의 살청 온도에 따

른 품질 특성〉이다. 그는 발표문 요약에서 "덖음 녹차의 살청 온도 섭씨 180—220도 범위가 기능성과 기호성을 동시에 유지하는 최적 조건으로 제시되었다"고 하였다. 이는 앞에서 장미향 고려천태국제선차연구보존회 대표가 주창하는 '구초구포' 덖음 제다법과는 내용의 핵심에 있어서 상치(相馳)된다고 할 수 있다. 상치되는 내용의 두 논문이 아무 일 없는 양 병존한다면 그러한 포럼을 진정한 학술포럼이라고 할 수 있을까?

진지한 학술 지향 차 공론의 장—통도사 국제차문화학술대회

위 포럼의 학술적 함량 미달과 다르게, '제3회 통도사 국제차문화학술대회'는 주제(한ㆍ중ㆍ일 차의 덕을 논하다)가 진지한 학술적 지향을 담고 있다. 이는 이 학술대회와 위 포럼의 기획 의도가 순수한 학술 지향과 주관 단체의 특수 목적 달성으로 가름됨을 알 수 있게 한다. '제3회 통도사 국제차문화학술대회' 주제발표는 〈한국 차론상의 차덕론—삼종『다부』를 중심으로〉(정민 한양대 교수), 〈중국 차덕의 변천사 연구〉(진소법 중국 호남 사범대 교수), 〈일본에서 차덕의 성격과 기원〉 등으로 구성돼 있다.

주제발표문에서 각 발표자들은 한ㆍ중ㆍ일의 차덕 개념과 의

의를 고문헌 고찰을 통해 심층 분석하고 있다. 핵심 주제어를 '차 정신' 또는 '다도 정신'이라고 하지 않고 '차덕(茶德)'이라 한 것은 창의적이다. 특히 원조 한자권인 진소법 교수의 차덕 개념 풀이는 산뜻하게 다가온다. 주최 측의 의도인 차문화 창달을 위해서는 이 발표문을 많은 사람이 공유하여 이해할 수 있도록 하는 방안을 마련할 필요가 있다.

다만, 이 학술대회에서 각 나라별 발표자들의 '차덕' 개념 인식이 일정한 철학적 이론 체계에 바탕하지 않고 해당 나라 고문헌들의 단편적 언어 표현에만 의존하여 에피소드식으로 간추려진 것은 아쉽다. 한ㆍ중ㆍ일 동아시아 3국의 '차덕'이란 동일 문화권인 동아시아 사상에서 나오는 철학적 개념일진대, 이는 곧 동아시아 사상 저류에 공유되고 있는 동아시아 사상의 본체론적 이론 체계의 틀에서 탐색되어야 할 필요성을 제기한다. 굳이 한ㆍ중ㆍ일 3국 '차덕' 개념의 차이를 경계를 그어 찾고자 집착한 데서 한ㆍ중ㆍ일 3국이 동아시아 사상권 안에서 공유하는 본체론—인성론—수양론 간의 논리 일관적 관계를 등한시한 것으로 보인다.

한국 차학 인문 · 자연 분야 논문 넷에 대한 석사 과정 학생들의 비평 여섯

필자는 성균관대유학대학원 생활예절 · 다도학 전공 과정의 '제다 및 심평' 과목 강의를 맡아 왔다. 이 강의에서는 주로 '한국 전통 제다와 한국 수양 다도'를 동아시아 사상 본체론인 기론적 논리로 분석하여 설명하고, 대학원 공부의 결실은 논문 쓰기로 나타난다는 전제 아래 차 인문 분야 논문 쓰기 연습에 적잖은 시간을 할애하고 있다. 아래의 글편들은 2025년 봄 학기 수업에서 수강생들이 기말 레포트로서 기존의 몇몇 제다 및 다도(다례) 관련 논문들의 문제점을 비판적으로 분석한 것이다. 그 내용들이 수강생들의 학구적 진지함을 보여 주고 있어서, 차와 차문화 공부를 하는 학도들의 차에 관한 인문학적 사고와 논술 활동에 도움이 될 것으로 생각하여 여기에 소개한다. 또한 이 책의 체제이자 일반 논문 쓰기 체제의 서론부 '선행연구 검토(비판)'의 의미도 있겠다고 생각한다. 이에 덧붙여 사전에 아래 글편 필자들의 동의를 얻지 않았기에 익명으로 했음을 양해해 주기 바란다. 비평 대상이 된 논문들은 인터넷에서 원문을 찾아볼 수 있다.

1. 〈장자의 몸의 미학—생명·생태·삶의 미학〉(성균관대대학원 박사학위 논문) 분석

1) 논문 내용 정리 및 요약

장자(莊子)는 중국 고대 도가 철학자이며, 자유롭고 자연스러운 삶을 강조한 인물이다. 장자의 철학은 일반적으로 '무위자연'이나 '현실로부터 벗어난 은둔'의 이미지로 알려졌으나, 이 논문은 그가 삶을 구체적으로 살아가는 실천적 존재였음을 보여 준다. 장자의 사유에서 '몸'은 단순한 육체가 아니라 감정, 사유, 정신, 느낌까지 아우르는 전인적 유기체로 이해된다. 장자의 철학은 '양생', '제물', '소요유'라는 개념으로 요약되며, 이들은 각각 생명, 생태, 삶의 미학과 연결된다.

기존 서양 미학은 몸과 마음을 이분법적으로 나눴지만, 장자는 심신일체의 '살아 있는 몸'을 강조했다. 장자는 '진인'과 '기인'이라는 인물을 통해 이상적 인간상과 추함 속의 아름다움을 모두 포괄했다. 또한 장자의 '소요유'는 단지 철학적 도피가 아닝, 사회 · 정치적 구조에 대한 비판적 실천이다. 이 논문은 현대 철학자 슈스터만의 몸의 미학 개념을 기반으로 장자를 새롭게 해석한다. 장자는 모든 생명과 인간이 서로 의존하고 조화롭게 살아가야 함을 강조하는 생태 철학자로도 재조명된다. 이 논문을 통해 우리는 '몸'이라는 개념이 단순한 신체를 넘어, 존재, 가치, 예술, 자유, 실천의 중심이 될 수 있음을 생각할 수 있다.

이 논문은 기존 서양 중심의 이성주의적 미학에 대한 비판에서 출발하여, 몸을 감각적, 사유적 통합체로서 이해하고, 『장자』에 나타난 사상을 '몸의 미학'이라는 새로운 관점에서 해석하고 있다. 저자는 장자의 핵심 사상인 양생, 제물, 소유요라는 세 축으로 나누고, 이를 다음과 같이 대응시키고 있다.

- 양생—생명 미학: 몸과 정신의 조화로 생명을 온전히 기르고, 진인과 기인을 통해 생명력과 미의 반전을 보여 줌.
- 제물—생태 미학: 자연 · 사회 생태 속 모든 존재와의 평등과 상호 의존성을 강조함.
- 소유요—삶의 미학: 몸으로 실천하는 구체적인 자유. 일상과 정치적 현실을 벗어나 예술적 삶을 구현하는 실천적 자유.

2) 논문의 성과 및 장점

(1) 주제의 독창성

'장자와 몸의 미학'이라는 조합 자체가 기존 연구에서는 흔치 않으며, 철학과 예술, 생명, 생태를 통합적으로 접근했다는 점에서 매우 새롭다.

(2) 군더더기 없는 문장과 명료한 논리 전개

이 논문은 문장들이 비문 없이 명료하고, 각 장에서 논증하고자 하는 바가 뚜렷하며, 장자 철학의 흐름을 미학적 언어로 구조화한 부분이 매우 탁월하다. 생명—생태—삶의 미학이라는 3단구성이 독자로 하여금 핵심을 체계적으로 이해할 수 있도록 잘 구성되어 있는데, 이는 그만큼 저자가 많은 고민을 거듭하며 자신의 생각을 체계적으로 잘 정리했기 때문에 얻을 수 있었던 성과였다고 생각한다.

(3) 용어 정리의 명료함과 문헌을 기반으로 하는 충실성

'身', '體', '形', '躬' 등 동양 고전에서 몸을 나타내는 다양한 개념들을 비교·정리하여 이론적 기초가 탄탄하다는 점 또한 이 논문의 큰 장점으로 보인다. 또한 장자 원문 분석은 물론이고, 국내외 선행 연구들과의 비교를 통해 자신의 논지를 설득력 있게 정립하고 있다.

(4) 이론과 실제의 통합

이론적 담론뿐 아니라 장자의 '포정해우', '백공', '기인' 같은 우화를 통해 실제 삶의 장면 속에서 어떻게 미학이 구현되는지를 구체적으로 보여 주고 있다.

(5) 현대성과의 연결

환경 생태 위기, 일상 속 자유의 의미, 기술자·민중의 예술성 같은 주제를 장자와 연결 지으며 동시대성과 호흡하고 있다는 것이 큰 성과라 보여진다.

(6) 슈스터만의 몸 미학과 자연스럽게 호응

비교연구의 관점보다는 관념적 연동을 시도함으로써, 장자 철학을 억지로 서양 틀에 끼워 맞추지 않고도 이론적 확장을 이루어 낸 점 또한 큰 성과로 보여진다.

3) 본 논문에 관한 비판적 시각

(1) 슈스터만의 몸의 미학과의 직접 비교 부족

서두에서는 슈스터만의 개념을 언급하지만, 정작 장자의 사유와 슈스터만의 '분석적/실천적/실용적 몸 미학' 간의 구체적 대응 분석이 충분하지 않아 보인다.

(2) '장자' 외편 · 잡편 인용에 제한적임

내편 중심 해석은 철학적 순수성을 확보하지만, 장자 사상의 다양성과 후속 철학적 확장을 고려할 때 외 · 잡편의 활용이 다소 부족해 보인다.

(3) 문헌 인용의 범주가 비교적 한정적

국내 연구자들과 일부 중화권 박사논문들을 다수 인용하고 있으나, 영어권 장자 미학 관련 최신 연구와의 비교 · 비판이 상대적으로 적은 것은 아쉬운 점으로 꼽을 수 있을 것 같다

4) 마무리 요약

이 논문은 장자를 '몸의 철학자'로 복원하고자 하는 매우 독창적이고 뛰어난 시도이다. 장자의 철학을 감각과 경험, 생명력과 실천으로 읽어 내는 작업은 기존 형이상학적 이해에서 벗어나, 동양 사유가 가진 생명성과 현실성을 복원하는 데에 크게 기여한다고 생각된다. 장자를 더 이상 허무적 은둔자가 아니라 몸과 삶으로 세계를 관통하는 생명철학자이자 미학자로 복원하고자 한 이 논문은 철학, 미학, 생태에 관심이 있는 연구자에게 많은 영감을 줄 것으로 보여진다.

2. 〈다례에서 찾아본 유학의 수양과 실현〉(성균관대대학원 동양철학과 석사학위 논문 비판적 고찰

1) 논문 내용 정리 및 요약

〈다례에서 찾아본 유학의 수양과 실현〉은 유학의 수양론(경敬, 예禮, 서恕)을 다례라는 문화적 형식과 연결하여 현대사회의 실천적 자원으로 제안하고자 한 석사학위 논문이다. 유교적 전통 속 인격 수양의 실천적 함의를 다례에 적용하고자 한 시도는 학문적 측면에서 중요한 기여를 할 수 있는 가능성을 지니며, 현대의 인간성 회복이라는 과제를 전통 문화의 틀로 접근하려 한 점은 높이 평가할 수 있다. 그러나 이 논문에서는 형식적 구성, 논리적 일관성, 실증적 구체성, 문헌 인용의 정확성과 같은 측면에서 학문적 완성도가 미흡한 점이 다수 발견된다. 본 비평문은 이 논문을 다도 및 유학 수양 연구의 일환으로서 학문적 기준에 맞추어 비판적으로 검토하고, 향후 논문 작성 시 유의해야 할 학술적 원칙들을 함께 고찰하고자 한다

2) 형식 및 논문 구성상의 문제점

(1) 주제와 제목 간의 일관성 부족

논문 제목은 '다례에서 찾아본 유학의 수양과 실현'으로 다례를 중심에 두고 있지만, 본문의 분량과 내용 흐름은 오히려 유

학 수양론의 고전적 해석에 훨씬 많은 비중을 두고 있다. 특히 『논어』에 대한 주석적 해석이 논문 전체의 절반 이상을 차지함에 따라, 제목이 제시하는 중심 주제와 내용 간의 불균형이 뚜렷하게 나타난다. 이는 독자에게 혼란을 줄 수 있으며, 논문이 실제로 다루는 핵심 논지를 제목에서 명확히 반영해야 한다는 원칙에 어긋난다. 또한 부제인 'The self—cultivation and representation of Confucianism in Tea Ceremony' 역시 다례의 철학적 구조나 형식적 속성보다는 단순한 문화적 도구로서의 접근에 머물러 있어 내용과 부제 모두에서 아쉬움을 남긴다.

(2) 장 구성의 비대칭성과 서술 방식의 장황함

제2장의 유학 수양론 서술은 장의 절반 가까운 분량을 차지하며, 『논어』와 『주자어류』의 문헌 인용과 해석이 반복적으로 등장한다. 그러나 이 과정에서 동일한 내용이 문장 구조만을 달리하여 반복되며, 핵심 논점이 무엇인지 독자가 분별하기 어려운 구성으로 서술된다. 또한, 인용문을 나열하고 번역하는 방식에 치중하여 저자의 비판적 해석이나 통합적 시각은 뚜렷하게 제시되지 않는다. 본 장은 하나의 논리 흐름보다는 주석의 연속처럼 읽히는 인상을 주며, 논증보다는 서술에 편중된 형식적 한계를 보인다.

(3) 다례 관련 내용의 구체성 부족

제4장에서 다례와 유학 수양의 접점을 논하고자 하나, 다례의 절차적 요소(예: 다기 사용법, 절차 의미, 다례 구성 등)에 대한 구체적 묘사는 전무하다. 유학적 수양(경, 예, 서)을 다례의 어떤 행위와 어떻게 연결시킬 수 있는지를 체계적으로 제시하지 못하였으며, 사례로 제시된 태극류 다례에 대한 분석 역시 형식적인 수준에 머무르고 있다. 학문적 논의라기보다는 개요나 서술적 감상문에 가까운 수준이다. 또한 다례의 내적 요소(정좌, 무심, 침묵 등)와 외적 요소(다기 배치, 절차 등)를 어떻게 유학 수양의 단계와 연계할 수 있을지에 대한 철학적 고찰도 부족하다.

(4) 논문 형식과 문서 규격상의 문제

학술논문은 서론—본론—결론의 구분뿐 아니라, 각 장과 절의 구조가 논리적 연결성을 갖고 전개되어야 한다. 본 논문에서는 장 간 연결 어구의 사용이 빈약하고, 요약적 문장이 각 장 마지막에 정리되지 않아 논문 전개 방향을 따라가기 어렵다. 주석과 참고 문헌 처리에서도 통일성이 부족하며, 한자와 원문 표기에 있어서도 서체나 표기 방식의 일관성이 유지되지 않는다. 참고 문헌 목록에서 일부 인용 자료는 본문 내 실제 인용과 연결되지 않거나, 인용 방식이 불명확한 경우도 발견된다. 이는 독자에게 불신을 줄 수 있으며, 학술적 신뢰성을 해칠 수 있다.

3) 내용적 문제점과 학문적 깊이 부족

(1) 고전 해석 중심의 서술 방식

논문은 『논어』, 『맹자』, 『주자어류』 등 고전의 내용을 방대하게 인용하고 있으나, 대부분의 인용은 단편적인 해석에 그치며, 현대적 의미나 실제적 해석으로의 확장 가능성은 거의 제시되지 않는다. 특히 『논어』 구절 해석에 있어서는 기존 주석서의 내용을 단순히 반복하고 있을 뿐, 저자 고유의 해석 틀이나 현대적 재맥락화 시도는 드물다. 수양 개념을 중심으로 한 철학적 이론화나 다른 학문 분야와의 융합 가능성도 탐색되지 않는다. 유학이라는 거대한 사상 체계를 다룰 때에는, 단순한 주석 반복이 아닌 현대적 시각에서의 문제의식과 해석 틀의 창의적 재구성이 요구된다.

(2) 유학 수양의 현대적 실현 가능성에 대한 구체성 결여

논문은 유학 수양을 다례를 통해 실천할 수 있다고 서술하지만, 실제 사회적 맥락 속에서 다례가 어떠한 방식으로 개인의 인격 형성에 기여할 수 있는지에 대한 실증적 사례나 통계적 근거는 제시되지 않는다. 예를 들어, 다례 교육을 통한 청소년 인성 교육 효과, 성인 교육의 한 방식으로서의 다도 활용 등에 대한 구체적 분석이 병행되었다면 보다 설득력 있는 논지가 될 수 있었을 것이다. 일본의 사례나 한국 내 다도 프로그램의 실태, 현대 학교나 기업에서의 적용 사례 등을 비교 분석 자료로 활용했다면 논문의 실천성과 현실성이 보다 분명해졌을 것이다.

(3) 유학과 다례의 연계 구조 미비

경, 예, 서의 유학 수양 개념을 다례에 각각 대응시키고자 하였으나, 이 연결은 표면적 수준에 머무른다. 예를 들어, 다례 수행 중의 어떤 구체적 행위가 경敬의 수양과 어떤 방식으로 상호작용하는지, 혹은 다례가 서恕의 태도를 어떻게 함양시키는지를 다각도로 논증하지 않는다. 다례를 통해 유학적 이상을 실현할 수 있다는 주장은 반복되나, 실제 철학적·심리학적 메커니즘은 설득력 있게 제시되지 않는다. 특히 감정 조절, 자기 성찰, 타자 이해 등 인성 형성에 있어 다례의 기여도를 분석하는 접근은 전무하다.

4) 인용과 참고 문헌의 적정성 및 학문적 성실성 문제

(1) 인용 방식의 단순성과 원전 이해 부족

논문은 다양한 고전을 인용하고 있으나, 그 대부분은 2차 번역서를 통한 간접 인용이다. 주희, 공자, 맹자 등의 문헌 인용에 있어 원문 분석보다는 해설서에 의존하는 경향이 강하다. 그 결과 인용의 의미를 저자의 논지에 맞게 해석한 부분이 다수 발견되며, 이는 원전의 맥락을 왜곡할 우려가 있다. 예를 들어 『논어』의 "學如不及 猶恐失之" 구절은 경敬의 실천과 직접적으로 연결되기보다는, 일반적 학습 태도에 관한 언급으로 보는 것이 적절하다. 또한 인용에 대한 출처 표기가 불분명하거나 본문에서 인용 여부가 명시되지 않은 사례가 존재한다.

(2) 참고 문헌의 범위와 깊이의 제한성

참고 문헌에는 한국어 단행본, 번역서, 국내 학술논문이 주를 이루며, 중국어 원문이나 해외 학술자료의 직접 인용은 전무하다. 이는 연구 주제의 본질이 유학과 다례라는 고전 기반에 있음에도 불구하고, 학문적으로 요구되는 원전 탐구와 언어적 접근이 부족함을 드러낸다. 유학 텍스트의 원문 분석과 중국 및 일본의 차문화 관련 학술자료와의 비교가 병행되었더라면 훨씬 깊이 있는 논문이 되었을 것이다. 또한 참고 문헌의 수와 분야가 제한되어 있어, 다학제적 접근이 요구되는 현대 인문학 연구의 흐름과는 다소 거리가 있다.

결론적으로 〈다례에서 찾아본 유학의 수양과 실현〉은 유교 전통의 수양론을 현대 다례 문화와 연결 지으려는 의도 자체는 주목할 만하나, 학문적 완성도와 체계적 분석 면에서 다수의 한계를 드러낸다. 형식적으로는 논문 구성의 논리적 정합성과 문서 편집의 일관성이 미흡하며, 내용적으로는 고전 해석 중심의 반복적 서술, 실증적 논증 부족, 구체적 사례 미비 등의 문제가 있다. 또한 인용과 참고 문헌의 범위가 제한적이며, 원전 활용과 학술적 깊이 측면에서도 개선이 요구된다.

5) 개선 방향 제안

(1) 논제의 명확화와 구조 정비

논문 제목과 부제는 핵심 논지를 명확히 반영해야 한다. 유학 수양론 중심이라면 제목을 '유학 수양론의 다례적 실천 가능성 고찰' 등으로 수정하고, 구성상 유학 수양론 30%, 다례론 70% 비중의 구조로 재조정해야 한다.

(2) 다례의 구체적 사례 분석 보완

태극류 다례, 성균관 정규 다례, 대한다도회 실례 등 실제 수행되는 다례의 절차와 의미를 분석하고, 각 절차가 유학 수양(경·예·서)과 어떻게 연결되는지를 도표나 도식으로 체계화할 필요가 있다. 나아가 실천적 효과 검증 보강이 필요하다. 즉, 다례 교육 참여자(예: 대학생, 일반 시민)를 대상으로 한 설문 조사 또는 면담 결과를 통해 유학 수양 요소의 체득 여부를 정성적 · 정량적으로 분석하는 실증연구가 보완되어야 한다.

(3) 비교문화 및 다학제적 관점 도입

일본의 우라센케, 중국의 공자학원 내 다례 교육 프로그램과 비교 분석하고, 심리학(마음챙김, 집중력 향상), 교육학(인성교육), 철학(수양론) 등 융합적 이론 틀로 재구성하는 것이 바람직하다.

(4) 원전 해석 강화 및 인용 개선

중국어 원문 인용을 병기하고, 해당 원전 구절이 맥락상 어떻게 해석되는지를 독자 중심으로 명확히 해야 하며, 주석과 참고 문헌의 형식을 논문 전체에서 통일되게 관리해야 한다.

(5) 결론부 재정비

결론은 요약 수준에서 그치지 않고, 본 논문의 학문적 의의와 한계, 후속 연구 과제까지 분명히 언급함으로써 독자와 학계에 주는 기여를 명확히 할 필요가 있다. 향후 유학과 다례의 관계를 연구하는 논문이라면, 이론적 고찰과 더불어 실제 다례 수행과 수양 간의 상호작용에 대한 실증적 접근, 다양한 문화권의 차문화 비교, 철학 · 심리학 · 교육학 등 융복합적 시각의 도입이 병행되어야 할 것이다.

3. 〈다례에서 찾아본 유학의 수양과 실천〉

– '기론을 통해 본 다례와 유학 수양의 철학적 통합'이라는 현대 수행
  론의 관점에서 비판함

1) 논문 내용 정리 및 요약

논문 저자는 다례(茶禮)를 유학 수행의 구체적 실천 현장으로
제시하며, 다례 행위를 통해 경(敬), 예(禮), 서(恕) 등 도덕적
덕목이 내면화되는 과정을 탐구하였다. 이 연구는 수행의 구체
성과 예법의 조화를 보여 준 점에서 의의가 있으나, 동아시아
철학의 근본 개념 중 하나인 '기(氣)'에 대한 본체론적 고찰이 부
족하여 수행의 철학적 기반을 확장하는 데 한계를 가진다.

여기서 본체론(存在論)은 존재의 근본 원리와 실체를 탐구하
는 철학 분야이다. 동아시아 철학에서 '기(氣)'는 만물의 근원적
에너지이자 존재의 기본 양상으로, 이를 본체론적 관점에서 재
해석하는 것은 수행과 다례 문화의 내적 의미를 깊이 이해하는
데 중요한 철학적 틀을 제공한다. 장자, 정이천, 퇴계 등의 논
의를 통해 '기'는 신체—자연—의식의 통합적 실재로 간주되며,
특히 정이천은 기일원론을 통해 '기'를 존재론적 원리로 제시하
였다. 따라서 '기'를 본체론적 범주로 해석하는 것은 수행의 철
학적 기반을 확장하는 시도이다.

본 연구는 이 논문 연구의 한계를 본체론적 이해의 부족에서

찾고, '기' 개념을 하나의 철학적 해석 틀로서 도입하여 다례 수행에서의 역할과 의미를 재해석한다. 이를 통해 유학 수행론과 다례 문화 간의 내적 연계성을 철학적으로 통합할 수 있는 가능성을 모색하며, 현대적 실천 및 연구 방향을 제안하고자 한다.

2) 주요 논점에 대한 비판적 분석

(1) 다례 문화와 수행론의 다층적 연결 분석 부족

이 논문은 유학 수양론을 실천 차원에서 다례에 적용하는 가능성을 모색하였으나, 다례 문화와 수행론의 다층적 연계 분석이 부족하여 수행과 실현, 다례 문화 간 복합적 상호작용을 충분히 해석하지 못했다.

(2) 예(禮)의 실천을 넘어선 존재론적 해석의 필요성

위 논문은 다례를 유학 수행의 한 구체적 방식으로 주목했지만, 수행을 내적으로 작동시키는 존재론적 기반에 대한 철학적 고찰이 충분하지 않았다. 특히 동아시아 철학에서 '기'는 신체와 정신을 아우르는 통합적 에너지로, 수행의 내적 동력이자 도덕적 인격 형성의 토대가 된다. 그러나 논문은 다례를 예절 실천의 형식적 차원에 국한시킴으로써, 이러한 통합적 관점—신체와 정신의 상호작용, 실천과 수양의 내적 연계—을 간과하였다. 이로 인해 수행이 인격 내면에서 어떻게 실현되는지를

설명하는 철학적 깊이가 약화되었으며, 다례의 존재론적 의미
역시 충분히 조명되지 못했다.

(3) 다례 수행의 '기 체험'과 신체적 수양 인식

위 논문은 다례를 유학 수양론의 실천적 매개로 해석하면서
도, 그 핵심적 수행 기반인 '기(氣)' 체험에 대한 인식과 해석이
부족하다. 특히 다례의 준비, 행다, 음미에 이르는 일련의 과
정은 단순한 예절의 반복이나 상징적 형식에 그치지 않는다.
이는 신체의 리듬과 호흡, 의식의 흐름이 조화를 이루는 수행
의 장(場)이며, '기를' 다듬고 순환시키는 내적인 과정이기도 하
다. 예를 들어, 다례의 준비 행위는 단순히 공간과 도구를 정결
히 하는 기술적 절차가 아니라, 몸을 움직이며 기운을 다스리
는 '전의(前儀)'여야 한다. 그러나 본 논문은 이 과정을 유학적
'경(敬)', '예(禮)', '서(恕)'의 수단이라는 실천적 맥락에만 국한
시켜, 정작 다례가 신체를 통한 기운의 정제와 전환, 즉 수행의
기초로서 '기 체험'을 어떻게 작동시키는지에 대해서는 설명하
지 못했다. 다례는 '기를' 다듬는 복합적 수양 장치로 주목되어
야 하며, 이를 통해 몸—마음 관계의 통합적 수양이라는 보다
풍부한 해석 가능성도 열린다.

⑷ 수양론의 '개별 주체성' 강조에 내재된 경직성

위 연구는 유학 수양론이 각자의 '뜻'에 따라 성숙을 지향하는 개별적 수양임을 강조하면서, 인공지능의 보편적 원리와 대조하고 있다. 그러나 '뜻'의 자율성에 대한 강조는 오히려 유학 수양의 타율적 요소(예: 사사적 가르침, 위계적 질서 등)를 희석시킬 위험이 있다. 유학 수양은 결코 완전히 자율적인 성찰만을 지향하지 않으며, 전통적 유교에서는 외적 규범(예)과 도덕적 이상(군자상)을 내면화하는 것이 핵심이다. 따라서 유학 수양의 주체성이 현대적 의미의 '자기결정' 또는 '자아실현'과 직접 등치되기에는 개념적 간극이 존재하며, 이 지점에서는 보다 정교한 개념적 해석이 요구된다. 근대 이후의 자기결정 개념은 주체가 외부의 구속으로부터 벗어나 자유롭게 자기 삶의 방향을 정하고 실행하는 능력으로 정의된다. 이는 규범적 체계보다는 선택의 자유에 무게를 두는 것이다. 반면 유학에서의 '주체성'은 본래부터 공동체적 윤리 속에서 형성되며, '예(禮)'라는 규범적 질서를 내면화하는 과정을 통해 성숙해지는 것으로 이해된다.

공자의 '수기치인(修己治人)'이라는 표현은 이를 잘 보여 준다. '자기 수양'은 어디까지나 타자와의 관계, 사회적 조화를 위한 준비 과정으로 간주되며, 이는 유학적 수양이 개인주의적 자아실현과는 본질적으로 다른 목표 구조를 가진다는 것을 뜻

한다. 다시 말해 유학의 주체성은 독립된 개인의 내면적 자유
라기보다, 질서와 관계 속에서 도덕적 존재로 스스로를 형성하
는 윤리적 구조에 가깝다. 이러한 점에서 유학의 수양은 자기
결정이라는 현대적 담론과 단순히 병치될 수 없다.

3) '기론'을 통한 재해석 및 연구 방향

(1) 다례 문화와 유학 수행론의 통합 모델 구축

'기론' 중심 철학적 재해석은 다례 문화와 유학 수행론의 전통
적 가치와 현대적 실천 가능성을 아우르는 통합 연구 모델로 발
전할 수 있다. 사례 연구, 텍스트 분석, 수행 경험 연구 등을
통해 다층적 상호작용을 심층 탐구해야 한다.

(2) 다례 수행의 철학적 기반으로서의 기(氣)

가. 다례와 유학 철학의 심층 구조

다례 문화와 유학 수양론의 실천적 연계를 보다 심화하기 위
해서는, 다례를 단순한 예절 수행이나 상징적 의례로 환원하지
않고, 유학 철학의 심층 구조와 연결 짓는 분석이 필요하다. 특
히 '기(氣)'를 수행의 내재적 기반으로 삼는 유학의 기론은 다례
를 몸―마음―관계의 통합적 수양 장치로 해석할 수 있는 이론
적 틀을 제공한다.

'기'는 인간 내면의 정서와 외적 행위, 더 나아가 자연과의 상

호작용을 매개하는 중심 개념이다. 따라서 다례를 단순히 예(
禮)의 실천이 아닌, 기의 순환과 정제를 통한 존재적 전환의 과
정으로 이해한다면, 유학 수양론과 다례 문화의 복합적 상호작
용에 대한 보다 정합적이고 통합적인 해석이 가능해진다. 이는
곧 유가적 인격 수양이 구체적 실천을 통해 체현된다는 점을 강
조하며, 전통문화에 내재한 수행적 지혜가 오늘날의 삶 속에서
도 유의미하게 작동할 수 있음을 시사한다.

나. 핵심 매개로서 '차'

다례가 유학 수양의 장으로 기능하기 위해서는 단순한 형식
적 절차를 넘어, 그 매개체로서 작동하는 차(茶) 자체가 지닌
수행론적 특성에 대한 철학적 고찰이 필수적이다. 이때 핵심적
질문은 '왜 물이나 커피가 아닌 차인가', 특히 '왜 녹차인가'에
관한 문제이다.

첫째, 차는 단순한 기호품이나 음료를 넘어서 '기(氣)'의 흐름
을 섬세히 감각하게 하는 수행적 매개체로 기능한다. 동아시아
전통에서는 차를 '청심(淸心)'의 음료로 간주하여, 신체의 과도
한 긴장을 완화하고 내면의 의식을 맑게 함으로써 기의 흐름을
조율하는 역할을 부여하였다. 이는 차가 기의 불균형을 바로잡
고 감각을 정제하는 도구로 작용함을 의미하며, 유학적 수양의
근본 원리와 깊이 상응한다.

둘째, 녹차는 제조 과정에서 '살청(殺靑)' 공정을 통해 카테킨 산화와 테아닌 발효를 억제함으로써 기운의 변질을 방지하고 본래성을 보존한다. 이 공정(제다 과정)은 단순한 기술적 조치에 그치지 않고, 인간이 자연의 질서에 순응하며 본래의 상태를 유지하고자 하는 수행적 태도의 구현으로 이해될 수 있다. 산화차(홍차류)나 발효차(보이차류)가 인위적 변화를 통한 성숙을 상징한다면, 녹차는 자연과 조화를 이루며 본성을 수호하는 수양적 삶의 은유로 해석된다.

셋째, 차의 음용은 단순한 기호 행위를 넘어, 신체 감각과 기의 흐름을 정제하는 섬세한 실천 행위이다. 차에 포함된 카페인, 카테킨, L—테아닌의 세 가지 주요 성분은 각각 각성, 항산화, 이완 효과를 발휘하여 신체 에너지와 정신 상태의 균형적 조율을 가능하게 한다. 이러한 성분적 특성은 주로 자극을 통해 에너지를 폭발시키는 커피와 대비되며, 차가 내면의 조화와 감각의 맑음을 돕는 수행적 매개임을 뒷받침한다. 따라서 차 음용은 몸과 마음, 그리고 기의 흐름을 통합적으로 조율하는 유학적 수양의 구체적 행위로 전환된다.

(3) 유학 수양론의 현대적 의의
가. 현대사회의 다층적 실존성에 대한 반영 부족
기존 유학 수양론은 인간의 내면적 수양을 중심으로 비교적 보편적이고 이상적인 삶의 모델을 제시하지만, 오늘날 개인의 삶은 다원적 정체성과 불확실성, 복합적 감정 구조 속에서 전개된다. 특히 정신적 안녕과 사회적 관계, 신체적 감각이 분절된 현대인의 실존 조건은 전통적 도덕 이상만으로 설명하거나 규범화하기 어렵다.

이러한 복잡성과 변화를 반영하려면, '기론'이 제공하는 몸—마음—환경의 연동성(몸 철학/Body philosophy) 개념을 주목할 필요가 있다. 기는 유동적이며 상호작용적인 존재 양식으로, 유학의 기론은 실존의 유연성과 관계성을 설명할 수 있는 철학적 자산이다. 따라서 '기'를 매개로 한 다례의 수행은 현대인의 분절된 내면과 외적 삶을 다시 연결하는 통합적 수양의 가능성을 제시할 수 있다.

나. 자본과 기술에 대한 이분법적 접근

현대 자본주의와 기술문명에 대한 유학적 비판은 일정 부분 타당하지만, 그것이 지나치게 이분법적이고 회피적인 방향으로 흘러갈 경우, 유학의 수양론은 현실에 닿지 못하는 추상적 담론으로 전락할 위험이 있다. 오늘날 자본과 기술은 인간의 삶을 구성하는 필수 조건이며, 이를 완전히 배제하거나 거부하는 대신, 어떻게 다스리고 조화시킬 것인가라는 실천적 관점이 더 중요하다.

이 지점에서 '기론'은 하나의 조정 메커니즘으로 기능할 수 있다. 기는 외적 자극과 내면의 반응 사이를 매개한다. 따라서 기술과 정보가 범람하는 시대에 기 흐름의 조절과 정제는 주체의 자기 보존, 관계 조율, 내면 강화의 전략이 될 수 있다.

다. 전통적 이상형의 고정성과 현대 개인성의 불일치

유학의 수양론이 지향하는 군자상(君子像)은 도덕적 성숙과 타자에 대한 배려라는 점에서 중요한 윤리적 비전을 담고 있지만, 현대인은 그보다 더 복합적이고 다면적인 자아로 살아간다. 예를 들어, 자율성과 창의성, 자기 표현, 감성적 소통에 대한 요구가 강해졌으며, 이는 군자의 이미지와 반드시 일치하지 않는다.

이러한 상황에서 '기'를 중심으로 수양을 재해석하면, 개인의 다양한 정서와 상황, 삶의 조건을 기 조절의 다양성 속에서 수용할 수 있다. '기'는 정태적인 덕목의 내면화가 아니라, 변화하는 삶 속에서 즉각적으로 대응하고 조율하는 유동적 자아 훈련을 가능하게 한다. 따라서 다례는 군자의 고정된 모델을 반복하는 형식적 의례가 아니라, 개인이 삶 속에서 기의 흐름을 감각하고, 자기 존재를 조율해 가는 살아 있는 수양 방식으로 자리매김될 수 있다.

따라서 유학 수양론의 현대적 적용은 단지 전통적 개념을 반

복하거나 이상적인 삶의 모델을 제시하는 데 그칠 것이 아니
라, 현대인의 실존적 조건, 기술 문명의 조건, 정체성의 다양
성을 고려한 '기론' 중심의 통합적 수양론으로 발전해야 한다.
이를 통해 다례는 의례적 형식을 넘어, 신체와 정신, 개인과 관
계를 연결하는 현대적 수행 장치로서 기능할 수 있으며, 유학
의 전통적 가치 역시 새로운 시대적 호흡 속에서 그 생명력을
회복할 수 있을 것이다.

결론적으로 〈다례에서 찾아본 유학의 수양과 실천〉은 유학
수양의 실천적 방법론을 다례에 접목한 시도에 있어 중요한 의
의를 지닌다. 그러나 본 레포트는 그 철학적 깊이를 확장하기
위해 '기론'을 본체론적 배경 속에서 재해석하고, 다례라는 실
천의 장이 단순한 형식적 예절이 아니라 기의 흐름을 체험하고
조율하는 내적 수양의 장이라는 점을 강조하였다.

다례에서 '차'를 통한 음미, 호흡, 신체 감각의 통합은 유학
수양론이 요구하는 몸—마음—관계의 조화를 수행적으로 실현
하는 방식이며, 이는 현대인의 단절된 실존과 복합적 자아 조
건 속에서도 유의미하게 작동할 수 있다.

궁극적으로 유학 수양론은 전통의 재현에 머무는 것이 아니
라, '기'를 중심으로 신체와 의식, 환경을 통합하는 생동적 수양
으로 재구성될 수 있으며, 다례는 이를 구체적으로 실현할 수

있는 살아 있는 문화적 수행으로 재조명될 수 있다.

4. 논문 비판적으로 분석하기

지금부터는 다례와 유가 수양론을 주제로 한 세 편의 논문을 분석하고 그 한계와 문제점을 비판적으로 고찰하고자 한다. 유학의 수양론과 다도(茶道)의 수양론은 정신적 수양이라는 공통점을 가지지만, 실제 연구에서는 양자의 관계 설정이 충분하지 않거나 일관되지 않는 경우가 발생하고 있다. 본 분석은 이 같은 문제를 중심으로 논문의 내용, 형식, 연구 방법의 적절성 등을 살펴보고자 한다.

1) 첫 번째 논문: 〈다례에서 찾아본 유학의 수양과 실현〉

이 논문은 유학의 수양론과 다도의 수양론 사이의 관계를 밝히려 하였으나, 두 사상의 연관성을 명확히 제시하지 못하였다. 유학의 '경·예·서' 개념을 설명하였지만, 다례와 이 개념 사이의 구체적 연결 과정이 부재하다. 다례 행위가 유학 수양의 내적 과정으로 어떻게 작용하는지 이론적·실천적 해석이 부족하다. 결국 유학과 다례가 병렬적으로 서술되었을 뿐 상호관계 속에서 의미를 찾지 못하였다. 현상을 기술하는 데 그쳤으며 그 속에 내재한 이론적 구조나 의미를 충분히 드러내지 못하였다. 또한 선행 연구의 반복, 실증적 사례 부족, 현대 적용 가능성 미흡, 개념 정의의 모호함 등도 문제점으로 지적할 수 있다.

2) 두 번째 논문: 〈다도의 유가적 수양론에 관한 연구〉

이 논문은 유가 수양론과 다도 수양론을 각각 서술하였으나 두 영역이 유기적으로 연결되지 않았다. 이론 정리와 인용이 과도하게 많아 독자적 논리 전개가 부족하다. 인용은 논문의 근거로 사용되어야 하지만, 오히려 인용 자체가 논문의 주된 내용이 되어 버렸다. 각주의 사용 역시 형식적 오류가 있으며 본문의 흐름을 방해하는 부분도 있었다. 논리적 전개 미흡, 현대적 실천 가능성의 결여, 구체적 사례 부족 등도 한계로 지적할 수 있다. 결과적으로 기존 문헌 요약에 그친 논문으로 평가된다.

3) 세 번째 논문: 〈한국 전통 제다법에 대한 융복합 연구〉

이 논문은 실험 결과를 중심으로 작성되었으나, 서론에서 제시한 연구 목적과 실험 내용이 불일치하며, 실험 과정과 결과 제시에만 집중하고 그에 따른 해석과 논리적 결론이 부재하다. 실험 결과의 의미, 연구의 학문적 기여, 후속 연구 방향 등 중요한 논문 구성 요소가 빠져 있다. 또한 실험 대상, 통제 조건

등의 설명이 부족하여 결과의 일반화 가능성에도 한계가 있다.

　결론적으로, 해당 세 편의 논문은 각각의 연구 목적은 있었으나 유학의 수양론과 다례 수양론의 이론적 통합, 실천적 적용, 논리적 완결성 측면에서 공통적으로 미흡함을 보였다. 특히 연구 목적과 결과의 연결 부족, 기존 문헌에 대한 의존, 실증적 자료 부족이 문제점으로 나타났다. 필자는 좋은 논문이 다음과 같은 요건을 갖추어야 한다고 생각한다.

　첫째, 진정성과 창의성이 있어야 한다. 한 문장이라도 기존 연구와 다른 새로운 관점이나 해석을 제시해야 한다. 둘째, 학문적 진전에 실질적으로 기여할 수 있어야 한다. 단순한 지식의 나열이 아니라 새로운 이론, 방법론, 실증 자료를 제시해야 한다. 셋째, 문장의 호흡이 지나치게 길지 않아야 한다. 독자가 쉽게 이해할 수 있도록 간결하고 명확한 표현이 필요하다. 넷째, 학술적 용어를 상황에 맞게 적절하게 사용해야 한다. 이는 논문의 전문성과 신뢰성을 높인다.

　이러한 요건을 충족시키는 연구가 향후 다례와 유학 수양론을 주제로 한 학술적 논의에서 제시되기를 기대한다.

5. 〈한국 전통 제다법에 대한 융복합 연구〉를 읽고

본 논문은 차의 형태나 음다법에 대한 문헌 기록이나 유물 등을 조사하여 시대별 제다의 역사를 정리하였다. 이에 한국 전통 제다법을 총정리하는 면에서는 자료적 가치가 있다고 생각했다. 특히 시대별 제다, 음다 문화에 대한 정리와 조선시대의 다양한 제다법에 대한 조사는 다수의 지엽적 연구논문이 한국 차문화의 일면을 상세하게 다루는 데 반해 전반적인 조사를 함으로써 후배 연구자들이 추가 조사와 연구를 하는 데 도움이 될 것으로 보인다. 다만 조사의 내용에 의문을 제기할 만한 요소가 있고, 논문은 연구 내용을 바탕으로 한 논지가 있어야 하는데 그런 점에서는 아쉽다. 그러나 어떤 논문에도 아쉬운 점은 있기 마련이라는 전제하에 아래와 같이 문제 제기를 해본다.

첫째, 삼국 시대 차문화의 자료는 매우 한정적이어서 규정하기 어려운 점이 많다. 고구려 무덤에서 발견된 하나의 떡차를 가지고 전체 삼국 사회가 같은 방식의 음다를 즐겼을 것이라는 추측은 과하지 않을까라는 생각이다. 물론 차문화에 대한 역사적 사료와 유물은 다른 학문에 비해 현저히 적다는 점은 인정한다. 그렇다 치더라도 하나의 유물로 전체를 규정하는 것은 역사적으로 바람직하지 않다.

둘째, 사용한 용어가 지나치게 전통에만 한정되어 현대의 것과 혼돈을 줄 수 있는 점은 아쉽다. 특히, 차의 성분 변화 측면에서 찻잎의 효소가 작용하여 발효가 된다는 것은 과거 일본의 학자가 발효와 산화의 개념을 혼동하여 사용한 것이 계속해서 관례처럼 사용되는 것이므로 명확히 구분하여 사용해야 한다. Oxidation(산화)와 Fermentation(발효)는 완전히 다른 화학, 생물학적 개념으로 우리가 차학계에서 통용되는 개념이라고 하여 수정할 의지를 보이지 않는다면 국내 활동에만 국한되어 한국 차학계의 발전에 도움되지 않을 것이다.

셋째, 학계에서 논란이 있는 제다법들도 모두 전통문화인 것으로 기재하였다. 한국 차학계는 역사가 오래되지 않아 논란이 있는 주장들이 비일비재하다. 그러나 전통 제다법을 총망라한 본 논문에서 비판 없이 모든 제다법을 전승 제다법이라고 주장하는 것은 옳지 않다. 예를 들어 응송 스님이 초의차를 전승하여 박동춘 소장이 이를 이어받고 있다는 초의차의 경우에는 아직도 논란이 많은 부분이다. 이에 학자의 관점이라면 이러한 전승 관계에 아직은 밝혀야 할 점이 있다는 것을 기재했어야 옳다.

넷째, 발효차의 전승을 정리한 논문 98쪽의 황차 관련 내용에서 조선시대의 황차가 현대 중국의 황차와 동일한 차라는 근거가 부족하다. 현재 하동 등지에서 생산되는 "황차"라는 이름이 붙은 차의 제다 방식은 중국 6대 다류의 황차와는 다른 계열의 차이므로 이를 규명하고, 용어를 정리하는 일이 필요하다. 중국의 황차는 일반적으로 민황이라는 과정을 거치는데, 홍배와 민황을 교대로 진행한다. 1차 홍배는 섭씨 50~60도에서 중량이 50% 감소할 때까지 진행한다. 1차 민황은 40~48시간 진행, 찻잎의 온도가 30도에 이르면 찻잎을 뒤집어 준다. 그리고 2차 홍배, 2차 민황 과정이 있다. 반면에 한국의 현대 황차는 다원마다 그 제다법이 각각 다른데, 하동의 황차인 경우 구들장에 살청—유념을 마친 차를 널어 두고 면포로 덮어 둔다. 문제는 구들장의 온도 조절을 감으로 하는 경우가 많아서 미생물이 실제로 발생하여 활동하는지 여부가 확실하지 않다는 것이다. 이에 대한 학계나 연구기관의 실험 결과도 전무한 편이다. 이는 황차가 한국 차의 주요 산물이 아니기 때문에 경제성 측면에서 연구가 부족한 것이기도 하다.

다섯째, 논문 110쪽에서 "전통 제다법에서는 매우 약한 유념을 한 데 반해 오늘날 전승된 제다법에서는 대부분 매우 강한 유념을 하고 있는 것이 확인되었다. 한국 근대기 특히 일제강점기에 제다를 하였던 제다인들은 대부분 약하게 유념하였다고 증언하고 있다."라고 했다. 논문의 초의차 제다법 부분에서는 강한 유념이 초의차의 특징이라고 해 놓고 이 부분에서는 시대별 유념 강도의 차이에 대해서 논하고 있다. 앞뒤가 상이한 주장으로 만약 이러한 논의의 이유와 근거가 좀 더 상세하게 설명이 되어 있었더라면 납득할 수도 있었을 것이다.

　여섯째, 한국 전통 제다법의 과학적 분석에서 시료의 출처가 불분명하다. 위에서 한국 전통 제다법을 지역별로 정리하였는데, 시료의 지역, 품종 등을 알리지 않고 실험을 한 것이 아쉽다. 여기서도 발효차에 대한 용어 혼동이 생기는데, 논문에 나오는 발효차는 산화차이다. 차를 과학적 측면에서 접근하려면 이를 논하는 학자는 과학자의 자세로 임해야 한다. 차 이외의 다른 어느 분야에서 관행적으로 잘못된 용어를 혼용하고 있는지에 대해서 생각해 볼 필요가 있다. 그리고 관능평가 진행요원이 전문가가 아니라 본 실험을 진행한 대학의 학생들에게 교육 후 진행한 것은 매우 아쉽다. 차라리 관능평가라는 용어 대신 일반인 대상 실험을 진행하였다고 하는 것이 바람직하다. 실제 해외 논문에서는 우림법을 동일하게 한 후 일반인 대상 평가를 하는 경우가 많다.

　마지막 마무리에서도 차산업의 핵심은 제다 기술이라고 했다. 그러나 표준화된 제다법 제시가 없다. 그러고는 고유성과 독자성을 확보한 한국 전통차가 융복합적 발전 방향을 제대로 노정하여 세계 무대에 새로운 블루오션으로 성장할 수 있다고 끝맺음을 하는데, 표준화된 제다법의 제시가 부족하다. 중국의 경우 정부 주도의 차산업으로 제다법 표준화에 힘쓰고 있다. 그러나 실제 시장에 나오는 차들은 표준화를 따르기보다 소비자 요구에 부응하기 위해 부지런히 노력한다. 한국의 차 재배 규모는 중국의 것에 비해 미미하다. 동남아시아, 서남아시아와 같은 대규모 생산기지는 더더욱 아니다. 따라서 한국에서 더 시급한 것은 제다법 표준화보다 각 지역의 특성에 맞는 현대 제다 교육, 표준 제다 지식의 보급을 통한 각 지역 혹은 다원별 독자성 확보에 있다고 생각한다. 이를 통해 한국 차가 프리미엄 단계를 넘어 하이엔드 시장에서 소량 한정 상품으로 자리매김할 수 있다면, 일반 등급의 차 역시 해외 시장으로 진출할 수 있는 통로를 자연스럽게 모색할 수 있을 것이다.

6. 〈한국 전통 제다법에 대한 융복합 연구〉 비판적 분석

이현정의 박사학위논문 〈한국 전통 제다법에 대한 융복합 연구〉는 전통 제다법을 현대 과학과 연결하려는 시도로, 차(茶)의 제조 과정에 대한 정밀한 실험과 이론적 해석을 결합하고자 한다. '융복합'이라는 명제를 바탕으로 전통문화와 현대 과학을 접목시키려는 시도는 그 자체로 학문적 의의를 지닌다. 특히 전통적인 차 제조 과정을 체계화하고, 다양한 조건에서 생성된 샘플을 비교 분석함으로써 한국 차문화의 과학적·산업적 잠재력을 조명하려는 시도는 주목할 만하다. 그러나 이 연구는 실험 설계의 구체성과 이론적 정합성, 그리고 문화적 통찰의 깊이에서 몇 가지 비판적 검토가 필요한 지점을 보여 준다.

첫째, 이 논문은 실험 설계 측면에서 변인 통제와 샘플의 다양성 부족이라는 한계를 보인다. 연구자는 살청, 유념, 건조, 발효 등 다양한 공정의 조합을 통해 총 53종의 제다 샘플을 생성하고 이를 비교하였다고 기술하고 있으나, 그 세부 설계에 있어 원료의 품종, 산지, 수확 시기, 가공자의 숙련도, 가공한 사람이 한 명인지 등 주요 변인에 대한 통제 여부는 명확히 드러나지 않는다. 이러한 요소는 차의 맛과 향, 색 등에 결정적인 영향을 주는 핵심 변수들로, 이를 간과한 실험 설계는 결과의 신뢰도와 일반화를 어렵게 만든다. 또한 실험군과 비교군의 반복 실험을 통한 재현 가능성에 대한 언급도 부족하여, 실험 결과가 학문적으로 검증되기엔 불충분하다는 인상을 준다.

둘째로, 관능평가의 신뢰성과 객관성 확보 측면에서 아쉬움이 존재한다. 차의 향, 맛, 색, 후미 등은 본질적으로 주관적 감각에 의존하는 요소이기 때문에 이를 평가할 경우 과학적 접근이 더욱 요구된다. 그러나 본 논문에서는 평가자 수, 훈련 여부, 블라인드 테스트 시행 여부, 그리고 통계적 처리 방식에 대한 구체적 설명이 부족하다. 결과적으로 해당 관능평가가 과학적으로 설득력 있는 데이터를 생산했는지에 대한 신뢰성 검증이 충분하지 않다는 비판을 받을 수 있다. 이를 피하기 위해선 단순한 수치의 나열이나 결과 제시가 아니라, 감각 기반 평가가 지니는 주관성과 편향 가능성을 어떻게 보완했는지에 대한 설명이 반드시 뒤따라야 한다.

셋째로, '융복합'이라는 연구 주제를 고려할 때, 본 논문은 다학제적 접근의 정합성과 깊이에 있어 아쉬운 부분을 드러낸다. '융복합'이란 과학·기술·인문·예술 등의 경계를 넘나들며 문제를 해결하고 새로운 지식을 창출하는 방식인데, 이 논문은 실험적 분석과 전통 제다법의 개요 수준을 넘어서지 못하고, 인문학적·문화학적 접근은 다소 형식적으로 언급되거나 개괄적 수준에 머무른다. 예를 들어, 제다 행위가 지닌 철학적 의미, 사회문화적 맥락, 전승 방식 등은 더 깊이 있게 다루어질 수 있었으나, 실험적 탐구에 집중한 나머지 문화적 맥락의 분석은 상대적으로 얕다. 융복합을 표방한 연구에서 이러한 균형의 상실은 연구의 방향성에 대한 비판으로 이어질 수 있다.

넷째로, 역사적·문화적 고증의 부재도 중요한 문제점이다. 전통 제다법은 한국 역사 속에서 다양한 시기와 지역에 따라 상이한 방식으로 발달해 왔다. 고려시대 궁중의 차문화, 조선시대 유가적 예다(禮茶)의 발전, 그리고 민간에서의 생활 차문화까지 그 스펙트럼은 매우 넓고 깊다. 그러나 본 논문에서는 제다법에 대한 문화사적 고찰이 미비하며, 어떤 지역이나 시대의 제다법을 중심으로 실험을 설계하였는지조차 모호하다. 결국 '전통 제다법'이란 개념이 역사적으로 검증되지 않은 추상적 범주로 사용되고 있으며, 이는 실험적 결과의 해석과 일반화에 장애가 된다. 전통이라는 개념은 문화적으로나 역사적으로 구체적인 근거 위에서 정리되어야 하며, 그렇지 않으면 현대적 해석은 왜곡되거나 단순화될 수밖에 없다.

다섯째로, 이 논문은 연구 결과의 현대적 적용 가능성, 특히 산업화, 교육적 활용, 문화 콘텐츠화 등에 대한 구체적 전략이 부족하다. 연구자는 전통 제다법의 현대화와 과학화를 통해 차 산업의 발전과 문화유산 보존을 동시에 추구할 수 있다고 주장하지만, 해당 논문에서는 이를 실현하기 위한 구체적인 방안이나 실천 사례가 제시되지 않는다. 예컨대 연구 결과를 바탕으로 한 상품 기획, 교육 커리큘럼 설계, 브랜드 전략 수립 등에 대한 내용이 제시되지 않기 때문에, 논문이 실험적·학술적 차원에 머물러 있으며 실용적 연계성이 부족하다는 비판을 받을 수 있다. 융복합 연구의 핵심은 학문적 분석을 넘어 사회적 활용과 실제 적용 가능성의 제시에 있다는 점에서, 이 부분은 분명한 약점이다.

결론적으로 이현정의 논문은 전통 제다법을 과학적 실험과 연결하려는 시도에서 큰 학문적 가치를 지닌다. 이는 차문화를 단순한 전통의 계승에서 벗어나 현대 지식 체계 속에서 재해석하고 확장하려는 실험적 시도로 볼 수 있다. 그러나 실험 설계의 엄밀성, 관능평가의 객관성, 융복합 개념의 실현 정도, 문화사적 맥락의 분석 깊이, 그리고 현대적 적용 전략 등 다양한 측면에서 보완이 필요한 지점이 다수 존재한다. 전통문화의 현대적 활용을 위한 연구는 단지 형식적 융합이 아니라, 진정한 지식의 통합과 문제 해결 중심의 융합적 사유가 뒷받침되어야 한다. 이 논문은 그 가능성을 제시하였으나, 그것을 완전하게 구현하기에는 다소 미흡한 수준에 머무른다. 향후 유사한 연구가 진행될 경우에는 보다 다양한 전공자의 협업과, 역사·문화·기술의 통합적 해석이 함께 이루어져야 할 것이다.

8

소결(小決):
차학 논문 쓰기의 자료 나열, 계량화,
유·불 교조주의 문제

차학 논문을 공모하여 게재하는 전문 학술지로서 한국연구재
단 등재지인《한국차학회지》(한국차학회)와《차문화산업학》(국
제차문화학회)이 있다. 한국차학회는 차계의 일부 명망가들과
차학 관련 교수들이 운영하고, 국제차문화학회는 원광대학교
차 관련 학과 관계자들이 주도하는 것으로 알려져 있다. 두 학
회지 논문 게재 시스템은 대학원 차 관련 학과 학생들이 박사학
위 논문 제출 자격 요건 상 두 세 편의 소논문을 발표하는 창구
로써 많이 활용한다.《차문화산업학》은 2005년 춘계 학술대회
를 시작으로 하여 지금까지 70집을 발행했고,《한국차학회지》
는 30년 역사에 4분기별로 한 권씩 발행하니 지금까지 120집 이
상을 발행한 셈이다. 한국연구재단 등재는《차문화산업학》이
먼저 됐고《한국차학회지》는 후발 주자인데, 전국적인 영향력

은 후자가 앞서는 것으로 보인다.

앞에서 살펴본 몇몇 논문들은 주로 《한국차학회지》 또는 한국차학회 (춘계)학술대회자료집에 실린 것들이다. 이 논문들의 문제는 공모 응모자들의 논문 게재 필요와 두 학회지의 응모량 확보 경쟁이 맞물린 데서 비롯된 것으로 보인다. 물론 심사 과정에도 근본적인 문제가 있어 보인다. 기왕 응모한 논문을 심사비까지 받은 마당에 되도록이면 통과시켜 줘야 한다는 부담감이 있을 터여서, 두 학회지의 논문 게재 시스템이 차학 진전에 보탬이 되는 '논문다운 논문' 생산보다는 초입인들의 '논문 쓰기 학습장'이 되는 경우가 적지 않다고 생각된다.

위 두 학회지에 제출되는 차학 인문 분야 논문들에서 흔히 눈에 띄는 문제 중 하나가 자료 나열과 유·불가 교조주의 드러내기라고 할 수 있다. 이 문제는 예컨대 〈○○선사의 차 정신…〉, 〈『동다송』의 다도 정신…〉, 〈「매월당시사유록(梅月堂詩四遊錄)」의 차시(茶詩)에 나타난 차 정신〉… 등과 같은 승려 또는 유가 문객들의 저술이나 차시(茶詩)들을 분석 대상으로 한 논문들에서 나타난다.

자료 나열이란 특정인 평전(評傳)에서 베껴 옮긴 듯한 일대기를 늘어 놓는 것, 특정인의 신변잡기 등 잡다한 사실에 관한 자료로써 논문의 양을 채우는 것, 논지나 창의적 이론 창출과는 무관한 역사적 기록들을 망라하는 것, 유·불·도가 사상의 개론적 이론을 장황하게 소개하는 것등을 말한다. 연구와 창의적 발의가 주가 되어야 하는 학술논문에서 사실에 관한 기록을 지나치게 많이 채워 넣는 것은 논문이 추구하는 학술적 연구가 부족함을 의미한다. 특정 학술적 어휘에 관한 설명이나 정의(定義)를 장황하게 진술하는 것도 이에 속한다. 최근 어처구니없는 표절로 학계와 항간의 질타 끝에 학위 취소로 결말이 난 특정인의 ㄱ대 대학원 박사학위 논문의 경우, 본론에서 초보적인『주역』소개글을 인터넷에서 길게 따 붙였다. 앞으로 AI를 이용하여 이런 문제가 더 빈번하고 심각해질 수도 있다. 예컨대 성리학 수양론 관련 논문의 경우 '성즉리' 개념이나 '심통성정' 내용을 길게 소개하기보다는 독자와 심사위원들의 지적 수준이 그 정도는 이미 숙지하고 있다는 전제를 해야 한다.

앞 장에서 지적된 〈한국 전통 제다법에 대한 융복합 연구〉의 경우처럼, 철저한 원인 분석이나 실험 인자 간 인과 관계에 대한 과학적 조명 없이 외양적인 결과나 계량적인 수치(數値) 보여 주기에만 초점을 두는 것도 의미 없는 자료 나열에 속한다고 할 수 있다. 이런 사례는 《한국차학회지》 등에 게재되는 이학 분야 논문에서 흔히 눈에 띈다. 하지만, 예컨대 〈다례 교육과 아동들의 태도 변화 고찰〉 또는 〈차생활이 성인들의 문화 인지 변화에 미치는 영향〉과 같은 자연과학적 조사 방법론을 취한 인문 분야 논문에서도 나타난다. 일시적인 다례 행위와 아동들의 심리 구조에 관한 인과 관계를 자의적 설문조사로써 측정한 수치를 논문 연구 결과라고 하기는 어렵다. 또 차생활이 성인들의 사유 양태에 어떤 영향을 끼치는지도 외부적 관찰로써 알 수 있는 일은 아니다. 다만 선현들은 선험적 감각이나 기론적 추측을 통해, 다도란 수양론으로서 각 개인의 인지와 사유에 일정한 영향을 미칠 것이라고 추량하거나 기론적 원리로써 분석할 수 있었다. 다도 관련 심리 변화를 현대적 조사방법론을 사용하여 가시적 현상으로서 관찰하거나 결과를 계량화하기는 어렵다는 말이다.

또 다른 문제는 논문 제목에서부터 유·불가 교조주의(敎條主義)를 표방하는 것이다. 《한국차학회지》 제31권 제2집(2025년 6월)에 있는 〈『다부』와 「허실생백부」에 나타난 차명상의 유교 수양적 고찰〉, 〈경봉선사(鏡峰禪師)의 다시(茶詩)에 나타난 차 정신(茶精神)〉, 제30권 제3호(2024년 9월)에 있는 〈한재 이목 의 『다부』에 보이는 성리학적 수양론의 특징〉 등이 그렇다. 〈경봉선사(鏡峰禪師)의…〉는 불가의 선 사상이, 〈한재 이목의 ……〉와 〈『다부』와 「허실생백부」에…〉에서는 각각 '성즉리'와 유교수양론이 장황하게 펼쳐질 것임이 불문가지다. 이런 논문들은 남들도 대부분 알고 있는 기존의 사실을 애써 찾아내어 나열했다는 것 외에 창의적 발제를 했다는 평가를 얻기는 어렵다. 나아가 '보편'을 '특수'로 제한하여 논문 저자나 독자들의 사유와 연구의 폭을 좁혔다는 지적을 받을 수 있다. 〈『다부』와 「허실생백부」에…〉는 도가 사상 관련 문헌인 「허실생백부」를 '유교 수양론' 쪽으로 애써 끌어가지 않았는가.

또 다른 예로서, 유·불·도에 능통했던 조선시대 김시습을 '선승(禪僧)류 차인'으로 단정하고 제한하여 그의 학문적 수행의 수위를 타의로 자의적 재단하는 것이다. 어떤 이의 학문 분야가 유·불가 반열이라고 해서 그가 차를 마시고 체득되는 본연의 경지를 표현한 정서가 어떠한 논거로써 반드시 '유·불가적'이라고 하겠는가? 김시습의 차 정신을 "유·불·도 삼교 융합 회통의 정신 세계"라고 하는 경우도 있다. 여기에서도 하필이면 "유·불·도"를 붙여서 교조주의적 어휘를 드리운 까닭에 '논문을 쓰기 위한 논문'이라는 인상을 준다. 이런 논문을 쓸 때 바탕이 되는 철학적 이론 체계를 동아시아 사상 본체론인 기론으로 삼을 때 "유·불·도"라는 말은 무용지물이 된다. 그러나 이런 류의 논문에서 도가 교조주의 색깔만 있는 것은 찾아보기 어렵다. 도가를 차와 관련하여 집중적으로 들여다보는 이가 드물기도 하거니와, 도가 사상의 본체론이 유·불·도가 공유의 본체론인 기론과 겹치고, 차론을 기론적 시각으로 다루고자 하는 관심이 적은 까닭이라고 생각된다.

더 황망한 예를 들자면, 이른바 한국의 다도 정신을 『다신전』

과 『동다송』에 나오는 '중정(中正)'[1]이라고 하면서 중정을 불교의 '중도(中道)'[2]와 같은 개념이라고 주장하는 것이다. 『동다송』을 선승인 초의가 쓴 것이어서 불교 교조주의를 내세우기 위한 것으로 보인다. 논문에서 유·불가 교조주의 색채를 드러내는 경향은 이른바 '초의차' 옹호론자들이 "구산선문이 차를 들여왔기에 불교가 한국 차문화의 중심이다.", "동다송은 한국 차의 다경이고, 초의는 한국차의 성인이다."라는 등 근거 불명한 주장을 집요하게 해 온 데서 비롯됐다고 할 수 있다.

1 　중정(中正)은 원래 명나라 『다록(茶錄)』을 원전으로 하는 『다신전』 '泡法' 항 "不可過中失正"에 나오는 말이다.

2 　불교의 중도(中道)는 비교 대립(크다 : 작다)이 아닌 모순 대립(있다 : 없다)에서 양극단을 지양한 제3의 대안적 선택을 의미한다.

Ⅲ

총결(總結)

  Ⅰ, Ⅱ장에서 언급하고 주장한 내용을 보완 종합하여 살펴보고 대중의 차생활, 한국 차학, 차문화, 차산업의 발전적인 미래를 기대하는 취지의 글을 싣는다.

1

차학 강의와 논문 쓰기의 전제로서 철학적 이론 체계 구비 필요성

앞에 한국 차학계의 학문적 진정성과 연구 역량 문제를 논하는 글이 있었다. 차학 인문 분야 논문이 수도 적지만 차학 발전에 기여할 창의성 있는 논문다운 논문이 드물다는 것이었다. 다도 또는 다례를 주제로 한 논문들의 경우 대부분 그러한 논문으로서 기본적으로 갖춰야 할 동아시아 사상 본체론—인성론—수양론에 관해 논리적으로 일관성 있는 철학적 이론 체계를 결여하고 있다. 예컨대 옛 차인들의 다도관에 대한 논문을 쓸 때, 그들의 '생애와 저술' 등 논지와 무관하고 '연구'라고 하기엔 무의미한 사실적 자료를 무작정 나열하거나 논거 불명의 추론과 단정, 견강부회, 췌사를 동원하여 논문 양을 채운다.

또 '초의 선사의 다도에서 보이는 불가적 다도관 분석'이나 '다도의 유가적 수양론 고찰'과 같은 주제로 논문을 쓰는 경우에도, '초의의 생애와 저술', 유가 경전에 나오는 수양법 등 사실에 관한 자료를 늘어놓고는 초의의 불가적 다도관이 무엇인데 그것은 차와 어떤 관계에 있는지, 유교의 수양법이 차의 어떤 속성과 어떤 내재적 관계로 연결되는지에 관한 분석이나 연구 내용은 밝히지 않는다. 대신 "초의의 다도에 들어 있는 수행관이 불교의 참선에 있는 그것과 유사하다" 또는 "다도에서 차를 내고 마시는 방법이 유교의 경(敬) 서(恕) 인(仁)을 배양하는 태도와 닮았기 때문에 그것은 곧 유교 수양론이다"라는 아전인수식 결론을 내린다.

이러한 현상은 차 관련 학과의 강좌들이 차학의 본령 추구보다는 차의 상업화·산업화 지향으로 짜여 있고, 차 강의를 하는 교수와 논문 지도교수들이 동아시아의 문화적 산물인 차 또는 근본적으로 동양학인 차학의 정체성에 대한 이해가 부족한 데에 기인한다. 이 책 Ⅰ, Ⅱ장에 있는 여러 항목의 글들은 차에 관해 강의하거나 차 인문 분야 논문을 쓸 경우에 이론적 바탕으로 동아시아 사상 본체론·심성론·수양론을 전제로 하지 않으면 예의 '황망한 구호성 주장의 되풀이'라는 악순환에서 벗어나기 어렵다는 것을 시사(示唆)한다.

따지고 보면 차학 및 차문화는 중국에서 중국(동아시아) 사상을 문화사상적 텃밭으로 하여 발아 성장한 것이다. 따라서 중국을 비롯한 동아시아권의 차 인식과 그에 따른 차문화 양상 및

차문화를 지탱해 주는 사상적 배경은 서구의 그것과 다를 수밖에 없다. 1906년 일본의 대표적인 인문학자 오카쿠라 텐신(岡倉天心)이『차의 책』(『The Book of Tea』,『茶の本』)을 저술한 목적이 "서양의 투사(投射)가 담긴 오리엔탈리즘에 대항하기 위한 것"이라고 한 것도 같은 맥락으로 풀이된다. 따라서 차학 인문 분야 논문을 서양 철학의 관점에서 쓴다는 것은 시도 자체는 학구적으로 창의적이고 흥미로운 일이겠지만, 전례 없는 패러다임 쉬프트(철학적 이론 체계의 혁신적 변용 적용)의 지난한 과제를 안게 되는 고행이 될 수 있다. 그럴 시간을 차라리 동아시아 사상 이해에 쓰는 게 가성비 놓은 일이 아닐까? 물론 동아시아 사상 이해에 있어서도 서양 철학과 비교 분석의 관점이 필요하긴 하지만 말이다.

권하건데, 차학 인문 분야 논문 쓰기는 동아시아 사상을 이론적 바탕으로 하여 심성론과 수양론 중심으로 각론화(各論化)하는 게 생산적이고 바람직하다. 여기서 각론화란 '다도의 유교적 수양론', '다도에 함의된 도교적 수양론 고찰', '다도의 불교적 다도 정신 분석' 등과 같이 주제를 나누어 연구해 볼 수 있다는 것이다. 이때 논거의 바탕으로 동아시아 사상을 철학적 이론 체계로서 구비하지 않을 때 앞에서 보기로 든 〈다례에서 찾아본 유학의 수양과 실현〉처럼 논지유지에 있어서 논리적 일관에 따른 논거 간의 연계성을 상실하여 파편화되거나,『한국 전통 제다법에 대한 융복합 연구』처럼 애써 서구식 과학 실험을 하고서도 '의미 결여의 논문'이라는 평에 직면할 수 있음을 유의해야 한다.

2

한국 차학 정립의 필요성,
차학 · 차문화 · 차산업의 바람직한 관계

앞에서 한국 차학이 학문다운 학문으로서 정립돼 있지 못한 실정과 그 원인을 분석한 바 있다. 학문의 결실은 먼저 논문으로 나타난다. 한국 차학이 부실하다는 것은 차학 논문 실적이 좋지 않다는 말이다. 한국 차학 논문 실적 부진은 '한국의 차학 논문 동향과 차학 발전 전망'에서 본 것처럼 인문 분야 논문 수의 절대적 부족과 내용의 허술함으로 나타났다. 또 인문 분야 논문 내용의 부실함은 논문 저자들이 논거의 저변에 동아시아 사상을 철학적 이론 체계로써 이해하지 못하고 있다는 데 기인하고 있다.

동서고금의 모든 문화 양상은 시대적 환경과 원리를 반영하는 일정한 학문적 이론 틀을 바탕에 깔고 있다. 차문화도 마찬가지이다. 앞에서 살펴보았듯이 계명대 목요철학원의 '차문화 학술 심포지엄'에서 다예, 다례, 다도의 정체성이나 차별성을 규명해 내지 못한 것은 다도가 철학적 이론 체계를 바탕으로 하는 데 비해 다예와 다례는 그렇지 못하다는 사실을 심포지엄에 참여하는 학자와 차인들 아무도 인지하지 못하고 있기 때문이다. 차문화에서 이론 체계를 도출하거나 이론 체계를 만들어 입혀 주는 것은 차학과 차학자의 몫이다.

차산업은 상품으로서 차를 생산하는 일이다. 이 일이 원활하게 이루어져 소기의 목적을 달성하는 데 있어서 전제는 좋은 상품으로서 '질 좋은 차'를 만드는 것이다. 질 좋은 차란 차의 본래적 정체성을 살린 '차다운 차'이다. 차의 정체성이나 차다운 차의 질을 가리는 기준은 차학의 이론으로써 제시된다. 이렇게 볼 때 한국 차학의 정립과 발전은 한국 차문화와 차산업 발전의 추동력이 된다고 할 수 있다. 달리 말하자면 한국 차문화와 차산업이 중국과 일본의 그것에 비해 부진하게 된 요인은 한국 차학의 수준에 있다. 한국 차학의 수준은 한국 차학 논문 실적 수준으로써 가늠할 수 있다. 한국 차학 인문 분야 논문 실적 수준이 낮은 것은 그 탓이 논거의 기반으로서 철학적 과학적 이론 체계를 구비하지 못한 데에 있다는 점을 상기시키면서, 후학들의 연구 과제 하나를 남기고자 한다.

사실 인문 분야 차 논문 쓰기에서 요하는 철학적 이론 체계라는 것은 좁혀 말하자면 앞에서 누누이 거론했듯이 동아시아 사상 본체론인 기론(기학) 및 거기서 연역되는 인성론과 수양론 등 파생 이론들을 말한다. 필자는 학위논문으로 기론에 입각한 〈한국 수양다도의 모색〉을 쓴 바 있고, 이 책 I장 말미(13. 혜강 기철학과 한국 수양 다도)에서는 한국 수양 다도에 혜강 기철학을 적용시켜 더 깊고 넓게 해석해 보고자 하였다. 혜강의 기철학은 혜강이 종래의 기론을 깎고 다듬어서 정립한 고유의 한국적 기철학이어서 우리 심신의 기(神氣)와 한국 차의 기(茶神)가 화합하여 나아가고자 하는 길의 가장 믿음직한 길잡이가 될 것이라는 기대감이 크기 때문이다. 그러나 짧은 공부 탓에 단면 한쪽만을 소개하는 데 그쳤다. 후학들이 좀 더 꼼꼼히 들여다보고 내용을 풍성히 하여, '혜강 기철학 논리로 본 한국 다도의 수양론적 기제 분석' 또는 '혜강 기철학과 한국 차문화의 정체성 고찰' 정도의 논문을 써 보기 바란다.

끝으로 사족을 달자면, 모든 공부가 마찬가지겠지만 논문 쓰기는 자기 완성이라는 것이다. 대학원 수업과 연구에서 교수의 역할은 지식을 불어넣어 주는 게 아니라 길 안내를 도와주는 데 그친다. 논문 쓰기에서도 지도교수나 심사위원에 기대해서는 안된다. 논문 지도에 있어서 대학에 따라 논문을 읽어 보지도 않는 교수들이 적지 않은 것 같다. 지도교수가 논문 제목이라도 제대로 대조해 읽어 봤으면 'member Yuji'라는 말이 국민대학교 대학원 박사학위 논문 제목에 버젓이 나오겠는가? 논문 심사위원들은 더 느슨할 수 있다. 완벽한 논문이 되도록 문제를 지적하고 보완을 요구하기보다는 '까다롭다'는 인상을 줄 필요가 없다고 생각하기 쉽다. Ⅱ장에 예시된 논문들의 문제가 논문 지도교수와 심사위원들의 자질 및 태도와 무관하지 않다고 할 수 있다.

IV

—

덧붙임:
AI에게 묻다

　서문에서 밝혔듯이 필자는 이 책을 '최성민의 한국차론' 시리즈 8번째로 썼다. 수필집도 아니고, 차에 관한 주제의 책을 그렇게 많이 쓸 필요가 있겠느냐에 대해서는 여러 의견이 있을 수 있다. 내가 이렇게 적잖은 수의 차 책들을 내게 된 것은 한국 차, 차계, 차학계에 대하여 할 말이 많기 때문이다. 그것은 또한 한국의 차, 차문화, 차산업에 대한 인식과 가르침에 왜곡, 위선, 과장이 심하다는 것을 의미하다.

　그런데 필자가 이런 작업을 어떤 성취감을 느끼며 언제까지 해야 될지, 이 일은 한국 차, 차문화, 차학 발전에 해가 되는지 도움이 되는지, 아무도 말해 주는 이가 없다. 그래서 요즘 명성 높은 AI(Perplexity)에게 물어봤다.

문 1

최성민이 한국 수양 다도론을 통해
한 일이 무엇인가?

AI: 최성민은 '한국 수양 다도론'을 통해 한국 전통 차문화의 본질과 정체성 확립, 그리고 차와 수양(수련)의 결합에 크게 기여한 인물이다. 그는 직접 산절로야생다원을 운영하며 성균관대학교 유학대학원 학생들의 제다·다도 실습을 지도하는 한편, 학술적으로도 〈한국 수양 다도의 모색—다부와 동다송을 중심으로〉라는 논문과 저서를 통해 차와 다도의 본질을 밝히고, 제다가 단순한 기술이 아니라 인간의 심신 수양과 불가분의 관계임을 시론적으로 천명하였다.

주요 업적 및 시도

— 전통 차문화에서 '불교 중심, 초의차(덖음차) 중심'이라는 기존 관념을 비판하고, 한국 차문화가 다양한 제다법과 역

사적 변화의 산물임을 강조했다는 점이 특징이다.

- 다도를 단순한 의례나 미적 행위가 아니라 인격과 마음을 닦는 철학적 수양의 길로 재해석했다.
- 실천적으로는 직접 차밭을 가꾸고 실습 장소를 제공하며, 지역사회와 연계한 한국 제다·수양 다도 보급 프로그램을 운영하고 있다.
- 저서에서 이운해, 이덕리, 정약용, 초의 선사 등 역사적 인물들과 관련된 기록을 분석하며, 한국 차학의 체계화와 연구 기반을 마련하고자 했다.

학술적 의의

- '한국 수양 다도' 제안은 한국 전통 다도의 심신 수양적 원리에 주목하면서, 차와 차문화의 정체성 확립 및 후학들의 차 연구에 지침이 될 수 있는 새로운 틀을 제시한 것으로 평가받는다.
- 초의 선사의 『동다송』 등 고문헌 분석을 토대로 다도의 수양론적 본질을 드러낸 점이 큰 학문적 의의로 간주된다.

최성민의 연구가 한국 차문화에 준 영향

최성민의 연구는 한국 차문화의 본질 재정립과 왜곡된 차 담론 바로잡기에 큰 영향을 끼쳤다. 그는 '한국 수양 다도론'과 저서 및 논문을 통해 차를 단순한 음료나 상업적 제품이 아니라 심신 수양과 인격 수련의 매개로 재해석했으며, 이를 통해 전통차의 가치와 정체성에 대한 새 틀을 제시했다.

전통 차문화 정체성의 재조명

- 기존 '불교 중심, 초의차'라는 일반적 서사를 비판하며, 한국 차문화의 다양한 제다법과 철학적 근거를 조명했다.
- 한재(이목)의 '수양 다도' 개념과 다산(정약용)의 행사적 다도 실천, 초의 선사의 『다신전』 등 고문헌 및 역사적 인물의 차사상을 정리하여 한국 차문화의 심신 수양적 본질을 드러냈다.
- 일본 및 중국과 차별되는 '차와 수양 일치'라는 특성을 학문적으로 체계화했으며, 다도의 본질을 인간의 몸과 마음을 닦는 행위로 확고히 정의했다.

차학계 및 실천 방향 면 영향

- 오늘날 차사회와 차산업에서 상업주의나 억지 옛차 복원론, 잘못된 담론에 대해 강한 비판을 제기함으로써 차학계 내 비판적 담론 형성에 영향을 미쳤다.
- 실질적으로 차밭 운영, 차 제다 강의, 지역 차문화 행사 등 실천적 보급 활동을 통해 전통 제다법과 다도 정신의 현장

계승에 기여했다.

– '좋은 차란 무엇인가'라는 기준을 두고 한국 전통차 맛과
품질에 대한 철학적 평가를 문화적 담론으로 확장시켰다.

결론

최성민의 연구는 한국 차문화의 정체성과 본질 재확립, 심신
수양 중심의 다도 철학 보급, 그리고 차학계의 자기반성과 비
판 담론 형성에 중요한 기여로 평가받는다.

문 2

최성민이 정리한
한국 수양 다도의 핵심 개념은?

AI: 수양 다도의 정의와 배경

최성민은 수양 다도를 단순한 차 마시는 예법이 아니라, 동양 사상(특히 유불선)의 수양론에 근거해 심신 수양의 실천 과정으로 파악한다. 그는 차의 향·색·맛에 담긴 수양 원리를 기론과 선현들의 체험을 통해 설명하며, 차와 다도를 수양의 실제적 도구로 본다.

제다와 다도의 통합성

초의 선사의 견해에 따라, 최성민은 제다와 다도를 일원적으로 파악한다. 즉, 제다는 다도의 일부이며, 제다와 다도가 동양 사상의 수양론에서 불가분의 관계임을 강조한다. 이는 중국·일본의 차문화 이론에서는 잘 보이지 않는 한국 다도의 독창적인 특성으로 제시된다.

핵심 실천 원리—기와 차의 연결

기는 차의 질료로서, 차를 통해 기의 흐름과 자신의 심신을 조화롭게 다듬는 수양의 장으로 삼았다.

차향, 차맛의 수양적 인식

차의 향과 맛을 통해 자신의 마음과 몸, 상황과 자연에 대한 인식이 깊어지고, 궁극적으로 '허실생백(虛室生白)'처럼 마음의 공(空)을 경험하며 심신을 정화한다.

질료로서, 차인의 자기 수양과 우주적 자연관

다도를 온갖 사회적 프레임을 벗어나 우주·자연과 조화하는 자기 수양의 길로 보았다.

주요 고전의 해석

『다부』와 『동다송』 등 한국 차문화 고전을 토대로, 한국 수양 다도의 전개, 실천, 구조, 현대적 의의를 분석했다. '오심지차' 개념이나, 공(空)과 같은 심신의 변화를 강조했다.

이처럼 최성민이 정리한 한국 수양 다도의 핵심은 '기'를 매개로 동양의 수양론을 차문화에 통합, 실생활의 자기 단련으로 확장하고, 독창적 실천철학(제다와 다도의 통합, 향·맛을 통한 자기 성찰 등)을 강조하는 데 있다.

문 3

최성민이 한국 차학 및
차문화에 끼친 영향은?

AI: 최성민은 한국 차학 및 차문화 연구와 실제 차산업 양면에서 중대한 영향력을 행사한 인물로 평가된다.

학문적 공헌

- 한국 차문화의 이론적 틀을 '수양 다도'라는 개념으로 정립하고, 차와 수양의 연계, 차 제다와 철학적 실천이라는 다층적 연구를 지속해 왔다.
- 〈한국 수양 다도의 모습〉 등 여러 논문에서 유·불·도가적 사상과 차 실천의 철학적 함의를 밝혀, 한국 차학의 이론 토대를 확장했다.
- 한재 이목, 초의 선사 등의 문화적 유산을 비판적으로 분석하며, 한국 차문화에 대한 사료 해석, 정신적 가치, 수

양 방법의 현대적 의의를 논했다.

- 최근에는 보이차·황갈색 떡차류 중심의 상업화·왜곡 현
상을 지적하며, 차학계 및 차계에 대해 학술적 비판과 반
성과 정화의 필요성을 제시했다.

실천 및 대중적 영향

- '남도정통제다 다도보존연구소'와 '산절로야생다원' 대표로
서 직접 제다, 차밭을 운영하면서 한국 전통차 복원과 차
농 산업 발전에 힘을 쏟았다.

- 다양한 언론·학술 모임·칼럼·강의 활동을 통해 차의 본
질, '좋은 차'의 기준, 차 성분(테아닌, 카테킨 등)의 심신
효과 등을 대중적으로 해설했다.

- 상업적 논리와 실적주의적 '(옛차) 복원' 움직임을 경계하
며, 전통과 과학적 연구가 조화된 건강한 한국 차문화의
방향성을 강조했다.

- 최성민의 활동은 한국 차학 이론의 심화와 차문화의 정체
성 확립, 그리고 제다와 교육을 통한 지속적 전승 및 대중
화에 큰 영향을 끼쳤다.

문 4

최성민의 한국 차계 비판을
차계와 차학계는 어떻게 받아들이나?

AI: 최성민은 한국 차계에 대해 강도 높은 비판을 제기하며, 특히 한국 차계가 차문화를 사유화한 문제, 한국 차의 정체성이 흐려진 점, 그리고 차 상업주의에 편승한 반지성적 행태 등을 집중적으로 지적하고 있다. 그는 중국 보이차 맹종주의와 일본식 다도의 형식주의가 한국 차문화에 부정적 영향을 미쳤다고도 비판하며, 한국 전통 차문화의 본질과 정체성을 녹차 및 녹차 기반의 한국 수양다도로 밝히고자 한다.

그의 비판은 차문화 본질 탐구의 중요성과 한국 차의 정체성 회복에 대한 경종을 울리는 것으로 이해될 수 있다. 차계와 학계는 한국 차문화를 되살리기 위한 실천과 연구 방향에 영향을 받을 가능성이 있으며, 특히 전통 수양 다도 및 차의 문화적, 철학적 의미에 대한 재조명에 공감하는 반응도 존재할 수

있다. 따라서 최성민의 비판은 대체로 한국 차문화와 연구계에
자기 성찰과 정체성 회복을 요구하는 엄중한 목소리로 평가되
며, 이러한 맥락에서 차계와 차학계는 비판적 검토와 함께 차
문화의 본질적 가치를 회복하려는 시도들을 내부적으로나 외부
적으로 모색하는 중일 가능성이 크다.